H.-Dieter Kantel

Grundsicherungsarbeit

H.-Dieter Kantel

Grundsicherungs- arbeit

Armuts- und Arbeitsmarkt- politik nach Hartz IV

Bibliografische Information der Deutschen Nationalbibliothek
Die Deutsche Nationalbibliothek verzeichnet diese Publikation in der
Deutschen Nationalbibliografie; detaillierte bibliografische Daten sind im Internet über
<http://dnb.d-nb.de> abrufbar.

1. Auflage 2008

Alle Rechte vorbehalten
© VS Verlag für Sozialwissenschaften | GWV Fachverlage GmbH, Wiesbaden 2008

Lektorat: Frank Schindler

VS Verlag für Sozialwissenschaften ist Teil der Fachverlagsgruppe
Springer Science+Business Media.
www.vs-verlag.de

Das Werk einschließlich aller seiner Teile ist urheberrechtlich geschützt. Jede Verwertung außerhalb der engen Grenzen des Urheberrechtsgesetzes ist ohne Zustimmung des Verlags unzulässig und strafbar. Das gilt insbesondere für Vervielfältigungen, Übersetzungen, Mikroverfilmungen und die Einspeicherung und Verarbeitung in elektronischen Systemen.

Die Wiedergabe von Gebrauchsnamen, Handelsnamen, Warenbezeichnungen usw. in diesem Werk berechtigt auch ohne besondere Kennzeichnung nicht zu der Annahme, dass solche Namen im Sinne der Warenzeichen- und Markenschutz-Gesetzgebung als frei zu betrachten wären und daher von jedermann benutzt werden dürften.

Umschlaggestaltung: KünkelLopka Medienentwicklung, Heidelberg
Druck und buchbinderische Verarbeitung: Krips b.v., Meppel
Gedruckt auf säurefreiem und chlorfrei gebleichtem Papier
Printed in the Netherlands

ISBN 978-3-531-15639-2

Inhaltsverzeichnis

1 Die Absichten der Armuts- und Arbeitsmarktpolitik   7

2 Die lange Geschichte von Hartz IV – kurz erzählt   15
Die Armenordnungen des Mittelalters   15
Die Bismarcksche Sozialpolitik   21
Die ungewöhnliche Entstehung der Arbeitslosenversicherung   27

3 Das Haus der sozialen Sicherung – Sicherheit für wen?   35
Für jeden etwas – Versorgungs- und Ausgleichsleistungen   37
Die Sozialversicherungen: Lohnarbeitszentriert   42
Wie die Arbeitslosenversicherung Arbeitslosigkeit versichert   45
Bedarfsdeckende oder bedarfsorientierte Leistungen?   49
Die Fürsorgeleistungen: Wer sorgt warum, für wen?   53

4 Arbeitslose: Vom Versicherten zum Fürsorgeempfänger   57
Der archäologische Blick auf die Arbeitsmarktpolitik   57
Mit Hartz IV in die Fürsorge-Falle   67

5 Grundsicherungsarbeit in der Wissenschaft   81
Wissenschaftliche Betrachtungen der öffentlichen Verwaltung   81
Die Sozialhilfe-Sachbearbeitung in der Wissenschaft   84
Die Arbeitsberatung in der Wissenschaft   87
Zur Entwicklung der neuen Sachbearbeitung   97

6 Die neue Sachbearbeitung: Grundsicherungsarbeit   105
Die Rahmenbedingungen der Grundsicherungsarbeit   105
Aufbau und Arbeit der Jobcenter   110
Zur Organisation der Trägerschaft   123

Die Jobcenter aus der Sicht der Arbeitsuchenden 130
Die Grundsicherungsarbeit im Alltag 132

7 Armuts- und Arbeitsmarktpolitik nach Hartz IV 147
Grundsicherungsarbeit optimieren 148
Menschenrecht auf existenzsicherndes Grundeinkommen 151
Neue Politikansätze – eine Antwort auf Armut und Arbeitslosigkeit? 157

8 Literaturverzeichnis 161

1 Die Absichten der Armuts- und Arbeitsmarktpolitik

Die berühmt-berüchtigten ‚Hartz-IV-Gesetze' bewegten, ja, man kann sogar sagen, spalteten wie kein anderes sozialpolitisches Thema in den letzten Jahren die Nation. Auf der einen Seite standen die Befürworter, die eine modernisierte Arbeitsmarktpolitik als zwingend zu bewältigende Zukunftsaufgabe anmahnten. Und auf der anderen Seite warnten mindestens die ‚Montags-Demonstrationen' vor diesen Reformen und ihr Protest gegen die ‚Armut per Gesetz' trug nicht unerheblich zum Regierungswechsel Ende 2005 bei. Doch beim Regierungswechsel war ‚Hartz IV' faktisch bereits eingeführt und die neue Regierung dachte gar nicht daran, diese Gesetze zurückzunehmen – hatten doch die neuen Regierungspartner von CDU/CSU und SPD längst im Bundesrat gemeinsam die entscheidenden Weichen für die Reform gestellt. Sollten also die ganzen Konflikte um und Kritiken an diesen Reformen nichts gebracht haben und gibt es jetzt eine modern aufgestellte Arbeitsmarktpolitik?

Heute, nach über drei Jahren praktischer Erfahrung mit Hartz IV, ist es an der Zeit, zu prüfen, was von den Hoffnungen und Befürchtungen geblieben ist, welche Bedeutung dieser Reform des Sozialstaats zugeschrieben werden kann und wie sie die bundesdeutsche Sozialpolitik verändert hat. Vor allem: Wie haben diejenigen, die die Reform in den Ämtern praktisch umsetzten, wie haben die Mitarbeiterinnen und Mitarbeiter in den vielfach ‚Jobcenter'[1] genannten Institutionen sie zu dem gemacht, was heute darunter gesehen und erfahren werden kann? Ihre alltäglich geleistete Arbeit, die hier ‚Grundsicherungsarbeit' genannt werden soll, prägt bis heute entscheidend das Bild von der Umsetzung dieser Jahrhundert-Reform. Wenn man so will, ist ja die Hartz-Reform als fertiges Produkt erst dann wirklich ein Endprodukt, wenn die Mitarbeiterinnen und Mitarbeiter in den Jobcentern sie mit den Arbeitslosen zusammen ‚hergestellt' haben. Hier soll also auch vor dem Hintergrund der bereits vorliegenden Ergebnisse der gesetzlich vorgeschriebenen wissenschaftlichen Begleitung und Auswertung dieser Reform[2] eine grundlegende Einordnung in die armuts- und ar-

---

[1] Vgl.: auch die Angaben bei Wikipedia: http://de.wikipedia.org/wiki/Job-Center (Stand: 4.1.2008)
[2] Vgl.: http://www.wipol.de/hartz/evaluierung.htm (Stand: 4.1.2008).

beitsmarktpolitischen Entwicklungen vorgenommen werden – es wird eine Konzeption der Grundsicherungsarbeit entwickelt und ausgebreitet.

Doch hier soll nicht einfach eine weitere, bislang eher vernachlässigte ‚Sichtweise', eine wie auch immer geprägte ‚Meinung' zu diesen Reformprozessen präsentiert werden, mit der sich die LeserInnen identifizieren können – oder auch nicht. Die intensive Beschäftigung mit der Grundsicherungsarbeit verspricht in jedem Fall Gewinn. Einerseits bezüglich der Herangehensweise an das Thema: Es wird eine umfassende und gründliche Analyse präsentiert, wie sie momentan noch nirgendwo zu finden ist. In dieser Hinsicht will dieses Buch Basisliteratur sein, ja, ein Lehrbuch zur Thematik. Andererseits werden hier Ergebnisse eines Forschungsprojekts vertieft aufbereitet, das der Autor im Jahr 2006 durchführte und die hier in aktualisierter und erweiterter Form vorgestellt werden[3]. Eine sozialpolitische Quintessenz soll zum Schluss den Blick auf die noch offenen und zu gestaltenden Entwicklungen im noch längst nicht abgeschlossenen Reformprozess lenken und skizziert alternative Entwicklungspfade.

Das vornehmliche Zielpublikum dieses Buches ist damit implizit auch schon angesprochen: Der Autor möchte Studierenden der sozialen Arbeit und darüber hinaus an diesen Themen Interessierten einen grundlegenden Einblick in ein durch die Hartz-Reform ausgeweitetes und wichtiger gewordenes Tätigkeitsfeld sozialer Arbeit bieten. Armuts- und Arbeitsmarktpolitik werden sich zukünftig mehr denn je ohne Grundsicherungsarbeit nicht mehr hinreichend beschreiben lassen. Ein ambitionierter Anspruch, der aber, so die feste Überzeugung des Autors, eingelöst wird.

Doch bevor näher auf die eigentliche Grundsicherungsarbeit eingegangen werden kann, sollten zunächst die sozialpolitischen Grundlagen geklärt werden, die die Rahmenbedingungen der Grundsicherungsarbeit darstellen. Und dazu gehört zu aller erst eine genauere Bestimmung dessen, was überhaupt im wissenschaftlichen Sinne unter Sozialpolitik verstanden wird[4], um darauf aufbauend armuts- und arbeitsmarktpolitische Fragestellungen thematisieren zu können.

Wer sich heute über ‚Sozialpolitik' – oder ein anderes aktuelles Thema – informieren möchte, wirft häufig zunächst einen Blick in die Internet-Enzyklopädie ‚Wikipedia'. Dort steht unter dem Stichwort Sozialpolitik: „Sozialpolitik ist politisch ein Teilbereich der Innenpolitik, mit dem Ziel, durch staatliche

---

[3] Das Projekt ‚Armutsregulierung nach Hartz' wurde durch die finanzielle Unterstützung der Hans-Böckler-Stiftung ermöglicht; der Endbericht der Studie kann unter: http://www.boeckler.de/cps/rde/xchg/SID-3D0AB75D-36ADC8C0/hbs/hs.xsl/show_project_fofoe.html?projectfile=S-2006-814-5.xml (Stand: 4.1.2008) abgerufen werden.

[4] Denjenigen, die sich noch nicht wissenschaftlich mit dieser Thematik beschäftigt haben und meinen, eine Einführung in wissenschaftliches Arbeiten könne nicht schaden, seien die folgenden Internetseiten der Fachhochschule Münster, Fachbereich Sozialwesen, empfohlen: http://www2.fh-muenster.de/casa/wissarb/ (Stand: 4.1.2008).

1 Die Absichten der Armuts- und Arbeitsmarktpolitik

Maßnahmen benachteiligte Gruppen besser zu stellen, um so insbesondere für eine Angleichung der Lebenschancen, der Lebensbedingungen – und für die Stabilisierung der Gesellschaftsordnung zu sorgen"[5]. Mit dieser Definition ist einerseits der Gegenstand von Sozialpolitik eingegrenzt und als Teilbereich der Innenpolitik konkretisiert. Und im Mittelpunkt steht dort das soziale Sicherungssystem der Bundesrepublik Deutschland[6]. Es geht um staatliche und/oder institutionelle Aktivitäten im Zusammenhang mit sozialen Lagen. Menschen befinden sich in bestimmten sozialen (Not-) Lagen und erhalten durch unterschiedliche staatliche oder nicht-staatliche Institutionen Hilfen oder Hilfestellungen. Andererseits geht es bei Sozialpolitik jedoch auch immer darum, auf diese sozialen Lagen in spezifischer Weise einzuwirken: Es geht um die – in einem positiven Sinne zu interpretierende – Einflussnahme auf soziale Lebenslagen oder wie es in der Wikipedia-Definition heißt, um die Angleichung der Lebenschancen und -bedingungen – benachteiligte gesellschaftliche Gruppen sollen besser gestellt werden. Diese der Sozialpolitik eigene Intention wird auch von nahezu allen Definitionen, die sich in Lehrbüchern zur Sozialpolitik finden lassen, der Sozialpolitik nachgesagt.

So schreibt der Wissenschaftler Manfred G. Schmidt in seinem Grundlagenwerk zur Sozialpolitik: „Sozialpolitik zielt vor allem auf Schutz vor Not, auf Sicherung gegen die Wechselfälle des Lebens und – im fortgeschrittenen Stadium – darauf, soziale Ungleichheit einzudämmen" (Schmidt 2005 a: 11). Auch Manfred G. Schmidt definiert Sozialpolitik mit einer Präzisierung des Gegenstands, nämlich alle Bestrebungen, also sowohl staatlicher, institutioneller oder privater Art, die das Ziel verfolgen, auf soziale (Not-) Lagen einzugehen. Zusätzlich schreibt Manfred G. Schmidt der Sozialpolitik – ebenso wie in der Definition von Wikipedia – eine spezifische Intention zu und spricht davon, dass Sozialpolitik einen vor Not und den Wechselfällen des Lebens schützenden Charakter hat und im fortgeschrittenen Stadium beabsichtigt, soziale Ungleichheit einzudämmen und damit zu kontrollieren.

Einen weiteren Aspekt, der das Spektrum der sozialpolitisch zu erfassenden Maßnahmen ausweitet, hat der Wissenschaftler Heinz Lampert in die Debatte eingeführt: Er versteht unter Sozialpolitik zusätzlich solche Maßnahmen, die „den Eintritt wirtschaftlicher und/oder sozialer Schwäche im Zusammenhang mit dem Auftreten existenzgefährdender Risiken zu verhindern" (Lampert 1991: 4) versuchen. Mit dieser, seinem Lehrstuhl für Volkswirtschaftslehre nahestehenden Überlegung, sind weite Bereiche der Wirtschaftspolitik ebenfalls als Sozialpolitik zu verstehen.

---

[5] Vgl.: http://de.wikipedia.org/wiki/Sozialpolitik (Stand: 4.1.2008).
[6] Da mit den Hartz-Reformen der Blick auf ein bundesdeutsches Thema gerichtet ist, sollen auch hier nur bundesdeutsche Entwicklungen untersucht werden.

Aus der Reihe der verschiedensten Definitionen zur Sozialpolitik, die sich aber alle auf die bereits im Kern dargestellten beiden Elemente beziehen, sticht die des Wissenschaftlers Martin Bellermann noch einmal heraus. Er schreibt: „Im politischen Alltagsbewußtsein sind unter dem Begriff ‚Sozialpolitik' alle Bestrebungen und Maßnahmen des Staates zusammengefasst, die eine Veränderung der Lebenslagen einzelner Bevölkerungsteile zum Ziel haben" (Bellermann 2001: 25). Zunächst einmal sollte klar sein, dass die Art und Weise der Veränderung sich darauf bezieht, soziale Ungleichheit zurückzudrängen – denn anders als in diesem positiven Sinne würde die Definition keinen Sinn ergeben. Auffallend an dieser Definition ist aber, dass wir an dieser Stelle nicht erfahren, was Martin Bellermann selbst unter Sozialpolitik versteht. Wir erfahren, und das sollte hier nicht als Kritik missverstanden werden, lediglich wie im politischen Alltagsbewußtsein Sozialpolitik definiert wird. Gerade in der Abgrenzung zum Alltagsbewußtsein läge damit eine wissenschaftlichen Ansprüchen genügende Definition, die Martin Bellermann selbst aber hier nicht vornimmt. Vielleicht getrost dem Motto des Wissenschaftlers Wolf Wagner, dass jede Definition mehr aussagt über den, der definiert, als darüber, was definiert wird (vgl. Wagner 1982: 17), lässt auch Martin Bellermann eine solche Definition dahingestellt sein.

Schiebt man nun die verschieden weiten oder engen Vorstellungen über den Gegenstandsbereich der Sozialpolitik einmal kurz beiseite, so hat sich doch eine weitgehend einheitliche Sichtweise der Intention von Sozialpolitik herausgeschält. Aus den unterschiedlichen hier vorgetragenen Definitionen lässt sich eine komprimierte Kurzfassung formulieren, die den gemeinsamen Kern der sozialpolitischen Intentionen herausarbeitet: *Sozialpolitik soll soziale Notlagen lindern und/oder beseitigen.*

Mit dieser Definition werden sowohl die Vorstellungen im Alltagsbewußtsein der Menschen über das, was Sozialpolitik ist, erfasst, als auch wiedergegeben, was eine ganze Reihe von WissenschaftlerInnen unter Sozialpolitik verstehen.

Die Aussagen darüber, was unter Sozialpolitik verstanden werden soll, werden durch zwei empirische Fakten untermauert, die schnell bei der Hand sind, wenn man sich mit Sozialpolitik beschäftigt. Da ist zum einen das Sozialbudget der Bundesrepublik, also die Summe dessen, was jährlich insgesamt an Sozialleistungen verausgabt wird. Wenn nicht für den Ausgleich oder die Linderung sozialer Notlagen, wofür dann wurden in der Bundesrepublik im Jahre 2006 insgesamt exakt 700,2 Milliarden Euro[7] ausgegeben? Im Verhältnis zum Bruttoinlandsprodukt, also der Summe der Wirtschaftsleistung der Bundesrepublik

---

[7] Das sind die noch vorläufigen und geschätzten Zahlen; vgl.: http://www.bmas.de/coremedia/generator/950/property=pdf/sozialbudget__2006.pdf (Stand: 4.1.2008), S.5.

1 Die Absichten der Armuts- und Arbeitsmarktpolitik

Deutschland insgesamt von 2,3 Billionen Euro, wurde fast jeder 3. Euro in die soziale Sicherung gesteckt. Und international, aber auch im europäischen Vergleich, kann sich die Bundesrepublik mit dieser Quote sehen lassen[8]. Warum also dieser volkswirtschaftlich gesehen immense finanzielle Aufwand, wenn nicht dafür, soziale Notlagen zu lindern und auszugleichen?

Doch diese Vorstellung von Sozialpolitik, so plausibel sie auch erscheinen mag, ist nicht unumstritten! Als erster und prononciertester Vertreter hat sich der Wissenschaftler Wolf Wagner entschieden gegen diese Definition gewandt: „Entgegen ihrem eigenen Anspruch, Not zu verhindern, und dort, wo sie dennoch entstanden ist, die Menschen so schnell wie möglich wieder aus ihr herauszuführen, lässt Sozialpolitik systematisch zu, dass Menschen in Armut und Not leben, obwohl – und oft genug auch weil – sie Dauerklienten der Sozialpolitik geworden sind" (Wagner 1991: 57)[9].

Mit dieser von Wagner bereits Anfang der achtziger Jahre des letzten Jahrhunderts entwickelten Konzeption (vgl. Wagner 1982) stellte er sich auch gegen die weithin geläufige Metapher vom ‚Netz der sozialen Sicherung'. Wagner kam in seiner Analyse zu dem Schluss, dass die soziale Sicherung einem ‚umgestülpten Netz' ähnelt: Statt aufzufangen, wölbt es sich an den Seiten immer steiler nach unten und wer sich nicht sofort festhält und bestrebt ist, wieder nach oben auf das Seil zu gelangen, der rutscht unweigerlich an den immer steiler werdenden Seiten des Netzes in die Armut. In den sozialpolitischen Debatten wurde diese Konzeption so gut wie nicht zur Kenntnis genommen, obwohl mit ihr auch die brandaktuellen Entwicklungen im System der sozialen Sicherung bis ins kleinste Detail präzise erläutert werden können.

Lässt man die von Wolf Wagner hier zusätzlich angesprochene These zunächst einmal außen vor, dass Sozialpolitik zumindest den Anspruch habe, soziale Notlagen zu lindern und/oder zu beseitigen, so wird deutlich, dass seine eigentliche Definition von Sozialpolitik im krassen Gegensatz und Widerspruch zu den oben entwickelten Definitionen steht. Seine Zuspitzung der Intention von Sozialpolitik lautet: *Sozialpolitik lässt soziale Notlagen systematisch zu.*

Zwischen diesen beiden Definitionen kann es keine Vermittlung geben. Entweder lindert Sozialpolitik soziale Notlagen bzw. bemüht sich zumindest in diese Richtung oder aber sie lässt soziale Notlagen systematisch zu. Und systematisch bedeutet, sowohl mit Absicht als auch mit dem vorher gefassten Plan, soziale Notlagen zuzulassen. Sozialpolitik will und soll also gar nicht in einem positiven Sinne auf soziale Notlagen einwirken.

---

[8] Vgl.: http://www.sozialpolitik-aktuell.de/datensammlung/2/ab/abbII5.pdf (Stand: 4.1.2008).
[9] Der Text kann hier heruntergeladen werden: http://www.fh-erfurt.de/so/homepages/wagner/publikationen.htm (Stand: 4.1.2008).

Damit stehen wir vor der wissenschaftlich zu lösenden Aufgabe, durch eine Analyse selbst zu entwickeln, was Sozialpolitik ist bzw. wie sie funktioniert. Denn offensichtlich können wir keine in der wissenschaftlichen Diskussion befindliche Definition unmittelbar als Grundlage für eine weitere Betrachtung gebrauchen, da sie allesamt umstritten bzw. widersprüchlich sind. Und diese Betrachtung sollte zunächst vollkommen unabhängig von der Frage verfolgt werden, warum denn Wolf Wagner zu der Ansicht gelangt ist, dass Sozialpolitik Notlagen systematisch zulasse oder der Frage, was er denn meint, warum Sozialpolitik welche Zielvorstellung verfolgt. Genau so, wie die Sozialleistungsquote vorschnell dazu verführen könnte, der Sozialpolitik eine Not lindernde Absicht unterzuschieben, könnten umgekehrt bestimmte Wahrnehmungen der Realität von Hartz IV dazu verleiten, der Sozialpolitik miese Absichten zu unterstellen.

Wenn es also keinen anderen Ausweg gibt, als selbst eine Analyse anzustellen, um die Intention von Sozialpolitik herauszufinden, so ist der weitere Weg der hier vorzunehmenden Untersuchung abgesteckt. Wir müssen uns der Mühe unterziehen, selbst eine Analyse der Sozialpolitik und damit der Grundsicherungsarbeit vorzunehmen, um ihren Charakter bestimmen zu können. Doch noch bieten sich dazu zwei verschiedene Vorgehensweisen an:

Erstens könnte mit einer historischen Betrachtung herausgefunden werden, ob denn die Sozialpolitik im Ausgangspunkt, also bei ihrer Entstehung mit der Intention eingerichtet wurde, Notlagen zu lindern oder sie systematisch zuzulassen. Die Geburtsumstände und damit auch die Makel der Sozialpolitik, so die zulässige Annahme, werden sich entweder bis heute erhalten haben oder aber es lassen sich historisch Brüche in der Entwicklung der Sozialpolitik finden, die die ursprünglichen Absichten auf den Kopf gestellt haben.

Vielfach wird – inwieweit und an welchen Punkten soll hier nicht intensiver verfolgt werden – der Nationalsozialismus als ein solcher entscheidender Bruch in der Tradition der Sozialpolitik bezeichnet (vgl. beispielhaft für viele: Bellermann 2001: 47f.). Die gleichen Autoren betonen jedoch unisono, dass nach dem Ende der Schreckensherrschaft des Nationalsozialismus und dem Zusammenbruch des Dritten Reiches erneut eine Zäsur gemacht und an die sozialpolitischen Traditionen der Weimarer Republik angeknüpft wurde. Ein ähnlich gravierender Bruch in der Traditionslinie der Sozialpolitik wird sonst an keiner historischen Stelle geltend gemacht, so dass davon auszugehen ist, dass es tatsächlich bestimmte Traditionslinien gibt, die die geschichtliche Untersuchung der ursprünglichen Entstehung von Sozialpolitik als tragfähiges Gerüst für die hier vorzunehmende Untersuchung zur Grundsicherungsarbeit erscheinen lässt.

Zweitens ist neben einem historischen Zugang, wie er gerade vorgeschlagen wurde, selbstverständlich auch eine Analyse der aktuellen Sozialpolitik erfolgversprechend, um die Intentionen sozialpolitischer Überlegungen in der Armuts-

1 Die Absichten der Armuts- und Arbeitsmarktpolitik

und Arbeitsmarktpolitik herauszufinden. In der theoretischen Begründung, in der praktischen Durchführung und in den erzielten empirischen Resultaten der heutigen Aktivitäten im Rahmen der Hartz-Gesetze werden sich die versteckten und offenen Gesetzmäßigkeiten finden lassen, die der Motor der aktuellen sozialpolitischen Entwicklungen sind. Auch eine Analyse der heutigen Armuts- und Arbeitsmarktpolitik wird also die Intentionen von Sozialpolitik offenbaren.

Doch bevor das im weiteren Verlauf unserer Betrachtung der Sozialpolitik entfaltet wird, soll zunächst eine historische Analyse zeigen, mit welchen Überlegungen und Absichten sozialpolitische Entwicklungen angestoßen wurden. Erst im darauf folgenden Kapitel geht die Analyse auf die heutige, aktuelle Sozialpolitik näher ein und knüpft sich das heute existierende soziale Sicherungssystem der Bundesrepublik vor. Beide Analyseteile sollen vor dem Hintergrund der eben entwickelten offensichtlich widersprüchlich einzuschätzenden Intentionen von Sozialpolitik vorgenommen werden.

2 Die lange Geschichte von Hartz IV – kurz erzählt

Die Armenordnungen des Mittelalters

Wie war es nun bei der Entstehung der Sozialpolitik; gab es denn im Ausgangspunkt sozialpolitischer Bestrebungen jene in den Definitionen von Sozialpolitik unterstellte Absicht, soziale Notlagen und Ungleichheiten abzubauen oder waren ganz andere Beweggründe im Spiel? Sollen die Anfänge der Sozialpolitik untersucht werden, so ist zunächst die Frage zu klären, welche konkrete Zeitepoche oder welches historische Ereignis betrachtet werden soll. Denn so unterschiedlich wie die Definitionen, so verschieden sind auch die konkreten Ereignisse, die als Beginn der Sozialpolitik angesprochen werden. So schlägt beispielsweise Martin Bellermann vor, analog zu einem weiten Sozialpolitik-Verständnis, die Anfänge der Sozialpolitik ins 5. vorchristliche Jahrhundert zurückzuverlegen, da – so seine Überlegungen – es schon im alten Athen „Krankenhilfsvereine und sonstige Unterstützungskassen für Handwerker auf privater und Unterstützungszahlungen auf staatlicher (steuerfinanzierter) Basis für kranke Matrosen und Hafenarbeiter" (Bellermann 2001: 44) gegeben habe.

Diese gesellschaftlichen Gruppen erhielten eine eigene Unterstützung, weil ihre Arbeit für die damalige Gesellschaft eine ausgesprochen wichtige Bedeutung hatte. Ihre spezielle Absicherung verdankte sich also ihrer besonderen herausgehobenen Stellung in der damaligen Gesellschaft. Sie war es, auf die mit einer sozialen Absicherung Bezug genommen wurde und nicht der Anspruch, soziale Notlagen zu lindern oder gar zu beseitigen. Es war also keineswegs so, dass die unterprivilegierte Stellung der Handwerker, Matrosen und Hafenarbeiter, ihre soziale Ausgrenzung oder ihr materiell bedrückendes Dasein Anlass zum Handeln gab, sondern gerade umgekehrt führte ihre privilegierte Stellung zu einer zusätzlichen Privilegierung mit den Absicherungen im Krankheitsfalle.

Insofern muss der Beginn der Sozialpolitik in einer anderen – späteren – Zeitepoche gesucht, müssen historisch neuere Entwicklungen untersucht werden. Die ersten Unterstützungsformen für Menschen in Armuts- und Mangelsituationen gab es in unserem Kulturkreis im Mittelalter, die allerdings ausschließlich durch religiös geprägte Einrichtungen, durch Kirchen und Klöster, geleistet wurden. Sie vergaben Almosen an Bedürftige, unterstützten Kranke und Gebrechliche, die sich nicht mehr selbst helfen konnten und brachten gleichzeitig religiös überhöhte Formen eines bewussten Lebens in Armut mit den Bettelmönchen und -orden hervor. Damit waren sowohl missionarische Absichten als auch allgemein die Unterordnung des irdischen Lebens unter die religiösen Vorstellungen verbunden. Ja, es war sogar das glatte Gegenteil von sozialpolitischen Absichten, weil mit der Vergabe der Almosen die Fügung in ein gottgegebenes (Armuts-) Schicksal erwartet wurde. Man gab also nicht, um in einer Notlage zu helfen, sondern um die Allmacht Gottes zu demonstrieren.

Wobei man sich das alltägliche Leben der weit überwiegenden Anzahl der Menschen im Mittelalter, also der Zeit um das 10. und 11. Jahrhundert, als insgesamt absolut ärmlich und entbehrungsreich vorstellen muss. Noch für die Zeit des 15. und 16. Jahrhunderts schätzten Christoph Sachsse und Florian Tennstedt, dass ca. 60% der damaligen städtischen Bevölkerung als arm zu bezeichnen waren und von denen ca. 20% in absoluter Armut dahin vegetierten (vgl. Sachsse, Tennstedt 1980: 28). Und umgekehrt bedeutete dies, dass immerhin 40% der städtischen Bevölkerung ein durchaus auskömmliches Leben führen konnte. Bestrebungen aber, der Armut und dem Ausgeliefertsein ans Schicksal zu entgehen oder mindestens entgegen zu wirken, gab es also nicht von kirchlicher Seite, sondern allenfalls auf der privaten Ebene des Almosenspendens.

Doch auch diese frühen und ebenfalls stark religiös geprägten Formen einer unterstützenden Sozialpolitik hatten nichts mit auf Ausgleich sozialer Benachteiligung bedachten individuellen Absichten zu tun. Die Spender der Almosen erwarteten nämlich von den Armen, dass diese für ihr Seelenheil beteten, waren also ganz egoistisch motiviert; Spenden an die Armen und Schwachen wurden also keinesfalls nach Bedürftigkeit vergeben, sondern orientierten sich eher an den kirchlichen Feiertagen und vor allem daran, dass für die Gebenden „himmlischer Lohn winkte" (Wagner 1991: 38). Im Übrigen war die damalige Gesellschaft noch weitgehend vom unmittelbaren Tauschhandel von Ware gegen Ware bestimmt und alle lebensnotwendigen Mittel, die nicht direkt selbst verzehrt oder gegen benötigte Waren getauscht werden sollten, konnten verderben – und da war die Spende an die Armen und der mit ihr erhoffte ‚himmlische Lohn' allemal sinnvoller.

Mit dem ausgehenden 11. und dem beginnenden 12. Jahrhundert setzte jedoch eine neue, durchgreifende Entwicklung ein, die zu einem Aufschwung und einer Stärkung der Städte führte. „Der Aufschwung der mittelalterlichen Städte steht im engen Zusammenhang mit dem Aufschwung des Handwerks, der dadurch bedingten Entstehung eines gewerblichen Marktes und der Ausdehnung des Fernhandels. Die Entfaltung städtischer Produktionsweise und städtischer Lebensform folgt also der Logik einer Ausdehnung von Ware-Geld-Beziehungen, einer Ausdehnung tauschförmiger Vergesellschaftung" (Sachsse, Tennstedt 1998: 23). Die immer stärkere Durchsetzung und Verallgemeinerung der Geldwirtschaft, der Tausch von Ware gegen Geld und die damit einhergehende Zurückdrängung des Tausches Ware gegen Ware erwies sich als ein Motor, der andere Entwicklungen mit begünstigte. Die aufkommende Hanse und später die Fugger als Zusammenschluss und verbesserte Organisation der Kaufleute und ihr teilweise rasant wachsender Reichtum symbolisierten dabei auch die gestiegene Macht eines einzelnen Standes, die eigentlich der damaligen Ständegesellschaft fremd war.

In die für die damaligen Menschen von Gott gegebene gesellschaftliche Ordnung, die Stände, wurde man hineingeboren und gehörte ihr zeitlebens an. Ein festes gesellschaftliches Gefüge, das jedem Menschen seinen unverrückbaren Platz zuwies. Zwar gab es innerhalb der Stände große Unterschiede, aber auch ein ‚armer Adliger' blieb ein Adliger. Das vertrug sich nicht mit der immer dominanteren Stellung insbesondere der Kaufleute, die es zu vorher nicht gekanntem Reichtum und Macht brachten und dem höheren Stand, dem Adel, gewissermaßen das Wasser abgruben: Die Ständegesellschaft überlebte sich immer stärker von innen her. Gleichzeitig erfuhr die Autorität der Kirche mit der Zunahme und Anerkennung naturwissenschaftlicher Erkenntnisse und deren Durchdringung in der Gesellschaft eine deutliche Schwächung. Schließlich war es für das offizielle, damals dominante christliche Weltbild, dass die Erde eine Scheibe sei, eine mehr als kühne Vorstellung, als Christoph Kolumbus im Jahre 1492 mit einer Seefahrt nach Westen das im Osten liegende Indien erreichen wollte. Die Verweltlichung des gesellschaftlichen Lebens unterminierte die vormals so gesehene gottgewollte Ordnung.

Mit diesen Entwicklungen einhergehend veränderte sich auch das Verhalten der Menschen den Armen gegenüber. Warum sollte man die selbst erarbeiteten Überschüsse noch an die Armen verteilen, wenn es jetzt üblich wurde, sie auch zu Geld zu machen und dieses Geld nicht verdarb wie die Lebensmittel? Es war in einem durchaus ökonomisch zu nennenden Sinne rationaler, die erwirtschafteten Überschüsse in Geld zu verwandeln, statt sie den Armen und Bettlern zukommen zu lassen. Und das wiederum verschärfte die Lage der Armen und Bedürftigen.

Im Zuge dieser Entwicklungen kam es insbesondere in den Städten zu einem vorher nicht gekannten Bevölkerungswachstum. „Das seit dem 11. Jahrhundert einsetzende Bevölkerungswachstum führte dazu, dass die Einwohnerzahl der Länder Europas sich zwischen dem 10. und 14. Jahrhundert mindestens verdoppelte. Im Gebiet des späteren Deutschland wuchs sie von ca. 5 bis 6 Millionen im 11., auf ca. 13 Millionen zu Beginn des 14. Jahrhunderts. Der Bevölkerungsdruck führte zur Landkultivierung im Inneren (Rodungen) und einer Expansion nach Außen (Ostsiedlung). Ein Teil des ländlichen Bevölkerungsüberschusses wanderte in die Städte ab, die als Zentren des Handels und der gewerblichen Produktion zwischen 1150 und 1350 erstmals eine relevante und eigenständige Bedeutung für die mittelalterliche Gesellschafts- und Wirtschaftsordnung in Deutschland erhielten. Die Zahl der Städte nahm zwischen 1200 und 1350 rapide von wenigen hundert bis auf ca. 3000 zu. Der Anteil der Stadtbevölkerung an der Gesamtbevölkerung wuchs .... auf reichlich 10%" (Sachsse, Tennstedt 1983: 39).

Der von Christoph Sachsse und Florian Tennstedt angesprochene Bevölkerungsdruck resultierte – vor dem Hintergrund erster medizinischer Entwicklungen, damit einhergehender geringerer Kindersterblichkeit und höherer Lebenserwartung[10] – einmal aus den damaligen Erbgesetzen, die es nicht allen Nachgeborenen ermöglichte, auf dem Hof der Eltern zu bleiben; sie mussten ihr Glück in der Fremde versuchen und die Städte mit ihrem teilweise sich darstellenden Reichtum, so schien es, boten dazu die aussichtsreichsten Gelegenheiten. Zum anderen verstrickten sich die Landeigentümer, die Adligen, immer häufiger untereinander in – vielfach blutige – Streitereien um die Aufteilung des Landes und pressten in der Folge den Bauern immer höhere Tribute ab, um diese Auseinandersetzungen finanzieren zu können. Diese bis hin zum ‚Bauernlegen' – der gewaltsamen Unterdrückung und Vertreibung der Bauern von ihrem bewirtschafteten Land, wie sie später unter anderem von Martin Luther angeprangert wurde – bekannten Auswüchse auf dem Land, taten ihr Übriges, um Menschen in die Städte fliehen zu lassen.

So kam es mit dem teils ungestümen Wachstum der Städte auch zu einer dramatischen Zunahme der Mittellosen, der Armen und Bedürftigen in den Städten[11] und entsprechende Reaktionen der Städte ließen nicht lange auf sich warten: Bereits um 1370 erließ Nürnberg die erste bekannte Armenordnung in unserem Sprachraum (vgl. Sachsse, Tennstedt 1980: 30). Es waren durch die Vertretungen der (Wahl-) Bürger erlassene und legitimierte gesetzesähnliche Anordnungen, um die vielfach als ‚Armenplage' betitelten Probleme anzugehen. Die in der Folgezeit dann in vielen Städten entstandenen Bettel- und Armenordnungen lassen sich als erster sozialpolitischer Reflex auf die zunehmende Armut in den Städten interpretieren – sie stellten insofern den Ausgangspunkt heutiger Armutspolitik dar. Deshalb ist es hier auch geboten, sich eine Armenordnung kurz

---

[10] Teilweise rafften allerdings auch Pest- und Cholera-Epidemien plötzlich große Teile der Bevölkerung wieder dahin.
[11] Und diese Armut hatte einen spezifischen Grund: „Die meisten Armen waren zwar erwerbslos, aber nur deshalb, weil sie landlos waren, d.h. keinen Acker hatten, den sie bestellen konnten" (Promberger 2005: 1). Deshalb kann man diese Entwicklung als Teil der ‚sogenannten ursprünglichen Akkumulation' betrachten, die Trennung der Menschen von ihren Produktions- und Reproduktionsmitteln – sie beschreibt einen Abschnitt der „Vorgeschichte des Kapitals" (Marx 1972: 742) in unserem Kulturkreis.

2 Die lange Geschichte von Hartz IV – kurz erzählt

intensiver anzuschauen, um die sozialpolitischen Intentionen herausarbeiten zu können (vgl. Abbildung 1).

Abbildung 1: Fragment der Augsburger Armenordnung von 1498[12]

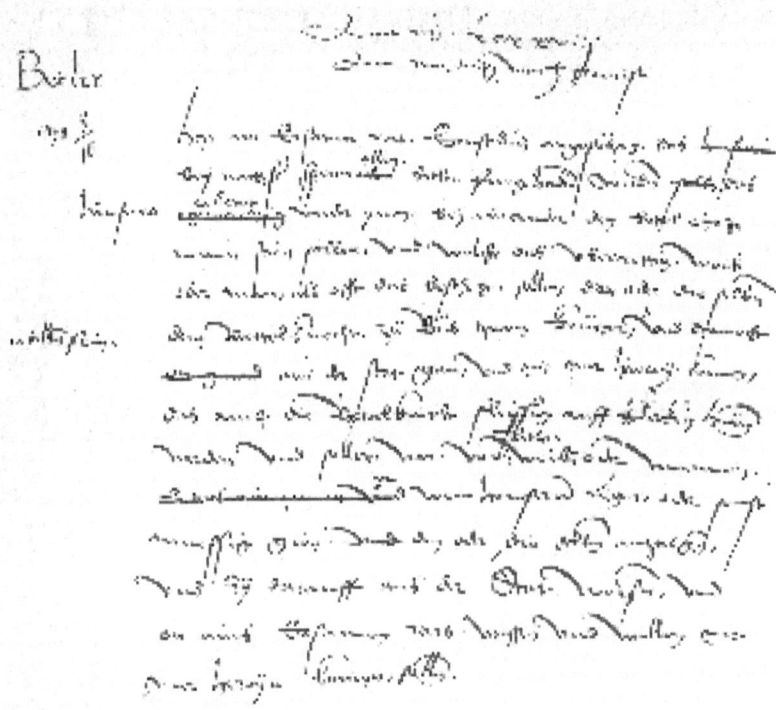

In lateinischer Schrift lautet der Text folgendermaßen:

„Betler   Anno etc. LXXXXVIII
1498,   Am Montag nach Francisci
hat ein Ersamer rat, Ernstlich angesehen, das
bey nachster spenn allen betler fur gehalten werden (soll), das
hinfuro eelewt under ynen, bey ainander den betel einze-
nemen stien sollen, und welche das ubertretten, weib
oder man, als offt das beschehe, sollen der oder dieselben
dem Bettelknecht, zu Bus tzwen krützc verfallen sein und dennocht

---

[12] Entnommen aus: Sachsse, Tennstedt 1983: 86.

aus der stat gan, und nit mer hierey(n) komen,
das auch die Bettelknecht fleissig auffmerken haben
werden und sollen, wer von betler, weiben oder mannen,
yn wein heusern ligen, oder sonst
muessig gien, den oder die sollen anzeigen,
und sy darauff aus der Stat weisen, und
on ains Ersamen rats wissen und willen nit
mer hereyn komen sollen" (ebd.: 87).

Eine ‚Übersetzung' ins Hochdeutsche könnte etwa so lauten:

1498, am Montag nach Francisci,
hat der Rat der Stadt, der hoch angesehen ist, beschlossen, dass
bei nächster Gelegenheit allen Bettlern verkündet werden soll, dass,
wer weiterhin unter ihnen leben will, das Bettel(zeichen)
annehmen soll, und die, die das übertreten, egal ob Frau
oder Mann, sobald es geschieht, sollen der oder dieselben
dem Bettelknecht zu Buße und Kreuze kriechen und dennoch
aus der Stadt verwiesen werden und nicht mehr hierher kommen,
(und) dass auch die Bettelknechte fleissig aufpassen sollen
und diejenigen Bettler, Frauen oder Männer,
die in Weinhäusern liegen oder sonst wie
Müßiggehen, den oder die sollen sie anzeigen
und sie daraufhin aus der Stadt weisen und
es unseren hoch angesehenen Rat wissen lassen und ihnen klar machen,
dass sie nicht mehr hierher kommen sollen (Übersetzung: d.V.).

Mit dieser Bettelordnung legte der Rat der Stadt Augsburg zunächst fest, dass alle Bettler fortan ein Zeichen, das Bettelzeichen, tragen mussten. Diejenigen Bettler, die dies unterließen, mussten sich dem Bettelknecht unterwerfen und wurden für alle Zeiten der Stadt verwiesen. Darüber hinaus sollten die Bettelknechte darüber wachen, dass Bettler nicht Wein- (Wirts-) Häuser aufsuchten oder untätig herumlungerten, denn auch in diesem Falle wurden sie der Stadt verwiesen, was die Bettelknechte wiederum dem Rat der Stadt melden sollten.

Um die aus einer solchen Bettel- oder Armenordnung entstandene soziale Praxis präziser beurteilen zu können, sollte man sich zunächst noch einmal die Tätigkeit des Bettelknechts vergegenwärtigen. Er war im Auftrag des Rates der Stadt unterwegs und sollte die ‚Bettelei' überwachen, indem er die Bettler kontrollierte. Sie mussten stets ein Bettelzeichen tragen und durften nicht den Anschein erwecken, dass sie faul seien oder ein ausschweifiges Leben führen würden. Wobei ‚ordentliches' Betteln damit offensichtlich nicht gemeint war. „In der Figur des Armenvogts (oder: Bettelknechts – d.V.) sind also die Elemente neuzeitlicher Verwaltung schon angelegt. In ihr tritt die städtische Sozialverwaltung in ihrer frühesten und schlichtesten Form in Erscheinung" (Sachsse, Tennstedt 1980: 33).

Und dann ist da noch die ‚Strafe': Wer gegen die Bettelordnung verstieß, wurde für immer aus der Stadt verwiesen. Das hört sich nicht sonderlich beunruhigend oder drakonisch an, bedeutete aber, dass, weil man keinen ordentlichen Aufenthaltsort nachweisen konnte, für ‚vogelfrei' erklärt wurde. Und das wiederum hatte zur Konsequenz, völlig recht- und schutzlos den Unbilden der Natur und – das war besonders dramatisch – anderer Mitmenschen ausgeliefert gewesen zu sein. Jemand der für ‚vogelfrei' erklärt wurde, durfte straffrei getötet oder beraubt werden. Von daher kam diese Strafe im Mittelalter fast einem Todesurteil gleich.

Die Bettel- und Armenordnungen des Mittelalters hatten also zusammengefasst mit der sozialpolitischen Zielrichtung, auf soziale Notlagen einzuwirken und sie zu lindern, nichts zu tun. Ihnen ging es um soziale Kontrolle einerseits und Bestrafung andererseits. Die materielle Not der Armen blieb völlig unangetastet. In ihrem historischen Ausgangspunkt – und lediglich der wurde hier betrachtet – hatte Sozialpolitik nicht die Absicht, soziale Not zu bekämpfen. Ein solches Fazit, auch wenn es in der hier zugegebenermaßen gerafften Entwicklung vorgetragen wurde, kann nicht wirklich überraschen. Und doch werden die Konsequenzen dieser Erkenntnis auf die weitere Entwicklung der Armuts- und Sozialpolitik zu beziehen sein und dann zu neuen Einsichten führen: Wenn Armutspolitik im Ausgangspunkt nicht soziale Notlagen lindern oder gar beseitigen wollte, warum sollte sie dies in ihren heutigen Formen anstreben – entscheidende inhaltliche Brüche oder wichtige Weichenstellungen in der Armutspolitik im weiteren historischen Verlauf, zumindest bis zum Ende des Mittelalters und der beginnenden Neuzeit, lassen sich jedenfalls nicht nachweisen.

Die Bismarcksche Sozialpolitik

Wenn nicht ein ‚Bruch', so doch zumindest eine wichtige historische Wende- oder Wegmarke wird vielfach der Bismarckschen Sozialpolitik zugeschrieben. Mit ihr gab es historisch erstmals eine staatlich garantierte Absicherung des Krankheitsrisikos[13] und insofern eine eigenständige staatliche Sozialpolitik. Und als Geburtsstunde der Bismarckschen Sozialpolitik wird die sogenannte ‚Kaiserliche Botschaft' vom 17. November 1881 bezeichnet, mit der der damalige Reichskanzler Otto von Bismarck soziale Absicherungen der Arbeiter in Aus-

---

[13] Vgl. auch Tauchnitz 1999.

sicht stellte. Und es dauerte nicht lange, bis Bismarck seinen Worten Taten folgen ließ: Am 21 Juni 1883 wurde in Berlin das ‚Gesetz, betreffend die Krankenversicherung der Arbeiter' veröffentlicht und 1884 folgten die gesetzliche Unfallversicherung und 1889 die Invaliditäts- und Altersversicherung.

Abbildung 2: Reichsgesetzblatt Nr. 9, vom 21.6.1883

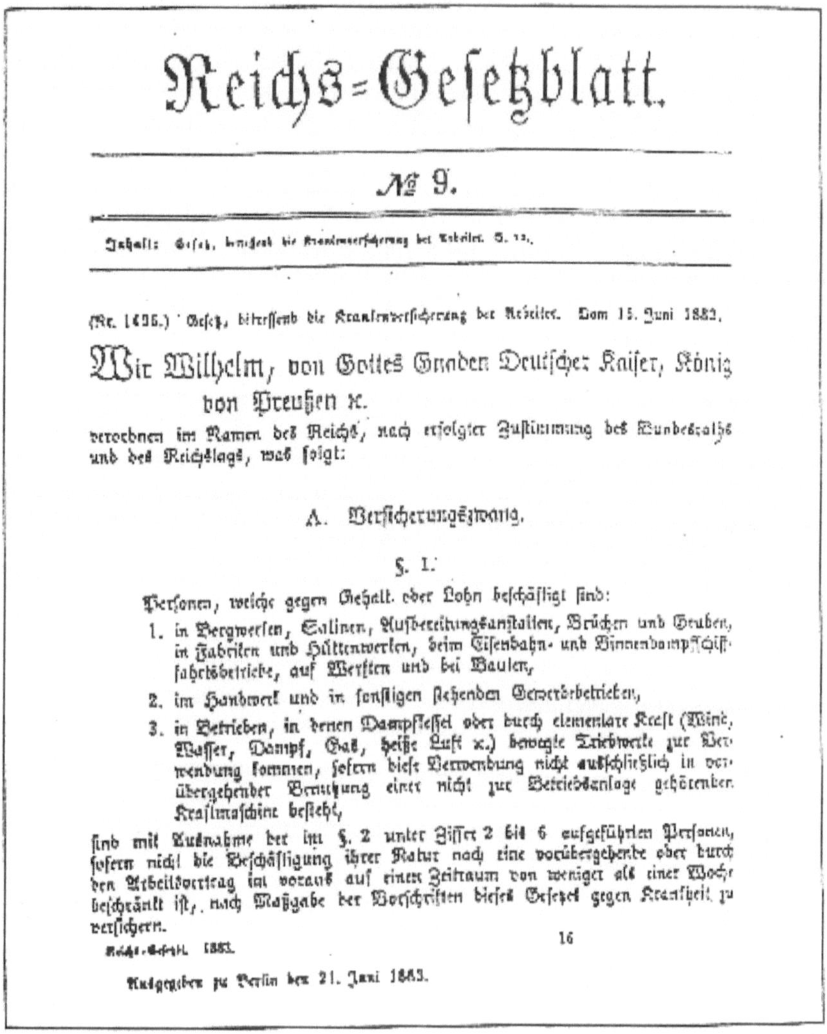

Reichs-Gesetzblatt.

№ 9.

Inhalt: Gesetz, betreffend die Krankenversicherung der Arbeiter. S. 73.

(Nr. 1496.) Gesetz, betreffend die Krankenversicherung der Arbeiter. Vom 15. Juni 1883.

Wir Wilhelm, von Gottes Gnaden Deutscher Kaiser, König von Preußen &c.

verordnen im Namen des Reichs, nach erfolgter Zustimmung des Bundesraths und des Reichstags, was folgt:

A. Versicherungszwang.

§. 1.

Personen, welche gegen Gehalt oder Lohn beschäftigt sind:

1. in Bergwerken, Salinen, Aufbereitungsanstalten, Brüchen und Gruben, in Fabriken und Hüttenwerken, beim Eisenbahn- und Binnendampfschifffahrtsbetriebe, auf Werften und bei Bauten,
2. im Handwerk und in sonstigen stehenden Gewerbebetrieben,
3. in Betrieben, in denen Dampfkessel oder durch elementare Kraft (Wind, Wasser, Dampf, Gas, heiße Luft &c.) bewegte Triebwerke zur Verwendung kommen, sofern diese Verwendung nicht ausschließlich in vorübergehender Benutzung einer nicht zur Betriebsanlage gehörenden Kraftmaschine besteht,

sind mit Ausnahme der im §. 2 unter Ziffer 2 bis 6 aufgeführten Personen, sofern nicht die Beschäftigung ihrer Natur nach eine vorübergehende oder durch den Arbeitsvertrag im voraus auf einen Zeitraum von weniger als einer Woche beschränkt ist, nach Maßgabe der Vorschriften dieses Gesetzes gegen Krankheit zu versichern.

Reichs-Gesetzbl. 1883. 16

Ausgegeben zu Berlin den 21. Juni 1883.

2 Die lange Geschichte von Hartz IV – kurz erzählt

Zwar gab es auch vorher schon staatlich organisierte Absicherungen, beispielsweise Arbeitsschutzgesetze, doch da diese sich entweder explizit als Arbeitsschutzgesetzgebung und insofern als Arbeitspolitik verstand oder sich lediglich auf bestimmte Provinzen (z.B. Preußen) bezog, ist das Krankenversicherungsgesetz von 1883 das erste eigentliche Sozialgesetz in der deutschen Geschichte. Seine Analyse wird im folgenden Aufschluss darüber geben müssen, ob dieses Gesetz denn wirklich der Intention folgte, gegen soziale Notlagen, insbesondere in der damaligen Arbeiterschaft, vorgehen zu wollen (vgl. Abbildung 2).

Schon der ausschließlich in diesem Faksimile hier wiedergegebene § 1 lässt stutzig werden: In drei Punkten werden ganz spezifische Produktionsbereiche aufgelistet, in denen die ArbeiterInnen gesetzlich verpflichtend zu versichern waren. Mit anderen Worten: Alle anderen ArbeiterInnen in allen anderen Produktionsbereichen waren nicht versicherungspflichtig! Die damals durchaus schon ansehnliche Zahl der ArbeiterInnen in Handel und Dienstleistung und erst recht die vielen in der Landwirtschaft beschäftigten ArbeiterInnen[14], waren nach wie vor nicht gegen Krankheit versichert. Und so kommt Volker Hentschel in seiner Geschichte der deutschen Sozialpolitik zu dem vernichtenden Urteil, dass Unfall- und Krankenversicherung zusammen „nur rund einem Fünftel der Erwerbstätigen und weniger als einem Zehntel der Bevölkerung zugute" (Hentschel 1983: 12) kam. Der insgesamt überraschend geringe, versicherte Bevölkerungsanteil könnte noch damit erklärt werden, dass es keine Mitversicherung der Familienangehörigen gab. Aber auch die Ausblendung der landwirtschaftlichen ArbeiterInnen aus der Krankenversicherung kann nicht plausibel erklären, warum selbst in Dresden, einer der damaligen Großstädte des deutschen Reiches, „im Dezember 1883 bei einer durchschnittlichen Einwohnerzahl von 230 150 Seelen .... 10,9 Prozent der Gesamtbevölkerung gegen die Folgen der Krankheit versichert" (Tennstedt 1983: 317) waren. Wenn knapp 90% der damaligen großstädtischen Bevölkerung nicht gegen Krankheit versichert war, so ist das schon eine magere Bilanz, deren Ursache und Hintergrund auf der Basis der bisher präsentierten Daten nicht hinreichend nachvollziehbar ist.

Auch inhaltlich fällt die vom Krankenversicherungsgesetz vorgenommene Auswahl der Produktionsbereiche auf: Es sind vor allem großindustrielle Betriebe der Primärindustrie und Fabriken, in denen Dampfmaschinen zur Anwendung kamen. Diese Betriebe stellten die Speerspitze der damaligen Wirtschaftskraft des deutschen Reiches dar. Auf die heutige Zeit übertragen, würde man im Wesentlichen die ArbeiterInnen in hochtechnologischen Bereichen versichern. Damit ist dann auch faktisch die Absicht klar: Es ging um die Sicherstellung und Verbesserung der Situation der ArbeiterInnen in den Stützen des damaligen

---

[14] Hans-Walter Schmuhl gibt für das Jahr 1871 an, dass im primären Sektor 49,2%, im sekundären 28,9% und im tertiären Sektor 21,8% der Beschäftigten tätig waren (Schmuhl 2003: 9).

Wirtschaftswachstums. Ganz offensichtlich gaben nicht soziale Kriterien den Ausschlag für die Aufnahme in den Katalog der zu versichernden Betriebe, sondern wirtschaftspolitische Überlegungen.

Doch selbst wenn man berücksichtigt, dass der tertiäre Sektor (Handel und Dienstleistung) damals noch schwach entwickelt war und nur einen geringen Anteil der Erwerbstätigen umfasste und die Landwirtschaft dem gegenüber einen von der Anzahl der Beschäftigten her immer noch sehr großen Sektor darstellte, ist nicht erklärlich, warum selbst in Großstädten wie Dresden der Anteil der gesetzlich Versicherten so gering war. Eine einfache, empirisch zu belegende Antwort gibt es dazu nicht. Und auch die einschlägige Literatur zu diesem Thema gibt keine befriedigende Antwort auf diese Frage. Bei der Suche nach einer Erklärung fällt im Gesetzestext noch eine zusätzliche Einschränkung auf: ArbeiterInnen, die eine ‚befristete' Beschäftigung oder einen Arbeitsvertrag mit einer Laufzeit „von weniger als einer Woche" hatten, waren ebenfalls nicht versichert!

Heutzutage sind Arbeitsverträge, die lediglich für eine Woche oder darunter abgeschlossen werden, die absolute Ausnahme geworden – doch damals war es genau umgekehrt. Das hing zunächst einmal mit dem Stellenwert der Arbeitsverträge in der damaligen Zeit zusammen. So beschreibt Martin Becker, dass „..... der Arbeitsvertrag der Manufakturarbeiter um 1800 rechtlich auf einer freien Vereinbarung der Vertragspartner auf der Grundlage des landrechtlichen Dienstvertragsrechts (beruhte – d.V.). Tatsächlich konnte aber von einem individuell ausgehandelten Arbeitsvertrag nur bei qualifizierten Arbeitskräften die Rede sein, denn die konkreten Arbeitsbedingungen in der Fabrik wurden in der Regel einseitig durch den Unternehmer festgesetzt. Der einfache gewerbliche Arbeitnehmer konnte sich nur auf die in den Hausordnungen bereits festgelegten Bedingungen des Arbeitgebers einlassen oder musste sich anderweitig Arbeit suchen" (Becker 1995: 46f.). Das lag vor allem daran, dass „bis um die Jahrhundertwende (des Jahres 1900 – d.V.) ... das vertragliche Aushandeln der Arbeitsbedingungen aufgrund der wirtschaftlichen und organisatorischen Überlegenheit der Unternehmer nahezu unmöglich" (ebd.: 65) war. Und an anderer Stelle hält er fest, dass „die sog. Tagelöhner, Wochenlöhner und Handarbeiter .... einen festen Vertrag nicht bekamen oder auch nicht wollten" (ebd.: 57). Diese letztlich nicht geregelten arbeitsvertraglichen Bedingungen betrafen, wie Martin Becker an anderer Stelle feststellt, einen mit der Industrialisierung zunehmenden Anteil der Bevölkerung: „Von 1805 bis 1858 nahm in Preußen der Bevölkerungsanteil .... der freien Handarbeiter und Tagelöhner von 3,4% auf 12,5%" (ebd.: 56, Fn. 68) zu.

Einen plastischen Eindruck davon, wie Tagelöhnerei arbeitsorganisatorisch ablief, beschreibt Gerhard Schildt in einer Untersuchung über die Entwicklungen während der Industrialisierung in Braunschweig: „Mit den Ober- und Magazin-arbeitern (nicht den Hilfsarbeitern) hat die Eisenbahn-Direktion im Dezember 1874 einen Vertrag geschlossen, in dem die Arbeiter sich zur Erfüllung der anstehenden Transportaufgaben verpflichteten gegen ein Entgelt, abhängig von der Menge der beförderten Waren. Der bisherige Tagelohn wurde als Minimallohn garantiert. Den Arbeitern oblag die Beschaffung des benötigten Arbeitsmaterials (Karren, Wagen, Behälter, Schreibmaterialien u.a.m.) sowie die Einstellung und Entlassung der Hilfsarbeiter. Der Hilfsarbeiter-Lohn musste von der Summe bestritten werden, die die Eisenbahn-Verwaltung für die beförderte Warenmenge bezahlte, ging also den übrigen Magazinarbeitern verloren, die deshalb veranlasst waren, Hilfsarbeiter einzusparen" (Schildt 1986: 358f.). Obwohl nicht explizit erwähnt, lässt sich doch begründet vermuten, dass es sich bei diesen Hilfsarbeitern offensichtlich um Tagelöhner handelte, die ihren Lohn von den Magazin-Arbeitern täglich ausbezahlt bekamen.

Die hierarchischen Unterschiede zwischen Magazin-Arbeitern und Hilfsarbeitern fanden ihren Ausdruck auch in unterschiedlichen Beschäftigungsbedingungen: „Obgleich alle Magazinarbeiter in gleicher Weise ungelernte Arbeit ausübten, waren sie doch keineswegs gleichgestellt. .... Die Magazinarbeiter waren die ständig Beschäftigten, die auch pensionsberechtigt waren, die Hilfsarbeiter wurden aushilfsweise, je nach Bedarf, eingestellt. Ihre Zahl schwankte stark, gelegentlich wurde sie verdoppelt oder halbiert" (ebd.: 356). Die Tagelöhner waren also dem Wohlwollen derjenigen, die sie täglich neu einstellten – oder auch nicht – schutzlos ausgeliefert. Und für deren quantitativen Umfang an der gesamten gewerblichen Bevölkerung gibt Gerhard Schildt an: „1854/55, bevor die Industrialisierung in Braunschweig erfolgt, bestand also der größte Teil der männlichen Bevölkerung aus Angehörigen des sekundären, des gewerblichen Sektors, und zwar grob gerechnet zwei Drittel. .... Der große Block der unqualifizierten Arbeitsleute und Tagelöhner (ein Viertel der Bevölkerung) fällt besonders auf" (ebd.: 171f.). Und mit der zunehmenden Industrialisierung wuchs dieser Anteil ebenso rasant an.

In den industriellen Zentren des Ruhrgebiets lassen sich für den Umfang der Tagelöhnerei noch weitere historische Belege heranziehen, die auf das wechselhafte Schicksal der Tagelöhner in den damaligen Fabriken hinweisen und so auch den Anteil der Tagelöhner erahnen lassen: „So betrug beim Bochumer Verein für Bergbau und Gußstahlfabrikation 1873 die Zahl der Austritte 113% der Belegschaftsstärke, in der Gutehoffnungshütte und in der Kruppschen Gußstahlfabrik waren es im selben Jahr jeweils 77%. Geringer war die Fluktuation in den 80er Jahren, aber die Austrittsquoten in diesen drei Betrieben betrugen 1881/1886 jahresdurchschnittlich immer noch 61%, 58% und 21%. Die ersten Ergebnisse der Krankenkassenstatistik wiesen aus, dass die durchschnittliche Verweildauer an einer Arbeitsstelle nur ein Jahr betrug. Nicht von ungefähr fiel das Stichwort von den ‚Nomaden der Industrie'" (ebd.: 363). Aber es war eben der statistische Durchschnitt, der weitgehend verdeckt, dass es viele von den Verhältnissen gezwungene Menschen gab, die als umherziehende Tagelöhner ihr Leben fristen mussten[15].

Während die für die Produktion unentbehrlichen qualifizierten Teile der Arbeiterschaft andauernder beschäftigt waren, teilten sich vor allem die unqualifizierten, aber mit körperlich schwerster Arbeit vertrauten Menschen das Schicksal, jeden Tag aufs neue vor den Fabriktoren ausgesucht zu werden, um für einen weiteren Tag einen kärglichen Lohn zu erhalten, mit dem die Familie durchgebracht werden musste.

Ihre erbärmlichen Lebensbedingungen auf dem Lande schildert Florian Tennstedt: „Die freien Tagelöhner sind .... außerhalb der Saison vielfach arbeits- und damit einkommenslos; Arbeit beim Chaussee-, Eisenbahn- oder Deichbau ist im Winter ebensowenig möglich wie Ansammlung den Lebensunterhalt sichernder Ersparnisse aus dem Arbeitsverdienst von Frühjahr bis Herbst. Fehlender Ertrag aus Lohnarbeit bedeutet aber Not und Elend. Das Leben ist nackter Existenzkampf, Nahrungsmittel müssen zusätzlich erbettelt und das privateigene Brennholz bis zur Diebstahlsgrenze zusammengelesen werden; man ernährt sich von Kartoffeln, Heringen und Branntwein. Die Hütten sind feucht, mancherorts nicht heizbar; um es einigermaßen warm zu haben, verbringt man Tag und Nacht im Bett, häufig familienweise zusammenliegend, hungernd und vielfach buchstäblich wegsterbend. Die Verschmitzten kommen über Diebstähle ins Gefängnis und so zu einem besseren und bequemeren Leben" (Tennstedt 1981: 48f.).

Die freien Handarbeiter und Tagelöhner, die als Nomaden der Industrie betitelten Menschen, waren das Material, das der immer schneller wachsenden Industriemacht Deutschland an die Spitze verhalf. Und sie kannten keine Arbeitsverträge und damit auch keine Krankenversicherung. Ihr materielles Elend war der eigentliche Hintergrund der ‚sozialen Frage', die Bismarck vorgeblich mit der Krankenversicherung lösen wollte – doch ihr Schicksal veränderte sich durch die Krankenversicherung in keinster Weise, weil sie durch sie überhaupt nicht erfasst wurden.

Diejenigen jedoch, die in der ‚modernsten' Industrie der damaligen Zeit über einen Arbeitsvertrag verfügten, waren die Vorarbeiter, Meister, Ingenieure und Betriebsleiter, also die qualifiziertesten und alleine durch den Arbeitsvertrag und ihre exponierte Stellung im Betrieb bereits relativ gut abgesicherten Teile der Arbeiterschaft. Die Krankenversicherung war also eine Privilegierung bereits

---

[15] Vgl. etwa Beier : „Handarbeiter und Tagelöhner wechselten ständig zwischen verschiedenen Zweigen der Produktion, Produktionsstätten unterschiedlichen Typs und Gelegenheitsarbeit der verschiedensten Art. Darin bestand die Konstante ihres oft nur kurzen Lebens" (Beier, zit. n. Kuczynski 1982: 86).

Privilegierter! Der große Rest, die Tagelöhner, blieben außen vor und mussten sich täglich neu vor den Fabriktoren anstellen und um Arbeit nachfragen. Und nur, wenn sie auch gesundheitlich den Eindruck hinterließen, die schwere körperliche Arbeit auch schaffen zu können, wurden sie für einen weiteren Tag genommen. Sie hätten also eine Krankenversicherung gut gebrauchen können – doch ihr hartes Schicksal blieb durch die Einführung der Krankenversicherung unangetastet.

Aus dieser Perspektive erhält die Bismarcksche Sozialpolitik, die mit der Symbolik von ‚Zuckerbrot und Peitsche' beschrieben wird[16], eine ganz andere, neue Bedeutung: Das vorgebliche Zuckerbrot, die Einführung der gesetzlichen Krankenversicherung, war für den Kern der sozialen Frage, für die ärmsten und ungesichertsten Teile der Arbeiterschaft, keine erwähnenswerte Errungenschaft[17]. Und mit der Peitsche wird das damalige „Gesetz betreffend die gemeingefährlichen Bestrebungen der Sozialdemokratie" vom 21. Oktober 1878 identifiziert. Mit diesem massiven polizeistaatlichen Unterdrückungsinstrument wollte Bismarck – und zwar schon einige Jahre bevor die Krankenversicherung eingeführt wurde – die politische Agitation der Sozialdemokratie unterbinden. „318 Vereine sind aufgrund des Sozialistengesetzes aufgelöst, 608 Zeitungen und Zeitschriften sowie 1241 Broschüren verboten, 1500 Sozialdemokraten verhaftet worden" (Hentschel 1983: 34). Doch durch geschicktes Ausweichen in die illegale, im Untergrund fortgeführte Arbeit konnten die Sozialdemokraten ihren Einfluss gerade unter der Arbeiterschaft in den Folgejahren vergrößern, so dass sie, nachdem sie bei den Wahlen 1881 lediglich 311.961 Stimmen erhalten hatten, im Jahr 1890, dem Jahr, in dem das Sozialistengesetz aufgehoben wurde, mit 1.427.000 Stimmen zur wählerstärksten Partei des deutschen Reiches wurden. Die Peitsche entwickelte sich also zum eigentlichen Zuckerbrot für die Sozialdemokratie, während das angebliche Zuckerbrot für den Großteil der Anhängerschaft keines war.

Die ungewöhnliche Entstehung der Arbeitslosenversicherung

Auffallend an der bismarckschen Sozialpolitik war jedoch noch eine weitere Leerstelle: Während es für Teile der Arbeiterschaft ab 1890 für die Risiken bei Krankheit, Unfall, Invalidität und Alter eine soziale Absicherung gab, blieb die Problematik Arbeitslosigkeit vollkommen außerhalb des gesetzgeberischen Blickfeldes. Auch für Anselm Faust ist „der ‚time-lag' zwischen der Errichtung

---

[16] Vgl. auch Tennstedt 1997.
[17] Das sind keine neuen Überlegungen (vgl. etwa Baron 1979) – sie wurden nur bisher in der sozialpolitischen Debatte weitgehend ignoriert.

der Arbeiterversicherung und den staatlichen Eingriffen zugunsten der Erwerbslosen" (Faust 1986: 31) eine nach Erklärung suchende Auffälligkeit. Wieso dauerte es noch rund 40 Jahre, bis es mit der Verabschiedung des Gesetzes über Arbeitsvermittlung und Arbeitslosenversicherung (AVAVG) 1927 eine gesetzliche Absicherung gegen Arbeitslosigkeit gab? Dabei war es nicht so, dass die Problematik Arbeitslosigkeit nicht vorhanden war: „Der 1856/57 und 1866 kurz unterbrochene Aufschwung fand zunächst in der ‚Gründerkrise' (1873-79) sein Ende. Hier nun trat ein von der kapitalistischen Industriegesellschaft geborenes soziales Problem zum erstenmal in größerem Maßstab zutage: die Arbeitslosigkeit der lohn- und gehaltsabhängigen Erwerbsbevölkerung" (ebd.: 21).

Für den qualifiziertesten Teil der Arbeiterschaft bildete Arbeitslosigkeit eingedenk ihrer arbeitsvertraglichen und sozialpolitischen Absicherung offensichtlich kein ernsthaftes Problem. Aber das erbärmliche Schicksal der Tagelöhner und ihrer Familien fand auch innerhalb der Gewerkschaftsbewegung und der politisierten Arbeiterschaft keine nachhaltige Aufmerksamkeit. Für die Tagelöhner war Arbeitslosigkeit ein tagtäglich erlebtes Schicksal und eine Veränderung dieser Situation offenkundig außerhalb jeder Vorstellungskraft. Nachdem sie am Abend nach einer Schicht ihren kärglichen Lohn ausgezahlt bekamen, waren sie de facto arbeitslos. Denn erst am nächsten Tag vor dem Fabriktor entschied sich, ob sie von den Vorarbeitern erneut eingestellt wurden oder arbeitslos blieben. Und nur wenn sie einen gesundheitlich guten Eindruck hinterließen, wurden sie erneut für eine Schicht eingestellt.

Für diejenigen, die nicht (wieder) einen Tag arbeiten konnten, deren Arbeitskraft nicht gebraucht wurde, blieben nur die damaligen Möglichkeiten der Armenfürsorge. Doch die kommunal organisierte Armenfürsorge, seit Mitte des 19. Jahrhunderts weitgehend in der Form des Elberfelder Modells organisiert, war eigentlich nicht für die Tagelöhner gedacht, wie Anselm Faust darlegt: „Das ‚Elberfelder System' war kein Wohltätigkeitssystem. Arbeitsfähige durften Hilfe nur dann in Anspruch nehmen, wenn sie sich zuvor erfolglos um Arbeit bemüht hatten" (ebd.: 37) Überhaupt, so Anselm Faust, war die Armenfürsorge nicht als soziale Sicherung anzusprechen: „Wohlfahrt, Besserung und Strafe, Erziehung zu Disziplin und Arbeitsamkeit ebenso wie Kontrolle gegen Trägheit und Müßiggang lagen in der Armenpflege der ersten Hälfte des 19. Jahrhunderts eng beieinander. Daraus resultierten ein ausgeprägter Herrschaftsanspruch gegenüber den Unterstützungsempfängern und diskriminierende Begleitumstände der Unterstützungsvergabe, die sich bis zur Novemberrevolution (1918 – d.V.) im Entzug des Wahlrechts und anderer Beschränkungen bürgerlicher Rechte und Pflichten ausdrückten" (ebd.). Die eigentliche Zielgruppe der Armenfürsorge waren die dauerhaft und endgültig aus dem Erwerbsleben ausgeschiedenen, die aus der Gesellschaft ausgegrenzten Menschen – alle anderen hatten ihren Lebensunterhalt durch Arbeit sicherzustellen. Noch im Reichsstrafgesetzbuch von 1871 hieß es: „Mit Haft wird bestraft ... wer, wenn er aus öffentlichen Armenmitteln eine Unterstützung empfängt, sich aus Arbeitsscheu weigert, die ihm von der Behörde ausgewiesene, seinen Kräften angemessene Arbeit zu verrichten" (zit. n. Riekenbrauk 2007: 175). Wer nicht arbeiten wollte, musste Zwangsarbeit im Arbeitshaus leisten.

Diese diskriminierenden Formen der Armenunterstützung fanden ihre Entsprechung im Bewusstsein der damaligen Bevölkerung. Arbeitslosigkeit wurde als selbst verschuldetes Schicksal betrachtet und einer materiellen oder finanziellen Unterstützung nicht für wert befunden. So schrieb 1884 der Sozialexperte Adler: „Der Gedanke, dass Müßiggang etwas Schönes sei, soll nicht Boden gewinnen, und deshalb darf die Unterstützung nur das Existenzminimum gewähren; der Arbeiter, der bei voller Gesundheit – wenn auch unverschuldet – untätig ist, soll Entsagung üben" (zit. n. Wagner 1991: 101). Wovon der Arbeitslose leben sollte, interessierte nicht – der Zwang der Verhältnisse würde schon dafür sorgen, dass der Mensch arbeiten gehen und auch Arbeit finden würde. Diese Denkweise ging quer durch die gesamte Gesellschaft und auf dem Katholikentag des Jahres 1894 hörte sich das so an: „Dauert die Arbeitslosigkeit lange, dann gewöhnt sich der vordem fleißige Arbeiter an den Müßiggang; erst wird er arbeitsscheu, dann verkommen und schließlich ein Verbrecher" (zit. n. Führer 1990: 33). Und selbst im sozialdemokratischen Gewerkschaftsblatt ‚Der Bauhandwerker' vom 11.1.1896 konnte man lesen: „Die Unterstützung (bei Arbeitslosigkeit – d.V.) darf also so bemessen werden, dass sie zum knappsten und kärglichsten Unterhalt noch ausreicht, bei dem man noch satt wird, d.h. nicht verkommt" (zit. n. ebd.: 36). An mehr war also auch in Teilen der Arbeiter- und Gewerkschaftsbewegung nicht gedacht – eine den Namen verdienende soziale Absicherung bei Verlust des Arbeitsplatzes war zu dieser Zeit vollkommen außerhalb des sozialpolitischen Horizonts.

Gleichwohl gab es in einigen Produktionsbereichen, in denen eine hoch qualifizierte Arbeiterschaft, die gleichzeitig Träger der damaligen gewerkschaftspolitischen Entwicklung war, erste Vorläufer einer – allerdings selbstorganisierten – Arbeitslosenversicherung: „Der Allgemeinen Deutschen Metallarbeiterschaft, die seit 1869 über eine Versicherungsgesellschaft gegen Arbeitslosigkeit absicherte, und dem Deutschen Buchdruckerverband, der 1879 eine eigene Verbandskasse gegen Arbeitslosigkeit einrichtete, folgten viele andere Gewerkschaften" (Fukuzawa 1995: 48f.). Eine allgemeinpolitische Forderung an den damaligen Staat wurde daraus jedoch vorerst nicht erhoben und vor allem die untersten Schichten der Arbeiterschaft, die Tagelöhner, wurden weitgehend ihrem Schicksal überlassen: „Schwer taten sich Verbände mit regelmäßiger und hoher Arbeitslosigkeit wie im Baugewerbe oder der Verband der Fabrikarbeiter mit einem aufgrund seines hohen Ungelerntenanteils niedrigen Beitragsaufkommen, und fernerhin die Verbände mit heterogener Mitgliederstruktur" (ebd.: 49). Noch im Jahre 1913 wird zwar darüber berichtet, dass 81,3% der Gewerkschaftsmitglieder gegen Arbeitslosigkeit versichert waren (Führer 1990: 55), aber gleichzeitig die Aussage des SPDlers Hermann Molkenbuhr wiedergegeben, dass zu der Zeit „drei Viertel der Arbeiter noch nicht gewerkschaftlich organisiert" (ebd.: 66) waren und, weil es lediglich eine verbandliche Absicherung gegen Arbeitslosigkeit gab, eben auch der allergrößte Teil der Arbeiterschaft keine Absicherung besaß. Der qualifizierteste Teil der Arbeiterschaft, der sich auch im wesentlichen in den Gewerkschaften organisierte[18], drängte auf eine eigene Absicherung, ohne sich effektiv um das Schicksal der einfachen Arbeiterschaft zu kümmern.

Die nun aufgrund der immer rasanteren Industrialisierung ständig die wirtschaftliche Entwicklung begleitende Arbeitslosigkeit (vgl. Niess 1979: 29ff.), die daraufhin vollkommen überlastete kommunale Armenfürsorge und die erstarkten gewerkschaftlichen und politischen Aktivitäten der Arbeiterschaft nach der Aufhebung des Sozialistengesetzes bewirkten eine erste, kleine Veränderung, in dem nun einige Gemeinden anfingen, spezielle Kassen für spezielle Formen der Arbeitslosigkeit einzurichten. „In Deutschland wurde die gemeindeeigene Arbeitslosenkasse 1896 zuerst in Köln eingeführt. Diese ‚Stadtkölnische Versicherung gegen Arbeitslosigkeit im Winter' genannte Arbeitslosenkasse zielte darauf ab, gegen die Saisonarbeitslosigkeit Maßnahmen zu treffen" (Fukuzawa 1995: 58). Die daneben eingerichteten gewerkschaftlichen Unterstützungskassen erreichten nur die besser Qualifizierten, nicht jedoch die große Masse der unqualifizierten und vor allem der unorganisierten Arbeiterschaft: „Profitierten von der Arbeitslosenunterstützung der (Gewerkschafts- d.V.) Verbände .... in erster Linie die besser verdienenden Arbeitnehmerkategorien mit geringem Beschäftigungsrisiko, blieb andererseits bei 1913 rund 3,2 Mill. Bezugsberechtigten (....) die übergroße Mehrheit der Unorganisierten außerhalb dieses Schutzsystems" (Faust 1986: 190).

Doch bis zum Ausbruch des ersten Weltkriegs Ende Juli und dem Eintritt Deutschlands in den Krieg am 1. August 1914 konnte in der sozialpolitischen Frage der Unterstützung bei Arbeitslosigkeit letztlich kein wirklicher Durchbruch erzielt werden. „Schlussendlich wurden die Diskussionen über die Reichsarbeitslosenversicherung aufgegeben. Die Arbeitslosenhilfe zu dieser Zeit wurde .... zum größten Teil der kommunalen Armenpflege überlassen. Es war der Ausbruch des ersten Weltkriegs, der die wesentlichste Änderung der Arbeitslosenunterstützung in der Vorkriegszeit hervorrief" (Fukuzawa: 84f.).

---

[18] Vgl. auch Tennstedt 1983: 323.

2 Die lange Geschichte von Hartz IV – kurz erzählt

Mit dem Ausbruch des Kriegs gab es zunächst gewaltige wirtschaftspolitische Umbrüche im deutschen Kaiserreich: „Der Ausbruch des Krieges brachte für einen großen Teil der Arbeiter die Erfahrung von Arbeitslosigkeit, Existenzunsicherheit und Not mit sich. Die durch die Einberufungen verursachte Störung des Produktionsprozesses, die Belastung der innerdeutschen Transportwege durch die Mobilmachung, die Umstellung auf die Bedürfnisse der Kriegswirtschaft, die Unterbrechung des Außenhandels und Rohstoffknappheit führten bei vielen Betrieben zu ernsthaften Produktions- und Absatzschwierigkeiten. Massenentlassungen in einem bis dahin noch nicht bekannten Ausmaß waren die Folge" (Führer 1990: 118). Auf diese Umwälzungen und Einschnitte musste die Regierung des Kaiserreichs reagieren.

Bereits wenige Tage nach Kriegsbeginn gab es eine spezielle Unterstützung für die Angehörigen von Soldaten: „Gesetzliche Grundlage war ... das ‚Gesetz, betreffend die Unterstützung von Familien in den Dienst eingetretener Mannschaften' (vom 4.8.1914 – d.V.), das die kreisfreien Städte und Landkreise verpflichtete, außerhalb der Armenpflege bedürftigen Militärangehörigen mit Bar- und Naturalunterstützung zu helfen, wofür das Reich Mindestsätze festgelegt und Entschädigungen in Aussicht gestellt hatte" (Faust 1986: 202). Eine neue Form der Fürsorge außerhalb oder präziser gesagt: oberhalb der Armenfürsorge war geschaffen.

Und bereits einen Tag später versuchte die Reichsregierung die bislang stark auf gewerkschaftlicher und nur teilweise auf gemeindlicher Ebene praktizierte Arbeitsvermittlung – die damals sogenannten Arbeitsnachweise[19] – reichseinheitlich zu regeln. Damit sollten das Ausmaß der mit Kriegsbeginn zunächst anschwellenden Arbeitslosigkeit unterdrückt und angesichts wachsender Anforderungen an einen kriegsbedingt wachsenden Arbeitsmarkt im weiteren Kriegsverlauf zukünftige Arbeitsmarktentwicklungen beherrscht werden: So „... veröffentlichte im Zusammenhang mit der Gründung der ‚Reichszentrale der Arbeitsnachweise' am 5.8.1914 das RAdI (Reichsamt des Innern – d.V.) Richtlinien zur Beschaffung und Vermehrung von Arbeitsgelegenheiten und zur Bekämpfung der großstädtischen Arbeitslosigkeit. Die Maßnahmen reichten von der Verhütung des Zuzugs bis zur Förderung der Wohlfahrtseinrichtungen. Traditionelle polizeiliche Methoden mischten sich dabei mit dem Rückgriff auf die vorhandenen kommunalen und gewerkschaftlichen Arbeitslosenunterstützungen. Auf der gleichen Linie lag, ohne aber eine Verpflichtung zu beinhalten, die Aufforderung

---

[19] Eine sozialpolitische Intention im oben entwickelten Sinne kann diesen Formen von Arbeitsmarktpolitik nicht nachgesagt werden: „Arbeitsvermittlung ist direkt oder indirekt gegen die ‚Umschau' gerichtet, gegen das eigenständige Suchen nach Arbeitsgelegenheit, das ‚Zechenlaufen' in den Bergbaurevieren, die häufig zufällige Arbeiterannahme an den Fabriktoren und in den Schreibstuben" (Faust 1986: 48).

des preußischen Innenministers an die Gemeinden, für alle durch Auswirkungen des Krieges hilfsbedürftigen Personen eine aus dem Rahmen der gewöhnlichen Armenpflege heraustretende Kriegswohlfahrtspflege einzurichten" (Lewek 1992: 33). Damit war das zentrale Muster entwickelt und vorgegeben, mit dem Arbeitslosigkeit sozialpolitisch angegangen wurde: Die Unterstützung bei Arbeitslosigkeit musste sich vom Charakter der Armenfürsorge deutlich abheben. Kriegsbedingt bedürftigen und arbeitslosen Menschen sollte nicht der Makel der Armenfürsorge anhaften. Und dazu gehörte beispielsweise, dass bei Arbeitsverweigerung „neben der Strafe die Unterbringung in einem Arbeitshaus" (Burghardt 2005: 22) vorgesehen war.

Jetzt war Arbeitslosigkeit kein individuelles Problem mehr, sondern eine Reichsaufgabe, die mit hoher Priorität angegangen wurde. Die Kriegsmaschinerie musste laufen und es wurde – entgegen allen vorher diskutierten Vorbehalten gegen Eingriffe des Staates in den Arbeitsmarkt – alles getan, dass sie lief. Und mit zunehmender Dauer des Krieges schlug die Arbeitslosigkeit in einen Arbeitskräftemangel um. So sah sich die Reichsregierung gezwungen, bereits vom „5. Dezember 1916 an ein ‚Gesetz über den vaterländischen Hilfsdienst' eine Art Zwangsrekrutierung nicht eingezogener Männer zwischen 17 und 60 Jahren zur Tätigkeit in kriegs- und versorgungswichtigen Betrieben" (Niess 1979: 175) zu erlassen. „Das im Rahmen des Hindenburg-Programms erlassene Hilfsdienstgesetz militarisierte die Arbeiter ebenso, wie das Gesamtprogramm auf die Militarisierung der Wirtschaft ausgerichtet war. Allerdings beschränkte sich sein Erfolg eher darauf, dass es die Arbeitskraft ökonomisch schlechter stellte, indem es ihren freien Verkauf einschränkte: Arbeitszwang ausübte" (ebd.: 34). Arbeitslosigkeit – zumindest der Männer[20] – war nun per Gesetz vollkommen bekämpft – alle waren verpflichtet, zu arbeiten!

Mit dem Ende des ersten Weltkriegs und der Proklamation der Weimarer Räterepublik waren allein schon durch die bisher getroffenen Maßnahmen die Leitplanken der weiteren Entwicklung vorgegeben: Eine gesetzliche Grundlage für eine aus der Armenfürsorge herausgehobene Arbeitslosenfürsorge einerseits und eine gesetzliche (in der Weimarer Reichsverfassung verankerte) Verpflichtung zur Arbeit andererseits (vgl. Niess 1979: 208). „Die wachsende Furcht vor politischen Unruhen (nach dem Krieg – d.V.) schuf für den Ausbau der Erwerbslosenfürsorge im Oktober und November 1918 günstige Voraussetzungen. .... Die erwartete kritische Arbeitsmarktlage machte die Erwerbslosenfürsorge zum dringenden Gebot der Stunde und trug mit dazu bei, dass die Einzelheiten bereits Ende Oktober fertig ausgearbeitet waren und dass diese dann als erste Verordnung des Rates der Volksbeauftragten veröffentlicht wurden" (Lewek 1992: 52).

---

[20] Für Frauen, die ja nicht zum Kriegsdienst eingezogen wurden, schien keine Zwangsarbeit erforderlich – ihre Arbeitskraft war noch ausreichend vorhanden (vgl. Sachsse, Tennstedt 1988: 61).

2 Die lange Geschichte von Hartz IV – kurz erzählt

Die mit der Umstellung der Kriegswirtschaft auf Friedensproduktion und die nach dem Krieg eintretende Massenarbeitslosigkeit durch die heimkehrenden Soldaten erreichte schon mit der Verordnung über die Erwerbslosenfürsorge vom 13.11.1918 eine neue Dimension in der Frage der sozialen Absicherung bei Arbeitslosigkeit.

Die soziale Problematik Arbeitslosigkeit fand zwar eine gewisse Anerkennung, aber gleichzeitig wurde die soziale Absicherung bei Arbeitslosigkeit aus der Armenfürsorge herausgehoben. „Vor dem Hintergrund dieser Entstehungsgeschichte war es nur allzu verständlich, dass die Verordnung zur Erwerbslosenfürsorge viele Widersprüchlichkeiten enthielt: Während sie einerseits in vielem an die Kriegserwerbslosenfürsorge anlehnte und wie diese viele Mängel und Konstruktionsfehler aufwies, stellte sie andererseits eine relativ großzügige sozialpolitische Lösung dar, die in erster Linie der Furcht vor dem Verlust der politischen Stabilität zu verdanken war. Letztlich bot sich in der Erwerbslosenfürsorge vom November 1918 der noch unentwickelte Kern einer systematischen und auf Dauer angelegten Arbeitsmarktpolitik dar, die einen entscheidenden Bruch zur Arbeitslosenpolitik der Wilhelminischen Ära vollzog. Der Grundstein für den Aufbau eines umfassenden Systems der sozialen Sicherung der Arbeitslosen in Deutschland war damit gelegt" (ebd.: 58).

Obwohl es sich noch annähernd neun Jahre hinzog, bis das Gesetz über die Arbeitslosenvermittlung und Arbeitslosenversicherung 1927 verabschiedet wurde, wollte vor diesem Entstehungshintergrund niemand ernsthaft hinter den erreichten Stand der Überlegungen zurückfallen[21]. Arbeitslosigkeit wurde als ein qualitativ anderes sozialpolitisches Schicksal gewertet als Armut und entsprechend höherwertiger mit sozialpolitischen Leistungen ausgestattet. Doch gerade der kriegsbedingte Entstehungskontext macht mehr als deutlich, dass es nicht um die aus Arbeitslosigkeit resultierenden sozialen Notlagen und deren Bekämpfung ging, sondern um die Heraushebung einer bestimmten Gruppe von Armen und deren Besserstellung gegenüber dem Rest. Im Resultat kann festgehalten werden, dass auch die Arbeitslosenversicherung nicht eingeführt wurde, um soziale Notlagen zu bekämpfen. Dies sollte nicht damit verwechselt werden, dass selbstverständlich die sozialen Notlagen der einzelnen Arbeitslosen aus ihrer Perspektive durch eine Unterstützung bei Arbeitslosigkeit verbessert wurde – nur, die sozialpolitische Absicht war die Besserstellung einer bestimmten sozialen Gruppe und nicht die soziale Notlage derjenigen, denen es besonders dreckig ging!

Wolf Wagner's Analyse, dass Sozialpolitik soziale Notlagen systematisch zulässt, kann also für den Entstehungskontext der Armutspolitik im Mittelalter, für die erste staatliche soziale Sicherung mit dem Krankenversicherungsgesetz

---

[21] Die Sozialdemokratie unterstützte die Überlegungen zur Arbeitslosenversicherung nun vor dem Hintergrund ihrer wirtschaftsdemokratischen Konzepte (vgl. Fuhrke, Heimann 1975).

und der Entstehung der Arbeitslosenversicherung in der Weimarer Republik voll zugestimmt werden. Um die Linderung oder Beseitigung sozialer Notlagen ging es überhaupt nicht. Ein solches Resultat wird für die weitere Analyse der Grundsicherungsarbeit Konsequenzen zeitigen. Doch bevor nun die einzelnen sozialpolitischen Mechanismen näher untersucht werden sollen, die die Abgrenzung armer von arbeitslosen Menschen heute bewirken, soll zunächst der Blick auf das gesamte heutige soziale Sicherungssystem geworfen werden, um die Einordnung armuts- und arbeitsmarktpolitischer Entwicklungen zu ermöglichen. Denn die heutige Grundsicherung für Arbeitsuchende ist lediglich ein – wenn auch bedeutender – Bestandteil einer sozialen Sicherung, die die verschiedensten sozialen Risiken bearbeitet.

3 Das Haus der sozialen Sicherung – Sicherheit für wen?

Sollte sich die Gelegenheit ergeben, einem Menschen aus einem anderen Kulturkreis erklären zu müssen, wie die soziale Sicherung in der Bundesrepublik aufgebaut und organisiert ist, so geriete man angesichts der unübersichtlichen Vielfalt der einzelnen Leistungen des sozialen Sicherungssystems sicherlich leicht ins Straucheln. Was für uns geläufig ist, ist doch nur schwer in eine verständlich erklärbare Struktur zu gießen. In einer solchen Situation ist schnell die wahrscheinlich gebräuchlichste Metapher vom ‚Netz der sozialen Sicherung' bei der Hand. Doch lässt sich damit wirklich die soziale Sicherung in der Bundesrepublik nachvollziehbar und angemessen erklären?

Neben der bereits in der Einleitung problematisierten Überlegung, dass ein Netz suggeriert, dass es intentional darauf abzielt, aufzufangen – kann das Bild vom Netz erklären, warum die einzelnen Teile der sozialen Sicherung an welchen Stellen miteinander verbunden sind? Ist die Netzstruktur, die allseitige Verknüpfung der einzelnen Leistungen untereinander, überhaupt für das soziale Sicherungssystem zutreffend? Wie auch immer man die einzelnen Verknüpfungspunkte des Netzes anlegen und beschreiben würde, unser heutiges soziales Sicherungssystem ist nicht aus ‚einem Guss' nach einem einheitlichen Plan – weder historisch, wie im vorherigen Kapitel gezeigt werden konnte, noch inhaltlich entwickelt worden (vgl. auch: Bellermann 2001: 63). Noch in jüngster Zeit wurde beispielsweise mit den Gesetzen zur Modernisierung des Arbeitsmarktes, abhängig von den jeweiligen Regierungsmehrheiten mit jeweils unterschiedlichen politischen Konzeptionen daran herum gebastelt, neues hinzugefügt, altes weggelassen oder verändert und so ein Gebilde geschaffen, das mit dem Netz-Gedanken nicht hinreichend präzise erläutert werden kann.

Anders verhält es sich mit einer weiteren Metapher, der vom ‚Haus der sozialen Sicherung' (vgl. Abbildung 3). Die drei architektonischen Komponenten eines Hauses, das Dach, der Korpus und das Fundament bilden drei voneinander abgrenzbare Bereiche, die sich funktional auf die soziale Sicherung übertragen lassen. Im Fundament, der Basis des Hauses, befinden sich die Fürsorgeleistungen. Sie bilden den soliden Grundstock der sozialen Sicherung, auf die auch dann noch Verlass sein sollte, wenn die darüber liegenden sozialen Sicherungen in den beiden weiteren Etagen nicht in Anspruch genommen werden können. Seit der Hartz-IV-Reform befindet sich im Fundament des Hauses der sozialen Sicherung neben der Kinder- und Jugendhilfe nicht nur die alte Sozialhilfe, sondern zusätzlich die Grundsicherung für Arbeitsuchende, das Sozialgesetzbuch (SGB) II. Der Korpus des Hauses besteht aus den fünf Sozialversicherungen: der Kranken-, der Unfall-, der Renten-, der Arbeitslosen- und der Pflegeversicherung. In dieser Reihenfolge sind sie historisch entstanden und stellen die fünf stabilen Säulen des Hauses der sozialen Sicherung dar. Das Dach des Hauses, der dritte Funktionsbereich, beinhaltet die Versorgungsleistungen, die als ‚Sahnehäubchen' die soziale Sicherung zieren. Hier sind zusätzliche Leistungen vorgesehen, die bei unterschiedlichsten sozialen Situationen und Belastungen greifen sollen.

Abbildung 3: Das Haus der sozialen Sicherung

Sozialer Ausgleich	Soziale Entschädigung	Versorgungsleistungen
z.B. Bafög, Wohngeld, Kindergeld etc.	z.B. OEG, Kriegsopferfürsorge etc.	

KV SGB V	UV SGB VII	RV SGB VI	AV SGB III	PV SGB XI	Versicherungsleistungen

1. Arbeitsuchende und Angehörige: SGB II 2. „Arbeitsunfähige": SGB XII, SGB IX 3. Sozial- und Jugendhilfe: SGB XII, SGB VIII	Fürsorgeleistungen

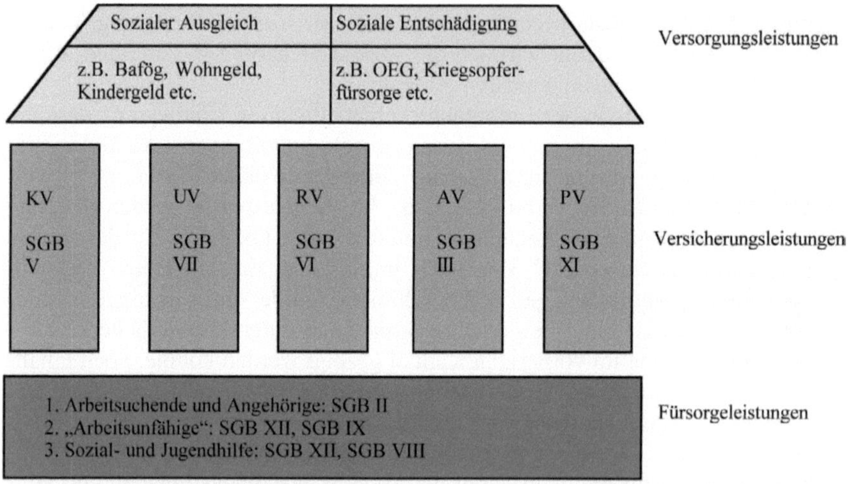

Erläuterungen: OEG = Opferentschädigungsgesetz; KV = Kranken-, UV = Unfall-, RV = Renten-, AV = Arbeitslosen- und PV = Pflegeversicherungsgesetz; SGB = Sozialgesetzbuch, mit der jeweiligen römischen Nummerierung

Im Folgenden soll nun die Struktur des Hauses der sozialen Sicherung näher erläutert werden, um die Einordnung der Armuts- und Arbeitsmarktpolitik in die soziale Sicherung besser verstehen zu können. Auch hier soll wieder der Blick dafür geschärft werden, zu beobachten, mit welchen Intentionen die soziale Sicherung sich sozialen Notlagen zuwendet.

3 Das Haus der sozialen Sicherung – Sicherheit für wen?

Für jeden etwas – Versorgungs- und Ausgleichsleistungen

Jede der drei architektonischen Ebenen des Hauses der sozialen Sicherung funktioniert nach eigenen ‚Logiken', mit denen sie sich von einander abgrenzen lassen und unterschieden werden können. Betrachten wir zunächst die Versorgungsleistungen – das Dach des Hauses – näher. Auf einer allgemeinen Ebene werden diese Leistungen aus Steuermitteln finanziert – das allerdings unterscheidet sie nicht von den Fürsorgeleistungen, die ebenfalls aus Steuermitteln finanziert werden. Die spezifische Besonderheit der Versorgungsleistungen besteht darin, dass sie allesamt sozialstaatlich erwünschte Entwicklungen befördern, bzw. unerwünschte Entwicklungen ausgleichen sollen. Das soll anhand von einigen Beispielen kurz erläutert werden.

Nehmen wir zunächst die als Kindergeld bezeichnete Leistung, die Eltern im Rahmen des Familienleistungsausgleichs gezahlt wird. Im Dezember 2004 wurde es an insgesamt knapp 9,2 Mill. Berechtigte (ohne Bedienstete des öffentlichen Dienstes) für insgesamt fast 15,3 Mill. Kinder gezahlt; für die darunter fallenden Leistungen gab der Staat im Jahr 2004 insgesamt etwas mehr als 29 Mrd. € aus[22]. Der aus öffentlichen Mitteln bezahlte Betrag für das eigentliche Kindergeld machte im Jahr 2003 insgesamt nur eine Summe von 134 Mill. € aus[23]. Dieses etwas verworrene Bild ergibt sich aus der aktuellen Struktur der Kindergeldzahlungen im Rahmen des Familienleistungsausgleichs.

Das Kindergeld setzt sich heute aus drei Komponenten zusammen: Für steuernzahlende Eltern oder Elternteile liegt der Bezug der steuermindernden Kinderfreibeträge dann nahe, wenn sie mehr Steuern zahlen, als es Freibeträge gibt; für die anderen gibt es alternativ dazu das aus Steuermitteln ausgezahlte Kindergeld. Als eigentliches Kindergeld erhalten Eltern oder Elternteile seit Januar 2002 bis maximal zum 25. Lebensjahr jeweils 154,-€ für das erste, zweite und dritte Kind und ab dem vierten Kind jeweils 179,-€ monatlich. Diese Möglichkeit nehmen jedoch, das belegen die obigen Zahlen, prozentual nur wenige Eltern in Anspruch. Und das hat nachvollziehbare Gründe!

Die steuermindernden Kinderfreibeträge belaufen sich nämlich für einen Elternteil auf 242,-€ und für zusammen zur Steuer veranlagte Eltern sogar auf 484,-€ monatlich pro Kind. Zahlen Eltern also entsprechend Steuern, ist der Kinderfreibetrag die wesentlich lukrativere Alternative gegenüber dem ausgezahlten Kindergeld. Eine dritte Komponente ist der Kinderzuschlag, der Eltern oder Elternteilen maximal bis zu einer Höhe von 140,-€ monatlich zusätzlich zum Kindergeld dann gewährt wird, wenn ihre monatlichen Einkünfte so gering sind,

---

[22] Vgl.: http://www.sozialpolitik-aktuell.de/docs/stjb2005-7.pdf (Stand: 4.1.2008), S. 211.
[23] Vgl. ebd.: 198 und die Anmerkungen dazu.

dass sie anderenfalls zusätzlich Leistungen der Grundsicherung für Arbeitsuchende – also Hartz IV – in Anspruch nehmen könnten[24].

Während sich also Gut- und Hochverdiener pro Kind über 484,-€ monatliche Steuerersparnis freuen können, erhalten erwerbstätige Alleinerziehende bei hohen Steuerzahlungen immerhin noch 242,-€ monatliche Steuerersparnis. Demgegenüber steht aber Kleinstverdienern lediglich das Kindergeld in Höhe von 154,-€ im Monat zu und eventuell der aufstockende Kinderzuschlag bis maximal 140,-€ im Monat. Einer arbeitslosen Hartz-IV-Familie wird sogar das Kindergeld als Einkommen angerechnet und somit ihre Sozialleistung um diesen Betrag verringert. Ob also eine Erhöhung des Kindergeldes geplant wird oder nicht, ist für diesen Personenkreis vollkommen uninteressant, weil es stets als Einkommen angerechnet wird und allenfalls die durch die Grundsicherung zu leistenden Auszahlungen reduziert – eine rein innerstaatliche Verrechnung also.

„Es ist ein wichtiges familienpolitisches Anliegen, Situationen vorzubeugen, in denen Familien allein wegen ihrer Kinder auf Sozialhilfe angewiesen sind", heißt es zum Kinderzuschlag an einer Stelle auf der Internet-Seite des Bundesministeriums für Familie, Senioren, Frauen und Jugend[25]. In dieser Aussage ist die – zumindest aus regierungsamtlicher Sicht – sozialpolitisch brisante Unterstellung enthalten, dass Kinder ein Armutsrisiko darstellen, und dass die Höhe des Kindergeldes gerade nicht vor Armutssituationen schützt. Kinderreichtum wird zur Armutsfalle und das Kindergeld kann nicht adäquat davor bewahren. Das Kindergeld reicht also von der Höhe her nicht aus, um ein Kind groß zu ziehen. Familienpolitisch scheint es aber kein Anliegen der Regierung zu sein, ein existenzsicherndes Kindergeld bereit zu stellen, sondern lediglich ein Abrutschen in die Grundsicherung nach Hartz IV zu verhindern. Der politisch gesehene Makel ist lediglich der Bezug dieser ehemaligen Sozialhilfe, der vermieden werden soll. Und das wiederum ist aufschlussreich, weil an anderer Stelle genau behauptet wird, dass das Kindergeld existenzsichernd gezahlt würde. Im Merkblatt zum Kindergeld des Bundeszentralamts für Steuern heißt es: „Das Kindergeld wird zur Steuerfreistellung des elterlichen Einkommens in Höhe des Existenzminimums eines Kindes gezahlt"[26]. Für die Höhe des Kinderfreibetrages von gemeinsam veranlagten Eltern mag dies noch zutreffen, für Alleinerziehende stimmt es schon nicht mehr und wer lediglich das Kindergeld erhält, kann damit definitiv nicht das Existenzminimum eines Kindes sicherstellen – weshalb eben

---

[24] Die Berechnung der Grundsicherung wird später noch erläutert.
[25] Vgl. http://www.bmfsfj.de/Politikbereiche/familie,did=4786.html (Stand: 4.1.2008).
[26] Bundeszentralamt für Steuern (Hg)(o.J.): Merkblatt Kindergeld – Familienkasse, o.O., S. 4; vgl. auch:
http://www.bzst.de/003_menue_links/010_kindergeld/032_kindergeldberechtigte/312_merkblatt/kige mb2007.pdf (Stand: 4.1.2008).

3 Das Haus der sozialen Sicherung – Sicherheit für wen?

auch der Kinderzuschlag eingeführt wurde. Ob der dann allerdings hinreicht, kann stark bezweifelt werden.

Da sich aber die Höhe des Kinderfreibetrages, für Eltern oder Elternteile, des Kindergeldes als auch der Kinderzuschlag von der Geburt eines Kindes bis zum 18. Lebensjahr und dann, wenn es sich weiterhin in der Ausbildung befindet, bis maximal zum 25. Lebensjahr immer in exakt der gleichen Zahl ausdrückt, deutet schon darauf hin, dass das tatsächlich je nach Lebensalter variierende Existenzminimum eines Kindes hier nicht wirklich bei der Festlegung der Höhe der sozialen Leistung berücksichtigt oder gar ausschlaggebend gewesen sein kann. Vielmehr kommt hier das von Martin Bellermann beschriebene ‚Prinzip der kurzen Decke' (Bellermann 2001: 115ff.) zur Anwendung. Die gezahlten Sozialleistungen sind in ihrer Höhe so ausgestaltet, dass sie absichtlich nicht ausreichen, weil sonst, so die sozialpolitische Annahme, die Gefahr bestünde, dass das Engagement des Einzelnen erlahmen würde, sich unabhängig von staatlichen Leistungen um eine Sicherstellung des Lebensunterhalts zu bemühen[27]. Die Höhe der sozialpolitischen Leistung soll also lediglich einen Anreiz darstellen, aber keine ausreichende Absicherung bieten. Die sozialstaatlich gewährte ‚Decke' ist immer zu kurz, um es wirklich warm zu haben. Insofern ist auch der Begriff ‚Versorgungsleistung' irreführend, da er suggeriert, dass der „Bedarf zufriedengestellt" (ebd.: 71) würde.

Dennoch stellen Kindergeld und Kinderfreibeträge einen durchaus relevanten Posten im Sozialbudget der Bundesrepublik dar. Sie machten im Jahr 2006, zieht man alle Leistungen für Kinder zusammen, 5,3% der gesamten Sozialleistungen der Bundesrepublik aus, nämlich insgesamt 36,9 Mrd. €[28]. Das ist zwar im Vergleich zu den fünf Sozialversicherungen sehr wenig, die alleine 66,4% des Sozialbudgets ausmachten[29], zeigen aber dennoch den hohen Stellenwert familienpolitischer Anstrengungen im bundesdeutschen sozialen Sicherungssystem.

Eine weitere, wichtige Versorgungsleistung stellt das Wohngeld dar. Allerdings ist ihr finanzieller Umfang von knapp 5,2 Mrd. € im Jahre 2004 auf gut 1,2 Mrd. € im Jahre 2005 geschrumpft[30]. Im gleichen Zeitraum sank die Anzahl der EmpfängerInnen von 3.524.000 auf 781.000 im Jahre 2005. Im Zuge der Hartz-Reformen sind nämlich alle BezieherInnen von Grundsicherungsleistungen (SGB II, SGB XII und Asylbewerberleistungsgesetz) aus dem Bezug des Wohngeldes herausgefallen. Sie erhalten seit diesem Zeitpunkt die Unterkunftskosten – in angemessenem Umfang, wie es ausdrücklich im Behördendeutsch betont

---

[27] Die darin enthaltene ‚Philosophie' soll später noch detaillierter betrachtet werden.
[28] Vgl.: http://www.sozialpolitik-aktuell.de/datensammlung/2/ab/abbII2.pdf (Stand: 4.1.2008).
[29] Vgl.: ebd,
[30] Vgl.: http://www.sozialpolitik-aktuell.de/tabellen_sosicherung.shtml#III (Wohngeld: Ausgaben, Empfänger und Leistungen 1991-2005, Stand 4.1.2008).

wird – von den Kommunen, die dafür wiederum einen immer noch heftig umstrittenen pauschalierten Ausgleich von den Ländern bzw. dem Bund erhalten.
Bei der Berechnung des Wohngeldes werden im Wesentlichen zwei Bezugsgrößen herangezogen:

1. Ein Betrag, der höchstens für eine bestimmte Wohnung (Eigentum oder zur Miete) mit Wohngeld bezuschusst werden kann. Dabei ist die Anzahl der BewohnerInnen ausschlaggebend und, je nach einer von sechs Gemeindeklassen, in die die bundesdeutschen Kommunen je nach Höhe ihres Mietspiegels eingruppiert sind und weiteren vier Kategorien, die sich auf den Erstbezug der Wohnungen beziehen und der den unterschiedlichen Ausstattungsstand der Wohnungen widerspiegeln soll. Die tatsächlich zu leistenden und zu berücksichtigenden Aufwendungen werden maximal bis zu diesem Betrag als Wohngeldzuschuss berechnet.
2. Das gerundete monatliche Einkommen, das bei den zu berücksichtigenden BewohnerInnen angerechnet werden kann. Dabei gelten als Höchstgrenzen 830,-€ für einen Einpersonen-Haushalt, 1140,-€ für einen Zweipersonen-Haushalt und 1390,-€ für einen Dreipersonen-Haushalt[31].

Im Prinzip gilt also die Faustformel: Je mehr BewohnerInnen in einer Wohnung leben und je geringer deren Einkommen ist, desto höher (bis zur höchst bezuschussfähigen Miete) ist das Wohngeld. Daraus lassen sich die sozialpolitischen Zielvorstellungen des Gesetzgebers ermitteln: Bis zu einer bestimmten Höhe des Einkommens und einer bestimmten Höhe der Aufwendungen für Wohnraum sollen Menschen finanziell unterstützt werden, um angemessenen Wohnraum dauerhaft sichern zu können. „Wohngeld wird zur wirtschaftlichen Sicherung angemessenen und familiengerechten Wohnens als Miet- oder Lastenzuschuss zu den Aufwendungen für den Wohnraum geleistet", heißt es im § 1 des Wohngeldgesetzes[32]. Auch hier schwingt, wie schon beim Kindergeld, eine familienpolitische Zielsetzung mit. Und auch hier liegt die Betonung auf ‚Zuschuss': Lediglich bei den Grundsicherungsleistungen werden die sogenannten angemessenen Kosten der Unterkunft komplett übernommen und nicht mehr nach dem Wohngeldgesetz geregelt. Alle anderen erhalten lediglich einen Zuschuss. Der schon beim Kindergeld thematisierte sozialpolitische Gedanke steht im Vordergrund, dass der Anreiz erhalten bleiben soll, sich um eine eigenständige, vom Sozialstaat unabhängige Sicherung des Wohnraums zu bemühen.

---

[31] Vgl.: http://www.bmvbs.de/Anlage/original_988613/Wohngeld-2007-Ratschlaege-und-Hinweise.pdf (Stand: 4.1.2008), S. 13.
[32] Vgl.: http://www.gesetze-im-internet.de/wogg_2/index.html (Stand: 4.1.2008).

3 Das Haus der sozialen Sicherung – Sicherheit für wen? 41

Neben den gerade betrachteten Ausgleichsleistungen gibt es im Dach des Hauses der sozialen Sicherung noch die Entschädigungleistungen. Auch hier soll ein kleiner Ausschnitt die sozialpolitischen Zielsetzungen verdeutlichen.

Die Leistungen für Kriegsopfer teilen sich in zwei Rubriken, in die Leistungen der Kriegsopferversorgung und die Leistungen der Kriegsopferfürsorge. Letztere müssten eigentlich dem Namen nach bei der Thematisierung des Fundaments des Hauses der sozialen Sicherung angesprochen werden, doch da beide Leistungen meist zusammen angesprochen werden und es eine Leistung für eine spezielle Personengruppe ist, sollen sie gemeinsam hier besprochen werden.

Beide Leistungen beziehen sich auf die Personengruppe der Militärangehörigen. So heißt es im § 1 des Bundesversorgungsgesetzes: „Wer durch eine militärische oder militärähnliche Dienstverrichtung oder durch einen Unfall während der Ausübung des militärischen oder militärähnlichen Dienstes oder durch die diesem Dienst eigentümlichen Verhältnisse eine gesundheitliche Schädigung erlitten hat, erhält wegen der gesundheitlichen und wirtschaftlichen Folgen der Schädigung auf Antrag Versorgung"[33]. Die Leistungen zielen also auf eine Entschädigung, die bei einer ganz spezifischen Personengruppe die erlittenen gesundheitlichen und wirtschaftlichen Nachteile kompensieren soll.

Die sozialstaatlichen Ausgaben für die Kriegsopferversorgung und -fürsorge sind seit 1999, als sie noch eine Höhe von umgerechnet 5 Mrd. € ausmachten, auf 3,1 Mrd. € im Jahr 2005 gesunken[34]. Auch die Zahl der Berechtigten ist in beiden Systemen gesunken: In der Kriegsopferversorgung von 694.000 im Jahre 2003 auf 575.000 im Jahre 2005 und bei den laufenden Leistungen in der Kriegsopferfürsorge von über 97.000 im Jahre 2000 auf knapp 85.000 im Jahre 2002[35].

Dass die Anzahl der EmpfängerInnen rückläufig ist, hängt damit zusammen, dass die Kriegsopfer des letzten Weltkriegs alleine aufgrund ihres Alters immer weniger werden. Zum anderen kommen aber neue Gefährdungen durch die Auslandseinsätze der Bundeswehr hinzu. So wird uns dieser Ausgabenposten des sozialen Sicherungssystems wohl noch auf unabsehbare Zeit begleiten. Denn dass der Sozialstaat sich der eigenen Opfer von Militärhandlungen annehmen muss, steht außer Frage. Anderenfalls könnte der Staat nicht erwarten, dass Menschen für ihn ‚Kopf und Kragen riskieren'.

Auch wenn die EmpfängerInnen dieser Leistungen den Eindruck haben sollten, dass diese Leistungen ihre sozialen Notlagen lindern, sind Kriegsopferleistungen dennoch nicht deshalb eingeführt worden. Nicht die Notlage an sich

---

[33] Vgl.: http://db03.bmgs.de/Gesetze/bvginhalt.htm (Stand: 4.1.2008).
[34] Vgl.: http://www.sozialpolitik-aktuell.de/datensammlung/2/tab/tabll10.pdf (Stand: 4.1.2008)
[35] Vgl.: http://www.sozialpolitik-aktuell.de/docs/stjb2005-7.pdf (Stand: 4.1.2008), S. 212. Da die Daten sich auf unterschiedliche Zeiträume beziehen, sind sie nicht unmittelbar vergleichbar.

war ausschlaggebend für die sozialstaatliche Unterstützung, sondern, dass eine Notlage bei einer ganz bestimmten Personengruppe auftrat. Bei dieser vom Gesetz her eng umrissenen Personengruppe sollten Nachteile ausgeglichen werden. Und das ist dann auch die gemeinsame und ausschlaggebende Intention der Versorgungsleistungen: Sozialstaatlich erwünschte Entwicklungen sollen durch soziale Leistungen befördert oder bei unerwünschten Entwicklungen die Nachteile ausgeglichen werden. Mit der aus den sozialpolitischen Definitionen herausgearbeiteten Überlegung jedoch, soziale Notlagen zu lindern und/oder auszugleichen, hat das nicht im geringsten etwas zu tun.

Die Sozialversicherungen: Lohnarbeitszentriert

Auf den ersten Blick scheinen die Sozialversicherungen so etwas wie Volksversicherungen zu sein. Nahezu alle BundesbürgerInnen sind in ihnen – oder zumindest in einigen von ihnen – abgesichert. Und noch etwas hebt diesen Bereich der sozialen Sicherung – die Säulen des Hauses – aus den anderen sozialstaatlichen Leistungen heraus: Sie sind alle beitragsfinanziert. Zwar gibt es, außer bei der Pflege- und Arbeitslosenversicherung, bei allen Sozialversicherungen eine zusätzliche staatliche Unterstützung, doch im Kern finanzieren sie sich durch die von den Arbeitnehmern und Arbeitgebern erhobenen Beiträge – hier bildet lediglich die Unfallversicherung eine Ausnahme, die von den Arbeitnehmern keine Beiträge erhebt. Und aus diesen finanziellen Einkünften der Beitragszahler werden im Bedarfsfalle die Versicherten unterstützt.

Doch es sind nicht einfach irgendwelche x-beliebigen Versicherungen, sondern gesetzlich verankerte Versicherungen. Unter genau definierten Voraussetzungen besteht eine gesetzlich verordnete Pflicht, in diesen Versicherungen Zwangsmitglied zu werden. Und das ist das wesentliche Kriterium, das sie von privaten Versicherungen unterscheidet, in denen Menschen sich dann versichern, wenn sie es wünschen und für notwendig erachten. Doch alleine die gesetzlich abgesicherte Pflicht ist kein ausschließliches Kennzeichen der Sozialversicherung. Man denke beispielsweise nur an die gesetzlich vorgeschriebene Pflicht, eine Haftpflichtversicherung für ein Kraftfahrzeug abzuschließen. Hier gibt es aber, ähnlich wie bei der Krankenversicherung, eine Wahlfreiheit, welche der unterschiedlichen privaten Versicherungen genommen wird.

Eine Versicherung ist dadurch charakterisiert, dass „sich Personen mit gleichen oder verwandten Risikoproblemen (zum Beispiel bei Wahrscheinlichkeit von Mittellosigkeit im Alter oder Arbeitslosigkeit, Krankheit usw.) zusammentun, eine Umlage oder regelmäßige Beiträge verabreden, woraus dann diejenigen Versicherten, die das Risiko trifft, alimentiert werden" (Bellermann 2001: 67).

3 Das Haus der sozialen Sicherung – Sicherheit für wen? 43

Nach diesem Prinzip funktionieren sowohl private als auch die gesetzlichen Versicherungen. Ihr ökonomisch rationaler Vorteil liegt darin, dass die Einzelnen die erforderlichen Rücklagen für den Risikofall nicht annähernd ansparen könnten, es also die individuellen Möglichkeiten schnell übersteigen würde, beispielsweise bei einem teuren Krankenhausaufenthalt. Da das Risiko aber in der Versichertengemeinschaft auf vielen Schultern verteilt ist und nicht alle (gleichmäßig und gleichzeitig) trifft, können die Beiträge für die Einzelnen in noch erträglicher Höhe gehalten werden.

Und es gibt noch ein weiteres Kennzeichen, das die Sozialversicherungen von anderen – egal ob gesetzlich vorgeschriebenen oder privaten – Versicherungen unterscheidet: ihr sozialer Charakter. In einer Versicherung wird im Regelfall jeweils eine Person oder ein Gegenstand gegen ein präzise benanntes Risiko abgesichert und entsprechend die Beiträge erhoben. In der gesetzlichen Sozialversicherung gibt es aber beispielsweise die Mitversicherung von Familienangehörigen, ohne dass sich die Beitragshöhe verändert. Da würde üblicherweise keine private Versicherung mitspielen, denn dadurch würde sich das Risiko eines Schadenseintritts entsprechend erhöhen. Die kostenlose Mitversicherung von Angehörigen, beispielsweise in der gesetzlichen Krankenversicherung, charakterisiert sie also als eine soziale Versicherung. Ein weiteres soziales Kennzeichen ist die Beitragsgestaltung: Die Beiträge zur Sozialversicherung sind festgelegte prozentuale Anteile vom Verdienst. Sofern auch die Leistungen für alle gleich sind, wie beispielsweise bei den gesundheitlichen Leistungen in der Krankenversicherung, ist auch hier ein sozialer Charakter zu verorten. Auf den starken Schultern ruhen höhere finanzielle Lasten als auf den Schwachen.

Doch was sind nun inhaltlich Sozialversicherungen? Zunächst einmal gibt es fünf verschiedene Sozialversicherungen, deren Namen schon auf das zu versichernde Risiko hinweisen:

- die Krankenversicherung,
- die Unfallversicherung,
- die Rentenversicherung,
- die Arbeitslosenversicherung und
- die Pflegeversicherung.

Bei der Krankenversicherung geht es – allgemein gesprochen – um die Absicherung von Risiken, die aus gesundheitlichen Beeinträchtigungen resultieren können. Die Krankenversicherung will sowohl die Kosten für die (wenn möglich) Wiederherstellung des Gesundheitszustands als auch die (gegebenenfalls) während der Genesung auftretenden finanziellen Auswirkungen absichern. Dasselbe versucht die Unfallversicherung bei der eingegrenzten Ursache ‚Arbeitsunfall' zu erreichen. Ist die Ursache der körperlichen Beeinträchtigung ein mit der Arbeit zusammenhängender Unfall gewesen, ist die Unfallversicherung zuständig. Die Rentenversicherung versichert die Risiken, die sich aus der im Alter nicht mehr möglichen Reproduktionsfähigkeit ergeben, sofern vorher der Lebensunterhalt durch den Verkauf der Arbeitskraft sichergestellt wurde. Auch im Alter soll der Lebensunterhalt gesichert sein. Kann der Lebensunterhalt im erwerbsfähigen Alter nicht mehr sicher gestellt werden, weil man eine Arbeitsstelle verloren hat, so tritt die Arbeitslosenversicherung ein. Und die Pflegeversicherung will die Risiken versichern, die aus (insbesondere, aber nicht nur) im Alter mit zunehmender Wahrscheinlichkeit auftretender Pflegebedürftigkeit resultieren.

Bei der Frage nun, unter welchen Bedingungen die Mitgliedschaft in den Sozialversicherungen zur Pflicht wird, wird ihre Ausrichtung deutlich: Bei der Aufnahme einer bezahlten Erwerbsarbeit oder präziser: einer sozialversicherungspflichtigen Arbeit entsteht die Zwangsmitgliedschaft. Allerdings sind die Tatbestände, die diesen Zwang auslösen, unterschiedlich in den einzelnen Versicherungen geregelt. Während der Beitritt zur Unfallversicherung bei jeder erwerbsmäßigen Tätigkeit, egal wie hoch der Verdienst ist, verpflichtend wird[36], sind es bei den anderen Sozialversicherungen die 400,-€-Grenze. Ab dieser Marke wird eine Tätigkeit zu einer sozialversicherungspflichtigen Tätigkeit. Unterhalb dieser Höhe besteht zwar für die Arbeitgeber die Pflicht, die Beschäftigten anzumelden und auch Beiträge für die Kranken- und Rentenversicherung zu zahlen, allerdings resultieren für die einzelnen Beschäftigten keinerlei Rechte aus diesem Status. Erst über 400,-€ werden sie zu mit Rechten ausgestatteten Mitgliedern.

Verkompliziert werden diese grundsätzlichen Aussagen dadurch, dass es bei der Kranken- und Pflegeversicherung eine sogenannte Versicherungspflichtgrenze gibt. Verdient eine Person im Jahr 2008 mehr als 4.012,50,-€ monatlich, endet ihre Pflicht, sich gesetzlich in der Kranken- und Pflegeversicherung versichern zu müssen. Diese Personen können sich entweder auf freiwilliger Basis weiter versichern lassen, in eine private Versicherung wechseln oder sich gar nicht mehr versichern. Hier endet also die Solidargemeinschaft für den gut verdienenden Teil der Versicherten. Zudem gibt es in diesen beiden und in der Arbeitslosen- und Rentenversicherung eine Beitragsbemessungsgrenze, die angibt, bis zu welchem Monatseinkommen prozentuale Beiträge erhoben werden. Wer im Jahr 2008 monatlich mehr als 5.300,-€ im Westen oder 4.500,-€ im Osten der Republik verdient[37], wird in der Renten- und Arbeitslosenversicherung und ab einem

---

[36] Darüber hinaus sind neben Selbständigen auch Studierende, Kindergartenkinder etc. in der gesetzlichen Unfallversicherung angemeldet und legitimieren damit den staatlichen Unterstützungsbeitrag.
[37] Sowohl die Versicherungspflichtgrenze als auch die Beitragsbemessungsgrenze werden von Zeit zu Zeit angepasst.

3 Das Haus der sozialen Sicherung – Sicherheit für wen?

Verdienst von 3.600,-€ in der Kranken- und Pflegeversicherung nur bis zu dieser Höhe mit Beiträgen herangezogen, das darüber hinaus verdiente Einkommen bleibt beitragsfrei für die Sozialversicherung. Hochverdienern wird also das finanzielle Ausscheren aus der erwerbsarbeitsorientierten Solidargemeinschaft ermöglicht. Allerdings erhalten sie auch nur Leistungen bis zur Höhe dieser Beitragsbemessungsgrenze, falls es sich um beitragsbezogene Leistungen handelt.

Und jede dieser fünf Versicherungen bietet den Versicherten ein ganzes Bündel aus Geld-, Sach- und Dienstleistungen an, wobei die Geldleistungen nicht nur die bekanntesten sind. Gerade weil sich üblicherweise Sachleistungen, wie beispielsweise die Bereitstellung von Pflegehilfsmitteln (z.B. ein Rollstuhl), auch in geldwerter Form darstellen lassen, fällt hier die Unterscheidung schwer. Dagegen ist es heute immer noch weitgehend unüblich, Dienstleistungen, wie beispielsweise Beratungsangebote, in €-Beträgen zu berechnen. So lassen sie sich noch etwas eindeutiger als unterscheidbare Leistungsform darstellen.

Um welche Leistungen es sich konkret inhaltlich handelt und nach welchen Kriterien sie vergeben werden, soll nun am hier näher interessierenden Beispiel der Arbeitslosenversicherung beschrieben und analysiert werden.

Wie die Arbeitslosenversicherung Arbeitslosigkeit versichert

Die gesetzlichen Grundlagen der Arbeitslosenversicherung sind im Dritten Sozialgesetzbuch (SGB III) festgehalten. Dort wird auch näher erläutert, welche Leistungen der Gesetzgeber im Rahmen dieses Gesetzes vorgesehen hat. Dazu gibt der § 3 nähere Auskunft, der drei AdressatInnen nennt: Leistungen für ArbeitnehmerInnen, für ArbeitgeberInnen und für Träger von Arbeitsförderungsmaßnahmen.

Die insgesamt zwölf dort im Einzelnen aufgezählten Leistungen für ArbeitnehmerInnen lassen sich wiederum in drei verschiedene Leistungsarten aufteilen:

1. Beratungsleistungen. Darunter fallen dann u.a. die Berufsberatung ebenso wie die Arbeits- und Ausbildungsvermittlung, aber auch die Eignungsfeststellungen.
2. Unterstützungsleistungen. Dazu gehören u.a. Mobilitätshilfen zur Aufnahme einer Tätigkeit genau so wie Berufsausbildungsbeihilfe, aber auch der Gründungszuschuss zur Aufnahme einer selbständigen Tätigkeit ist hier angesiedelt.
3. Geldleistungen. Hierunter subsumieren sich dann u.a. das eigentliche Arbeitslosengeld (heute: Arbeitslosengeld I) ebenso wie das Insolvenz- und

Wintergeld, die zu den bekanntesten Leistungen der Arbeitslosenversicherung gehören.

Die fünf für die ArbeitgeberInnen seitens der Bundesagentur für Arbeit vorgehaltenen Leistungen teilen sich in die beiden Leistungsarten Beratungs- und Unterstützungsleistungen. Zu den Unterstützungsleistungen zählen eine ganze Reihe verschiedener Zuschüsse und Erstattungsmöglichkeiten, während die Beratungsleistungen das arbeitgeberseitige Pendant zu den Arbeitnehmerberatungen darstellen. Und bei den sechs im Gesetz aufgezählten Leistungsformen für die Träger von Arbeitsförderungsmaßnahmen handelt es sich um verschiedene Zuschussmöglichkeiten, sowie die Möglichkeiten von Kostenübernahmen und Darlehen.

Bis auf das Arbeitslosengeld, das Teilarbeitslosengeld und das Insolvenzgeld, die als passive Leistungen gelten, stellen alle anderen Leistungsformen sogenannte Leistungen der aktiven Arbeitsförderung dar[38]. Mit ihnen soll Arbeitslosen der Einstieg in Arbeit erleichtert und ermöglicht werden, bzw. überhaupt Arbeits- und Qualifikationsmöglichkeiten geschaffen werden. Das bezieht sich dann

1. auf den sogenannten ersten Arbeitsmarkt, also um reguläre sozialversicherungspflichtige Tätigkeiten,
2. auf den sogenannten zweiten Arbeitsmarkt, in dem es vor allem gemeinnützige und zusätzliche, durch die Bundesagentur subventionierte Beschäftigungen gibt und
3. auf die verschiedenen Formen der Qualifikationsmaßnahmen, um Arbeitsuchende besser in den Arbeitsmarkt integrieren zu können.

In Abgrenzung dazu stellt das Arbeitslosengeld eine ‚passive' Leistung dar. Das eigentliche Ziel des Gesetzgebers, die Integration in den Arbeitsmarkt, kann mit dieser Leistung nicht erreicht werden, weshalb ausdrücklich betont wird: „Die Vermittlung in Ausbildung und Arbeit hat Vorrang vor den Leistungen zum Ersatz des Arbeitsentgelts bei Arbeitslosigkeit" (§4).

Um Arbeitslosengeld zu erhalten, ist es deshalb nicht nur erforderlich, dass die Person arbeitslos ist, also keiner mehr als 15-stündigen wöchentlichen Beschäftigung nachgeht, sondern dass sie sich auch aktiv darum bemüht, diesen Zustand zu überwinden und eine Beschäftigung sucht, die mehr als 15 Stunden in der Woche umfasst. Als Anspruchsvoraussetzung gilt ferner, dass man innerhalb einer Rahmenfrist, nämlich (im Normalfall) der letzten beiden Jahre, min-

---

[38] Einen Überblick über Untersuchungen zur aktiven Arbeitsmarktpolitik bieten Michael Fertig u.a. (2004).

destens ein Jahr sozialversicherungspflichtig gearbeitet haben muss. In diesem Falle würden der Person für einen Zeitraum von sechs Monaten Arbeitslosengeld zustehen. Für Personen unter 50 Jahren kann sich dieser Bezugszeitraum bei mindestens zweijähriger sozialversicherungspflichtiger Beschäftigung auf maximal ein Jahr erhöhen; über 50-Jährige können mit einer mindestens dreißigmonatigen Beschäftigungsdauer innerhalb der letzten fünf Jahre maximal 15 Monate Arbeitslosengeld erhalten. Über 55-Jährige können bei gleicher Rahmenfrist und 36-monatiger Beschäftigung den Anspruch auf 18 Monate und über 58-Jährige mit mindestens 48-monatiger Beschäftigung auf längstens zwei Jahre erhöhen.

Arbeitslose mit mindestens einem Kind auf der Steuerkarte erhalten unter diesen Voraussetzungen 67%, alle anderen 60% des bereinigten durchschnittlichen bisherigen Netto-Arbeitsentgelts als Arbeitslosengeld. Das um 7% erhöhte Leistungsentgelt für Personen mit einem Kind auf der Steuerkarte stellt eine aus familienpolitischen Erwägungen vorgenommene Besserstellung der Menschen mit Kindern dar. Für beide Gruppen gilt jedoch, dass die Höhe der Leistung ein Äquivalent zur bisherigen Vergütung darstellt. Das Äquivalenzprinzip, ein für die Sozialversicherung zentrales Prinzip der Leistungsvergabe, taucht auch in der Rentenversicherung bei der Bestimmung der Höhe der Rente und in der Krankenversicherung bei der Festlegung der Höhe des Krankengeldes auf. Es bewirkt, dass diejenigen, die vorher gut verdienten, auch im Versicherungsfall noch einigermaßen gut abgesichert sind. Für diejenigen jedoch, die vorher nur mäßige oder schlechte Verdienstmöglichkeiten vorfanden, bedeutet die faktische Höhe der Sozialleistung dann häufig schon den Eintritt in Armutssituationen. Zusammenfassend lässt sich sagen, dass die gesellschaftliche Einkommenspyramide durch Schrumpfen um gut ein Drittel zu einer Sozialleistungs-Pyramide wird. Die gesellschaftlich unterschiedlichen Einkommensverhältnisse werden durch das Äquivalenzprinzip gespiegelt.

Die Höhe der Sozialleistung Arbeitslosengeld orientiert sich also nicht an einem wie auch immer definierten Bedarf der Arbeitslosen, sondern spiegelt die Schichtung der Verdienstmöglichkeiten in eine verkleinerte Hierarchie der Sozialleistungen wider. Mit dem Äquivalenzprinzip wird eine soziale Hilfe unabhängig vom Bedarf gewährt. Das Prinzip Leistung-Gegenleistung wird mit einer nicht ausbalancierten Waage realisiert. Die um gut ein Drittel reduzierte Sozialleistung signalisiert den Hilfebedürftigen, dass es gewisser Anstrengungen bedarf, um wieder ein Leben auf dem bisherigen Niveau führen zu können. Angesichts der Tatsache, dass viele Arbeitnehmerhaushalte schon Zweidrittel ihrer Einkünfte in die Grundbedürfnisse Wohnen und Essen investieren müssen, ist der Absturz auf ein um ein Drittel gekürztes Niveau bereits ein mittelfristig kaum zu verkraftender Einschnitt.

Bis zum Inkrafttreten des ‚Vierten Gesetzes für moderne Dienstleistungen am Arbeitsmarkt', dem sogenannten Hartz-IV-Gesetz am 1. Januar 2005, gab es innerhalb der Arbeitslosenversicherung noch eine weitere Leistung: die Arbeitslosenhilfe. Ihr zentrales Konstruktionsmerkmal war jedoch die Bedürftigkeitsprüfung, weshalb sie eigentlich in die Fürsorgeleistungen einsortiert werden müsste. Nur diejenigen, die ihren notwendigen Lebensunterhalt nicht anderweitig bestreiten konnten, erhielten diese Leistung. Die Leistungsvergabe geschah aber auf der Grundlage des Äquivalenzprinzips – Arbeitslose mit einem Kind auf der Steuerkarte erhielten 57, alle anderen 53% des letzten bereinigten Netto-Durchschnittsentgelts. Ein gegenüber dem Arbeitslosengeld nochmals um ca. 10% abgesenktes Niveau.

Diese reduzierte Unterstützung bei länger andauernder Arbeitslosigkeit führte dazu, dass damals etliche Arbeitslose neben der nach dem Äquivalenzprinzip berechneten Arbeitslosenhilfe noch zusätzliche Sozialhilfe in Anspruch nahmen, die lediglich eine – aber für alle gleich hohe – Minimal-Versorgung vorsah[39]. Insbesondere Menschen mit mehreren Kindern und geringen vorherigen Verdiensten rutschten so mit dem Übergang vom Arbeitslosengeld zur Arbeitslosenhilfe gleichzeitig in die alte Sozialhilfe. Dass eine Person nun bei zwei verschiedenen Ämtern Anträge stellen musste, von einer staatlichen und einer kommunalen Behörde verwaltet und dadurch oftmals auch zwischen die Mühlsteine geriet, wurde als überbürokratisch kritisiert und sollte durch die Hartz-IV-Gesetzgebung abgeschafft werden. Mit der Abschaffung der ehemaligen Arbeitslosenhilfe verschlankte sich die Arbeitslosenversicherung, die nunmehr nur noch für die Arbeitslosengeld-I-Zahlungen zuständig war. Der Bundeszuschuss zur Bundesagentur für Arbeit wurde zwar reduziert, doch musste der Bund nun für das ausschließlich aus Steuermitteln finanzierte sogenannte Arbeitslosengeld II nach SGB II geradestehen. Die Ausgaben der beitragsfinanzierten Arbeitslosenversicherung für jetzt nur noch die Arbeitslosengeld-I-Zahlungen reduzierten sich in derart hohem Ausmaß, dass der Beitragssatz zur Arbeitslosenversicherung von 6,5% vor der Reform auf zunächst 4,2% und ab dem 1.1.2008 auf 3,3% (anteilig 1,65% für ArbeitnehmerInnen und ArbeitgeberInnen) gesenkt werden konnte[40]. Parallel dazu stiegen allerdings die Ausgaben des Bundes für die neu eingeführte Grundsicherung nach SGB II (Arbeitslosengeld II und Sozialgeld) massiv über die ursprünglich eingeplanten Ansätze.

Bewertet man nun die Leistungsvergabe nach dem Äquivalenzprinzip, wie sie die Arbeitslosenversicherung vornimmt, so wird deutlich, dass dieses Prinzip

---

[39] Die damals angenommene Zahl von 270.000 (= 7% der arbeitslos Registrierten) unterschied sich aber von der später ermittelten Zahl von 210.000 erheblich (vgl. Knuth 2007: 83).
[40] Diese letzte Absenkung wird aber durch die zum 1.7.2008 fällige Erhöhung des Beitragssatzes der gesetzlichen Pflegeversicherung von 1,7 auf 1,95% teilweise wieder aufgezehrt.

nichts mit der sozialpolitischen Intention zu tun hat, soziale Notlagen zu verringern. Bei denjenigen, die vorher während der Erwerbsarbeit schon wenig verdienten, kann die soziale Leistung Arbeitslosengeld nicht ein Abrutschen in die Armut verhindern. Viele Arbeitslose sind deshalb neben den Arbeitslosengeld-Zahlungen auf zusätzliche sozialstaatliche Unterstützung angewiesen.

Bedarfsdeckende oder bedarfsorientierte Leistungen?

Neben dem besprochenen Äquivalenzprinzip gibt es mit dem Bedarfsdeckungsprinzip in der Sozialversicherung ein weiteres wichtiges Prinzip, das allerdings in der Arbeitslosenversicherung nicht in seiner klassischen Form vorkommt. Bei den Beratungsleistungen im Rahmen der Arbeitslosenversicherung wird von einem vom Gesetzgeber definierten Bedarf an Beratung ausgegangen und dieser durch die für die Ratsuchenden kostenlosen Bereitstellung von Beratungsdienstleistungen entsprechend befriedigt. Der Gesetzgeber und dann in seinem Auftrag die Bundesagentur für Arbeit bestimmt, was für die Kundschaft[41] – die Arbeitslosen – gut ist und was sie brauchen. Auf dieser Grundlage von einer bedarfsdeckenden Leistung zu sprechen, wird dem zwanghaften Umstand nicht gerecht, dass die Bedürftigen diese Beratung dann auch annehmen müssen.

In seiner klassischen Form lässt sich das Bedarfsdeckungsprinzip bei den gesundheitlichen Leistungen in der Krankenversicherung veranschaulichen. Bei gesundheitlichen Beeinträchtigungen entscheidet im Prinzip ein Arzt mittels einer Diagnose, die dem Stand der medizinischen Erkenntnisse entsprechen soll, welche gesundheitlichen Leistungen die Person benötigt, um wieder gesund zu werden und die Krankenversicherung finanziert dann sowohl den Arzt als auch diesen Bedarf. Zwar existiert diese Form der Leistungsvergabe auch in der Krankenversicherung nicht mehr in Reinform seit es Zuzahlungen zu Medikamenten und die Praxisgebühr gibt, doch im Kern geht es um den auf der Grundlage des medizinischen Wissens ermittelten Bedarf, der befriedigt werden soll. Ausschlaggebend und kennzeichnend ist dabei, dass die Leistung bei steigendem Bedarf ebenfalls steigt (vgl. Abbildung 4). Je höher der Bedarf, desto höher die Leistung.

Ausschließlich dieses Prinzip kommt der in den sozialpolitischen Definitionen unterstellten Intention nach, soziale Notlagen zu lindern und/oder zu beseitigen. Auch wenn die Problematik, wer, anhand welcher (nachvollziehbarer) Kriterien, welchen Bedarf attestiert, nicht außer acht gelassen werden darf, zielt die

---

[41] Die Ausdrücke KlientInnen und KundInnen sollen hier und im folgenden synonym verwandt werden, obwohl es nachvollziehbar unterschiedliche Schwerpunktsetzungen gibt. In den Jobcentern hat sich jedoch der Sprachgebrauch von der Kundschaft durchgesetzt.

Absicht des Bedarfsdeckungsprinzips eindeutig darauf, gegen soziale, bzw. genauer: gesundheitliche Notlagen vorzugehen.

Abbildung 4: schematische Darstellung des Bedarfsdeckungsprinzips

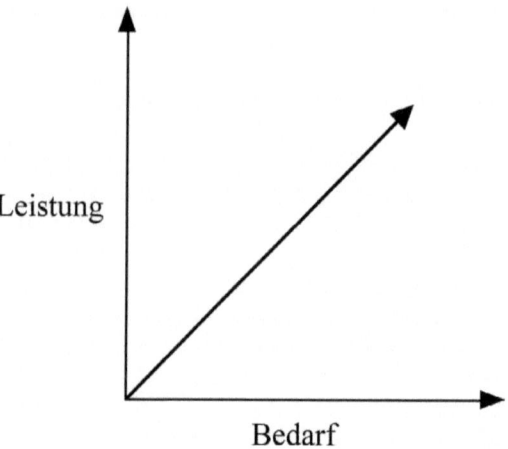

Eine ganz besondere Form der Leistungsvergabe innerhalb der Sozialversicherungen stellen die Leistungen des Pflegeversicherungsgesetzes (SGB XI) dar, deren Zielvorstellungen deshalb hier noch kurz erwähnt und analysiert werden sollen. Das Pflegeversicherungsgesetz gruppiert auf der Grundlage eines Gutachtens des medizinischen Dienstes der Krankenkassen zunächst Pflegebedürftige je nach Schwere der Pflegebedürftigkeit in eine von fünf Stufen ein:

1. Pflegestufe O: Unter diese Kategorie fallen diejenigen, deren Pflegebedürftigkeit so beurteilt wurde, dass ihr täglicher Pflegebedarf unterhalb von 90 Minuten liegt. Sie erhalten keine Leistungen aus der Pflegeversicherung.
2. Pflegestufe 1 (erhebliche Pflegebedürftigkeit): In diese Stufe kommen Menschen, deren täglicher Pflegebedarf zwischen 90 und 180 Minuten liegt, wobei mehr als 45 Minuten auf die sogenannte Grundpflege (Körperpflege, Ernährung, Mobilität) entfallen muss; nur die restliche Zeit darf die sogenannten wirtschaftlichen Hilfen wie beispielsweise Einkaufen, Wäschepflege etc. umfassen.
3. Pflegestufe 2 (schwere Pflegebedürftigkeit): 180 bis 300 Minuten täglicher Pflegebedarf, wobei die Grundpflege mindestens 120 Minuten umfassen muss.

3 Das Haus der sozialen Sicherung – Sicherheit für wen? 51

4. Pflegestufe 3 (Schwerstpflegebedürftigkeit): Mehr als 300 Minuten täglicher Pflegebedarf mit einem Anteil von mindestens 240 Minuten Grundpflege.
5. Härtefallregelung: Für maximal 3% der häuslich und 5% der stationär gepflegten Fälle einer Pflegekasse können in Härtefällen über die Schwerstpflegebedürftigkeit hinaus Leistungen gewährt werden.

Bei der Leistungsvergabe wird grundsätzlich zwischen stationärer und ambulanter Pflege unterschieden. Pflegebedürftige in stationären Einrichtungen erhalten in der Pflegestufe 1 einen Zuschuss in Höhe von 1.023,-€, in der Pflegestufe 2 von 1.279,-€ und in der Stufe 3 von 1.432,-€. Für die häuslich oder teilstationär gepflegten Menschen gibt es die Möglichkeit, zwischen Pflegesachleistungen und Pflegegeldleistungen (oder einer Kombination) zu wählen. Die Höhe der Sachleistungen für die Pflegestufe 1 betragen 384,-€, bei Stufe 2: 921,-€ und in der Stufe 3: 1.432,-€. Für selbst organisierte Pflege können Pflegebedürftige Geldleistungen erhalten; sie betragen in der Stufe 1: 205,-€, in der Stufe 2: 410,-€ und in der Stufe 3: 665,-€.

Schon bei den monatlichen Zuschüssen für die stationäre Pflege fällt auf, dass die Steigerungsrate von der ersten zur zweiten Pflegestufe 256,-€ beträgt, sich diese aber beim Übergang zur dritten Stufe lediglich noch um 153,-€ erhöht. Bei der Betrachtung der realen Kosten für ein Pflegeheim fällt dagegen die umgekehrte Entwicklung auf: Ein Pflegeplatz der Stufe 1 kostet durchschnittlich 2.500,-€, bei der Pflegestufe 2 sind es bereits 2.900,-€ und in der Pflegestufe 3 belaufen sich die Kosten auf durchschnittlich 3.400,-€ im Monat[42]. Eine Scherenentwicklung zwischen den sozialstaatlichen Leistungen und den tatsächlichen Preisen, die offensichtlich gewollt ist: Während die Pflegeversicherung mit zunehmender Schwere der Pflegebedürftigkeit ihre Erhöhungssätze verringert, steigen die tatsächlichen Kosten bei zunehmender Pflegebedürftigkeit an.

Bei den Pflegesachleistungen kann ein ähnliches Konstruktionsprinzip festgestellt werden. Dabei muss vorausgeschickt werden, dass diejenigen, die die Pflegegeldleistungen in Anspruch nehmen können, sich in der relativ komfortableren Situation befinden, da sie sich ihre Pflege ja noch selbst organisieren können und nicht auf fremde Hilfe angewiesen sind. Diejenigen jedoch, denen nichts anderes übrig bleibt, als Pflegesachleistungen zu beantragen, geraten mit zunehmender Pflegebedürftigkeit in immer größere finanzielle Schwierigkeiten. In der extremen Situation, dass jemand ausschließlich auf Pflegesachleistungen angewiesen ist, erhält er 384,-€ monatlich in der ersten Pflegestufe. Mit diesem Betrag müsste dann aber die komplette Pflege bezahlt werden – also 90 Minuten

---

[42] So beispielsweise die Angaben aus Baden-Württemberg: http://www.statistik.baden-wuerttemberg.de/Veroeffentl/Monatshefte/PDF/Beitrag07_04_01.pdf (Stand: 4.1.2008), S. 6.

täglich und das an jedem Tag im Jahr! Bei einem angenommenen, auf ‚Billig-Pflege-Niveau' liegendem Stundensatz von 20,-€ in der Stunde würden monatlich aber 900,-€ gebraucht, um diese Pflege sicher zu stellen (1,5 Stunden tägliche Hilfe X 30 Tage im Monat X 20,-€ Stundensatz). Es entstünde ein Versorgungs-Defizit von 516,-€ (vgl. Abbildung 5). In der Pflegestufe 2, in der mindestens 1.800,-€ erforderlich sind, um die Pflege durch fremde Hilfe zu gewährleisten, gibt es aber nur 921,-€ sozialstaatliche Hilfe – das Versorgungs-Defizit

Abbildung 5: Das Versorgungs-Defizit in der Pflegeversicherung

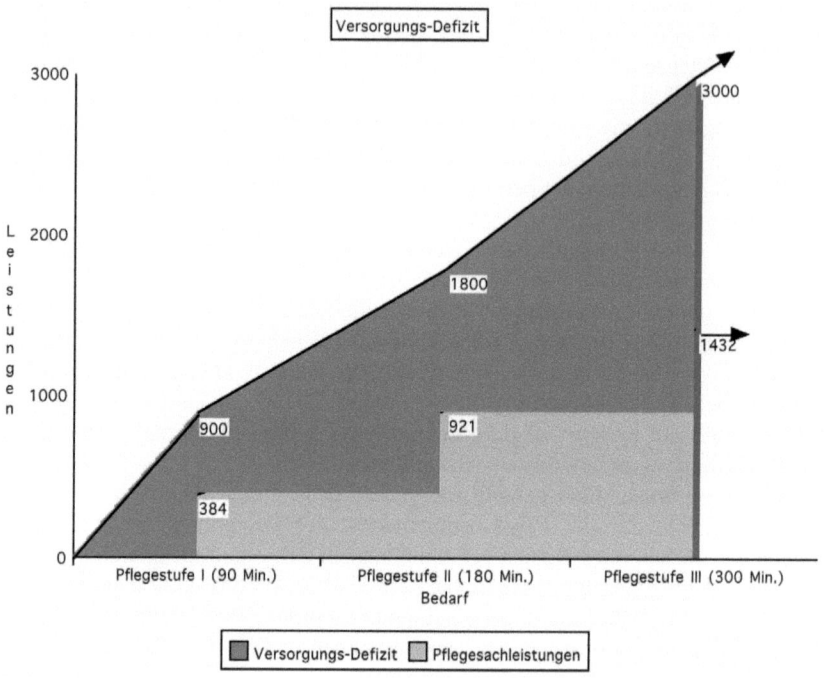

steigt auf 879,-€! Und in der Pflegestufe 3, in der mit mindestens 3.000,-€ die Pflege bezahlt werden müsste, gibt es aber nur 1.432,-€ – das Versorgungs-Defizit wächst auf monatlich mindestens 1.568,-€. Das kontinuierlich anwachsende Versorgungs-Defizit treibt einerseits Menschen in die Pflegeheime. Und zwar wird dieser Druck um so heftiger, je pflegebedürftiger die Menschen werden. Und sie müssen um so eher ins Pflegeheim, je geringer ihre eigenen, zusätzlichen finanziellen Möglichkeiten sind, um ihre Pflege zu Hause zu ermöglichen. Gleichzeitig sind sie dann in den Pflegeheimen auf zusätzliche sozialstaatliche

3 Das Haus der sozialen Sicherung – Sicherheit für wen?

Leistungen angewiesen – vor allem auf die Leistungen in Einrichtungen nach SGB XII (der ehemaligen Sozialhilfe in Einrichtungen). Aber die wiederum versucht, anders als die Grundsicherung im Alter, bei der es eine Freistellung von Unterhaltsforderungen bis zu einem jährlichen Einkommen von 100.000,-€ gibt, sich bei den Angehörigen schadlos zu halten, indem Unterhaltsforderungen eingetrieben werden. Die Pflegebedürftigen sind also trotz Pflegeversicherung von der Sozialhilfe und den Angehörigen abhängig und das umso mehr, je weniger Eigenmittel sie haben und um so pflegebedürftiger sie werden. Die Gesetzmäßigkeit der Pflegeversicherung lautet nämlich: Je pflegebedürftiger, desto weniger Hilfe[43].

Die Fürsorgeleistungen: Wer sorgt warum, für wen?

Gehörten bis zur Hartz-Reform ausschließlich die Sozialhilfe und die Kinder- und Jugendhilfe zu den Fürsorgeleistungen, so hat sich dies seit dem Inkrafttreten der Gesetze über moderne Dienstleistungen am Arbeitsmarkt strukturell geändert. Mit dem SGB II, der Grundsicherung für Arbeitsuchende, hat sich insbesondere die Anzahl der Personen, die Fürsorgeleistungen erhalten, massiv erweitert: Waren am Jahresende 2004 insgesamt 2,91 Millionen Menschen bei den Sozialämtern registriert, die Sozialhilfe außerhalb von Einrichtungen bezogen[44], so schnellten diese Zahlen – trotz der konjunkturbedingt seit 2006 leicht rückläufigen Werte – auf 5,289 Millionen Menschen hoch, die im August 2007 Leistungen der Grundsicherung für Arbeitsuchende in Anspruch nehmen mussten[45]. Hinzu kamen die 1,965 Millionen Menschen, die als Angehörige das sogenannte Sozialgeld erhielten. Zu diesen Zahlen müssen diejenigen Menschen hinzu gerechnet werden, die aufgrund ihrer Behinderung (SGB IX), zu geringer Alterseinkünfte (SGB XII) oder im Rahmen der Kinder- und Jugendhilfe (SGB VIII) Fürsorgeleistungen erhielten. Spätestens durch die mit Hartz IV erfolgte Neustrukturierung sind Fürsorgeleistungen also zu einem bedeutenden Faktor im Haus der sozialen Sicherung geworden.

Fürsorgeleistungen werden als die ‚letzten Hilfen im Sozialstaat' (vgl. Bellermann 2001: 124ff.) bezeichnet. Auf sie besteht erst dann ein (Rechts-) Anspruch, wenn alle anderen Hilfeleistungen nicht hinreichen oder nicht beansprucht werden können. Zunächst muss der Mensch versuchen, nicht hilfebedürf-

---

[43] Vgl. Kantel 2000.
[44] Vgl.: http://www.sozialpolitik-aktuell.de/tabellen_sosicherung.shtml#II.2 (Stand: 4.1.2008).
[45] Diese Zahl ist dem Arbeitsmarktbericht der Bundesagentur für Arbeit des Monats August 2007 entnommen: http://www.pub.arbeitsamt.de/hst/services/statistik/000000/html/start/index.shtml (Stand: 4.1.2008), S. 5.

tig zu werden, indem er seine Arbeitskraft und seine eventuell vorhandenen Vermögenswerte einsetzt, also sich selbst hilft. Reichen diese Mittel nicht aus[46], müssen in der nächsten Stufe mögliche Unterhaltsansprüche gegenüber Angehörigen realisiert werden. Und zuletzt muss versucht werden, durch vorrangige Inanspruchnahme anderer Sozialleistungen Hilfebedürftigkeit zu vermeiden. Erst wenn der Mensch trotz dieser Anstrengungen nachweislich hilfebedürftig bleibt, besteht ein Anspruch auf Fürsorgeleistungen und wird ein minimaler sozialstaatlicher Standard gewährleistet. Dieser grundlegende Charakter ist Ausdruck des die Fürsorgeleistungen prägenden Subsidiaritätsprinzips. Mit ihnen soll ein Leben auf einem minimalen sozio-kulturellen Existenzminimum ermöglicht werden.

Das bedeutet, dass der Gesetzgeber jeweils festlegt, wie dieser Standard aus seiner Sicht konkret im Einzelnen auszusehen hat. In der Kinder- und Jugendhilfe werden dazu Maximen über die Art und Ausformung der Hilfen festgelegt. Unterschieden werden dabei die Leistungen der Jugendhilfe und die sogenannten ‚anderen Aufgaben' (vgl. § 2 des SGB VIII). Bei den Jugendhilfeleistungen sollen mit Hilfe von Angeboten und Hilfestellungen, die entweder durch staatliche Stellen oder aber durch geeignete Institutionen angeboten werden, junge Menschen ihr Recht auf Förderung ihrer „Entwicklung und auf Erziehung zu einer eigenverantwortlichen und gemeinschaftsfähigen Persönlichkeit" wahrnehmen können, wie es im § 1 des SGB VIII heißt. Bei den ‚anderen Aufgaben' geht es vor allem um den Schutz junger Menschen und um den ihnen zu gewährenden Beistand in sozialrechtlichen Auseinandersetzungen, beispielsweise bei Missbrauch.

Auch bei der Höhe der weitgehend pauschalierten Grundsicherungsleistungen werden letztlich politisch festgelegte Standards zugrunde gelegt. Bei der Grundsicherung für Arbeitsuchende und im Alter beträgt die Höhe der sozialstaatlichen Unterstützung seit dem 1. Juli 2007 für eine alleinstehende Person im Bundesgebiet einheitlich 347,-€ und zusätzlich die angemessenen Kosten für die Unterkunft. Darüber hinaus werden noch für einige wenige gesetzlich festgeschriebene Ausnahmetatbestände und Besonderheiten pauschalierte Zuschläge gewährt. So können beispielsweise Schwangere nach der 12. Schwangerschaftswoche einen Mehrbedarf von 17% der entsprechenden Regelleistung erhalten (vgl. § 21 SGB II). Der Vollständigkeit halber sei erwähnt, dass es für Menschen, die aus dem Arbeitslosengeld-I-Bezug gefallen sind, weil die Anspruchszeit endete und die dadurch in die Grundsicherung für Arbeitsuchende kommen und das sogenannte Arbeitslosengeld II (und für die Angehörigen das sogenannte

---

[46] 20,2% der erwerbsfähigen Hilfebedürftigen (nach SGB II) waren im August 2006 zwar erwerbstätig, aber ihre Einkünfte reichten nicht aus, Hilfebedürftigkeit zu vermeiden und davon waren sogar 38,5% vollzeitbeschäftigt (vgl. Geschäftsbericht der BA 2006: 45).

Sozialgeld) erhalten, ein in der Höhe befristeter Zuschlag (nach § 24 SGB II) für maximal zwei Jahre gezahlt wird – er soll den Absturz in die Fürsorge ‚mildern'. Bereits in der alten Sozialhilfe gab es immer wieder Streit über die Höhe der zu gewährenden Leistungen (vgl. BMJFG 1985a). Forderten beispielsweise die Arbeitgeberverbände eine Absenkung der Leistung, plädierten insbesondere die mit der Materie betrauten Wohlfahrtsverbände für eine Erhöhung (vgl. Bellermann 2001: 127). Zwar orientierte sich die damals zuständige Innenministerkonferenz an Empfehlungen, wie beispielsweise denen des Deutschen Vereins für öffentliche und private Fürsorge, doch letztlich wurde die Höhe im politischen Aushandlungsprozess festgelegt (vgl. auch Bäcker u.a. 2000: 212). Das lässt sich auch daran ablesen, dass die beiden im Bundestag das neue Grundsicherungsgesetz damals einbringenden Fraktionen von SPD und Bündnis 90/Die Grünen in ihren Wahlprogrammen davon sprachen, dass die neue Grundsicherung für Arbeitsuchende in ihrem finanziellen Niveau oberhalb der Sozialhilfe eingerichtet werden sollte. Der damalige Bundeskanzler Gerhard Schröder stellte erst in seiner Regierungserklärung zur ‚Agenda 2010' im März 2003 klar, dass die neue Grundsicherungsleistung in etwa der Höhe der alten Sozialhilfe entsprechen wird (vgl. Czommer, Knuth, Schweer 2005 a: 14). Mit Hartz IV wurden vor allem die sogenannten einmaligen Leistungen der ehemaligen Sozialhilfe fast komplett abgeschafft, so dass das Niveau der Regelleistung lediglich von damals durchschnittlich 296,-€ auf zunächst in Westdeutschland 345,-€ und in Ostdeutschland 331,-€ um ca. 15% angehoben wurde. Erst eineinhalb Jahre später kam es zur bundeseinheitlichen Anhebung auf 345,-€ und ab dem 1.7.2007 wurde dieser Betrag um sage und schreibe 2,-€ auf 347,-€ erhöht.

Die Höhe der Grundsicherungsleistung von 347,-€ stellt insofern eine sozialstaatlich nicht nur hingenommene, sondern auch zu verantwortende Minimalversorgung dar, mit der ein sozio-kulturelles Existenzminimum ermöglicht werden soll. Allerdings muss bei diesen Leistungen immer die Voraussetzung erfüllt werden, dass es dem einzelnen Menschen, trotz seiner intensiven Bemühungen nicht gelungen ist, andere Möglichkeiten zu nutzen und ohne sozialstaatliche Hilfen auszukommen. Vor diesem Hintergrund ist die Unterscheidung wichtig, dass Fürsorgeleistungen nicht nach dem Bedarfsdeckungsprinzip, wie es oben für die gesundheitlichen Leistungen der Krankenversicherung entwickelt wurde, funktionieren. Die letztlich vom jeweiligen Gesetzgeber vorgenommene Festlegung auf ein konkretes unterstes Niveau beinhaltet, dass es sich allenfalls um ‚bedarfsorientierte', aber nicht bedarfsdeckende Leistungen handelt. Außerdem ist die Bedarfsorientierung der Fürsorgeleistungen gedeckelt – Regelleistungen gibt es maximal bis zu der festgelegten Höhe. Da damit ein sozialstaatlich definiertes Minimalniveau festgelegt worden ist, werden darüber hinaus gehende Ansprüche sozialstaatlich abgewehrt.

Abschließend kann also auch für die Fürsorgeleistungen festgestellt werden, dass sie schon aufgrund der Konstruktion ihrer Leistungsvergabe intentional nicht darauf ausgerichtet sind, soziale Notlagen zu lindern oder gar zu beseitigen. Dem widerspricht allein die gedeckelte Höhe der Leistung, die sich nicht am jeweiligen Bedarf orientiert. Zudem ist die Verpflichtung, dass sich die einzelnen Menschen zunächst selbst helfen müssen, bevor sie staatliche Unterstützung erwarten können, gegen eine bedarfsdeckende oder auch nur bedarfsorientierende Leistungsvergabe gerichtet. Doch das soll in den nächsten Kapiteln noch präziser untersucht werden.

4 Arbeitslose: Vom Versicherten zum Fürsorgeempfänger

Der archäologische Blick auf die Arbeitsmarktpolitik

Bisher konnte nachgezeichnet werden, vor welchem historischen Hintergrund sich die aktuelle Armuts- und Arbeitsmarktpolitik entwickelt hat und in welchem Umfeld sie ins heutige soziale Sicherungssystem eingebettet ist. Nun soll ein Blick hinter die Kulissen der sozialpolitischen Entwicklung zeigen, welche Dramaturgie die beteiligten Akteure im Feld der Grundsicherungsarbeit dazu anleitet, ihre jeweiligen Rollen einzunehmen. Dabei geht es ganz konkret darum, die gesetzlichen Rahmenbedingungen der Grundsicherungsarbeit herauszuarbeiten.

Eine solche Analyse kann nicht voraussetzungslos erfolgen. Stets muss man sich die Frage gefallen lassen, mit welcher Absicht auf die handelnden Akteure und ihre jeweiligen Handlungsbedingungen geschaut wird – denn, so eine beliebte Abwehrhaltung, ohne einen ‚Interessenstandpunkt' ginge es nicht. Wenn man nun aber die Armuts- und Arbeitsmarktpolitik partout nicht durch die Brille einer wie auch immer begründeten, vorgefassten Meinung betrachten will, wenn man sie so betrachten will, wie sie wirklich ist, so muss man sie selber zum Sprechen bringen. Dazu bietet sich ein ‚archäologischer Blick' auf die Armuts- und Arbeitsmarktpolitik an. Mit einem solchen methodischen Vorgehen soll folgendes erreicht und analysiert werden: Das SGB II und III, das im wesentlichen die neue gesetzliche Grundlage der reformierten Arbeitsmarktpolitik darstellt, aber auch das neue SGB XII im Hintergrund, das als Grundsicherung aus der alten Sozialhilfe hervorgegangen ist und immer noch den Kernpunkt der Armutspolitik bildet, stellen den aktuellen rechtlichen Rahmen und seine Struktur dar. Die heutige Armuts- und Arbeitsmarktpolitik bewegt sich im Rahmen dieser Sozialgesetze und sie regeln seine Abläufe. Diese gesetzlichen Strukturen lassen sich aber auch umgekehrt als Ausdruck dessen begreifen, was in der Armuts- und Arbeitsmarktpolitik praktisch geschieht. Recht wäre dann als Ausdruck geronnener gesellschaftlicher Verhältnisse verstanden. Aus den rechtlichen Strukturen ließen sich dann die gesellschaftlichen Abläufe rekonstruieren. Deshalb soll im nächsten Schritt aus den gesetzlichen Rahmenbedingungen heraus eine analytische

Rekonstruktion der Arbeitsmarktpolitik vorgestellt werden. Und das SGB III, das Recht der Arbeitsförderung, bildet dabei den Untersuchungsgegenstand. Doch wie hat man sich nun konkret eine ‚archäologische Untersuchung' vorzustellen, wie soll sie konkret angelegt werden? Dazu sollte man sich als erstes vorstellen, als Archäologe oder Archäologin einer fernen Zukunft den Text des SGB III zu finden. Man stellt fest, dass der Text gelesen und verstanden werden kann, dass wir heutigen Menschen also immer noch die gleiche Sprache sprechen wie die Menschen in der fernen Vergangenheit, die sich den Text als Gesetzestext gegeben hatten. Als naheliegende weitere Überlegung wird man sich sodann fragen, wie sah wohl die Gesellschaft aus, die sich diesen Gesetzestext gegeben hat, wie waren die gesellschaftlichen Verhältnisse strukturiert? Lassen sich keine weiteren Überbleibsel dieser Gesellschaft aufspüren, die das vorzustellende Bild konkretisieren könnten, so bleibt nur eine akribische und penible Analyse des Gesetzestextes, um sich daraus ein Bild zu formen, wie die damalige Gesellschaft wohl ausgesehen haben mag. So wie die altägyptischen Inschriften in den Pharaonengräbern uns eine Vorstellung von den damaligen gesellschaftlichen Verhältnissen vermitteln können, so verrät auch der aktuelle Gesetzestext des Sozialgesetzbuches III einiges über die Strukturierung und Verfasstheit unserer heutigen Gesellschaft. Eine solche Analyse wird dann zwar sicherlich einerseits hypothetisch bleiben, andererseits aber doch einen spezifischen Blick auf unsere heutige Gesellschaft freigeben.

Wir stellen uns also vor, wir finden einen Text, der mit ‚Sozialgesetzbuch III, Arbeitsförderung, zuletzt geändert am 19.7.2007' überschrieben ist und wissen, dass es ein Gesetzestext war, den sich die damalige Gesellschaft gegeben hat. Schon aus dem ersten Satz des § 1 des SGB III, der die Überschrift trägt „Ziele der Arbeitsförderung", lassen sich wesentliche Grundverständnisse des damaligen Gesetzgebers zur Arbeitsmarktpolitik und der dahinter liegenden gesellschaftlichen Verhältnisse herauslesen und rekonstruieren:

> „Die Leistungen der Arbeitsförderung sollen dazu beitragen, dass ein hoher Beschäftigungsstand erreicht und die Beschäftigungsstruktur ständig verbessert wird."

Bei der Analyse dieses Satzes sollte zunächst auf der Ebene eines Alltagsverständnisses umrissen werden, was unter den beiden zentralen Zielpunkten, Beschäftigungsstand und Beschäftigungsstruktur, gemeint gewesen sein könnte. Mit Beschäftigungsstand, so lässt sich auf einer archäologischen Ebene schlussfolgern, konnte nur das Verhältnis von Beschäftigten zu den Nicht-Beschäftigten gemeint sein. Es ging darum, wie viele Menschen der damaligen Gesellschaft beschäftigt, bzw. wieviele das nicht waren. Einen hohen Beschäftigungsstand erreichen zu wollen bedeutete dann, durch gesetzgeberische Maßnahmen darauf

4 Arbeitslose: Vom Versicherten zum Fürsorgeempfänger

hinzuwirken, dass in der Gesellschaft möglichst viele Menschen beschäftigt waren. Aber in der Formulierung vom Beschäftigungsstand war nicht eine konkrete Zahl als Zielvorgabe anvisiert, sondern es wurde ein Verhältnis beschrieben. Dabei konnten mit den Nicht-Beschäftigten zunächst alle gemeint sein, die zu einem bestimmten Zeitpunkt keiner Beschäftigung nachgingen: Kinder, Alte, aber eben auch Arbeitslose. Es war aber eindeutig, dass die Erwerbslosen lediglich eine Teilmenge der Nicht-Beschäftigten waren, gleich bedeutend mit den anderen Gruppen wie beispielsweise Ruheständler oder Kinder erziehende Frauen. Einen hohen Beschäftigungsstand erreichen zu wollen, erforderte dann, möglichst viele Menschen zu Beschäftigten zu machen und/oder den Anteil der Nicht-Beschäftigten möglichst zu minimieren. Innerhalb der betrachteten Gesellschaft konnte dies nur dadurch geschehen, dass die Nicht-Beschäftigten zu Beschäftigten wurden[47]. Der Blick des Gesetzgebers war aber immer auf die Beschäftigten gerichtet, nur sie interessierten ihn.

Für die hier angestellten analytischen Überlegungen ist es nun interessant und aufschlussreich, dass somit die Erwerbslosen außerhalb des Blickwinkels der Aufmerksamkeit, gewissermaßen in einem ‚toten Winkel', lagen. Bei den vom Gesetzgeber vorgesehenen Instruktionen, nach welchen Kriterien die Leistungen der Arbeitsförderung eingesetzt werden sollten, waren die Erwerbslosen uninteressant – ihre soziale Situation der Arbeitslosigkeit war durch den spezifischen Blick des Gesetzgebers ausgeblendet. Alle Nicht-Beschäftigten und mit ihnen die Erwerbslosen waren allenfalls eine Manövriermasse am Rande, um die Anzahl der Beschäftigten zu erhöhen, bzw. waren sie ein hinzunehmendes Anhängsel, dessen wünschenswerte Verkleinerung den Beschäftigungsstand erhöhen würde. Erwartet hätte man eine Formulierung, die darauf schließen ließe, dass der Gesetzgeber die Anzahl der Erwerbslosen, oder zumindest die der Nicht-Beschäftigten minimieren wollte, doch mit der Formulierung vom Beschäftigungsstand wurde auf etwas völlig anderes Wert gelegt.

Bereits hier wird deutlich, dass der spezifische Blick des Gesetzgebers Konsequenzen bei der Umsetzung dieses Gesetzes haben wird. Der entscheidende Blick derjenigen, die dieses Gesetz in der praktischen Arbeit handhaben, wird durch die gesetzlichen Vorgaben auf diejenigen gerichtet, die gar nicht vor ihnen stehen. Die Bediensteten in den Arbeitsagenturen haben die Beschäftigten in den Mittelpunkt ihrer Aufmerksamkeit und Aktivitäten zu stellen, obwohl doch die Erwerbslosen vor ihnen stehen.

---

[47] Auch die Zuwanderung neuer Beschäftigter, wie beispielsweise die Anwerbung von IT-Spezialisten aus anderen Ländern oder die Auswanderung von Nicht-Beschäftigten wäre rein logisch betrachtet eine mögliche Überlegung zur Erreichung des Zieles. In diesen beiden Fällen käme es ebenfalls zu dem anvisierten höheren Beschäftigungsstand, weil das Verhältnis zugunsten der Beschäftigten verschoben würde.

Auch der zweite im ersten Satz genannte Aufgabenschwerpunkt des SGB III, die ständige Verbesserung der Beschäftigungsstruktur, offenbart zentrale Aufmerksamkeiten des Gesetzgebers für die spezifischen gesellschaftlichen Verhältnisse und wie er mit Arbeitslosigkeit umzugehen gedachte. In einer alltagssprachlichen Deutung könnten mit Beschäftigungsstruktur die Aufteilungen und Strukturierungen innerhalb des Pools der Beschäftigten gemeint sein. So ließe sich die Beschäftigungsstruktur beispielsweise in die – durchaus auch wissenschaftlich sinnvolle – Unterteilung nach Beschäftigungsbereichen wie Landwirtschaft, produktiver und sekundärer oder Dienstleistungssektor aufteilen. Aber auch die Strukturierungen der Beschäftigten in geschlechtsspezifischer oder zeitlicher Hinsicht wären durchaus interessante Aufteilungen. Bei der entscheidenden Frage nun, wie diese Strukturen mit den gesetzlichen Instrumentarien ‚ständig verbessert' werden könnten, ist zunächst auf einer logischen Ebene eindeutig, dass der Maßstab für diese Verbesserung außerhalb der Struktur selbst gesucht werden muss. Innerhalb der Strukturmerkmale selbst kann es keinen nachvollziehbaren Maßstab für eine Verbesserung geben. Was besser oder schlechter war, ergibt sich nicht aus den Strukturierungen selbst. Erst ein Vergleich von Vorher zu Nachher hätte das Resultat erbringen können, ob es tatsächlich zu der vom Gesetz vorgeschriebenen Verbesserung und eben nicht zu einer Verschlechterung kam. Und dann konnte der Maßstab dafür nur das Bruttosozialprodukt sein: die Wertschöpfung der Gesellschaft.

Eine erhöhte und damit optimierte Wertschöpfung der Gesellschaft war der Maßstab dafür, ob die Beschäftigungsstruktur verbessert und nicht etwa verschlechtert wurde. Bei dieser zweiten Zielvorstellung, die der Gesetzgeber vorschrieb, lagen die Erwerbslosen wiederum im ‚toten Winkel' der Aufmerksamkeit, sie konnten nichts zur Verbesserung des Bruttosozialprodukts beitragen. Die Aufmerksamkeit derjenigen, die dieses Gesetz umzusetzen hatten, war erneut auf die Beschäftigten und nicht auf die Erwerbslosen gerichtet. Die im Sinne einer Vergrößerung des Bruttosozialprodukts zu optimierende Anordnung und Aufteilung der Beschäftigten in den einzelnen Branchen war das zweite Ziel, das mit Hilfe der Leistungen des SGB III erreicht werden sollte – und das hatten wiederum diejenigen zu leisten, die dafür als Beschäftigte der Arbeitsagenturen bezahlt wurden. Ihr Arbeitsauftrag war erneut auf diejenigen ausgerichtet, die gar nicht vor ihnen standen.

Als Zwischenfazit dieser archäologischen Analyse kann schon jetzt festgehalten werden, dass das SGB III nicht, wie es ihm oft untergeschoben wird, ein im alltagssprachlichen Sinne soziales Gesetz ist. Die zentralen Gedanken des Gesetzgebers zielen auf eine Verbesserung der wirtschaftlichen Leistungsfähigkeit der Gesellschaft. Dabei spielen Erwerbslose, wie sich zeigen ließ, keine Rolle. Die dem SGB III zu Grunde liegende Philosophie, die sich als Leitvorstellung bereits im ersten Satz des § 1 widerspiegelt, lässt sich sozialpolitisch mit der These umschreiben ‚eine gute Wirtschaftspolitik ist die beste Sozialpolitik'. In der Kernaussage des SGB III spielt Sozialpolitik lediglich eine abgeleitete und untergeordnete Rolle, um nicht zu sagen: Sozialpolitik ist hier lediglich eine ideologisch aufgeladene Aufgabenstellung der Wirtschaftspolitik. Oder noch zugespitzter: Nur wenn wirtschaftspolitisch positive Entwicklungen zu verzeichnen sind, können auch sozialpolitische Überlegungen berücksichtigt werden. Sozialpolitik ist auf eine abhängige Variable der Wirtschaftspolitik gestutzt.

Ein solches Ergebnis ist sicherlich nicht wirklich überraschend. Aber gerade in der sozialpolitischen Debatte wird diese Einsicht häufig auf den Kopf gestellt, indem den Sozialgesetzen, wie hier der Arbeitslosenversicherung, eben doch eine eigenständige sozialpolitische Zielsetzung unterstellt wird. Und sei es mit Hinweis auf den Sozialstaatsgedanken im Grundgesetz, wird auch in dieses Gesetz eine Logik und Intention hinein interpretiert, die bei akribischer Betrachtung nicht vorhanden ist!

Bereits diese wenigen, aber fundamentalen Feststellungen zu den Absichten des Gesetzgebers und seinen Vorgaben im SGB III verstärken sich, wenn man den zweiten Satz des § 1 analysiert. Dort heißt es: Die Leistungen der Arbeitsförderung „sind insbesondere darauf auszurichten, das Entstehen von Arbeitslosigkeit zu vermeiden oder die Dauer der Arbeitslosigkeit zu verkürzen". Erneut sind es ausschließlich die Beschäftigten, die im Fadenkreuz der Aufmerksamkeit stehen. Der Blick ist in besonderem Maße (insbesondere) auf die momentan Beschäftigten gerichtet, wenn das Entstehen von Arbeitslosigkeit vermieden werden soll. Dass es die Arbeitsagenturen aber mit denjenigen zu tun haben, die bereits arbeitslos geworden sind, muss über eine solche Formulierung verdrängt werden. Die zweite Zielvorstellung dieses Satzes könnte sich mit der im ersten Satz analysierten Überlegung treffen, dass Nicht-Beschäftigte zu Beschäftigten werden sollen, indem die Dauer der Arbeitslosigkeit verkürzt wird. Allerdings ist auffallend, dass die erste und zweite Zielvorstellung nicht mit einem ‚und' verbunden wurden und somit gleichrangig zu behandeln wären, sondern mit einem ‚oder'. Das kann nur bedeuten, dass zunächst die erste Zielvorstellung verfolgt werden muss und erst dann, wenn dieses Ziel nicht erreicht werden kann, das zweite Ziel anvisiert wird. Es gibt also eine eindeutige Hierarchie: Es geht auch hier um die Beschäftigten und nicht um die Arbeitslosen!

Diese rein wirtschaftspolitische Ausrichtung des SGB III hat Konsequenzen. Und die lassen sich anhand des § 2 des SGB III illustrieren, der mit „Zusammenwirken von Arbeitgebern und Arbeitnehmern mit den Agenturen für Arbeit" überschrieben ist. Hier wird das Dreiecksverhältnis von ArbeitgeberIn, ArbeitnehmerIn und der Bundesagentur für Arbeit präziser definiert. Sofort sticht ins Auge, mit welch weichen Formulierungen die Aufgaben der ArbeitgeberInnen beschrieben werden: „Die Arbeitgeber haben bei ihren Entscheidungen verantwortungsvoll deren Auswirkungen auf die Beschäftigung der Arbeitnehmer und von Arbeitslosen und damit die Inanspruchnahme von Leistungen der Arbeitsförderung einzubeziehen", heißt es dort. Dass die ArbeitgeberInnen ‚verantwortungsvoll' handeln sollen, kann lediglich ein Appell an das Eigeninteresse der ArbeitgeberIn sein. Welches andere Interesse als die Überlebensfähigkeit des Betriebes zu sichern, sollte sonst hinter dem verantwortungsvollen Handeln stehen? Zwar wird durch die Formulierung ‚haben' eine Bestimmtheit suggeriert und eine Muss-Vorschrift signalisiert, aber die Verbindlichkeit ist gleich Null. Alle weiteren gesetzlichen Anforderungen an die ArbeitgeberInnen, die im § 2 schriftlich fixiert worden sind, wurden von vorne herein als ‚Soll-Vorschrift' formuliert. An keiner Stelle geht der Gesetzgeber alleine durch die Wortwahl über unverbindliche Wünsche an die ArbeitgeberInnen hinaus.

Auf den ersten Blick wird bei den ArbeitnehmerInnen gleichklingend davon gesprochen, dass sie ganz bestimmte Aufgaben zu erfüllen ‚haben'. „Die Arbeitnehmer haben bei ihren Entscheidungen verantwortungsvoll deren Auswirkungen auf ihre beruflichen Möglichkeiten einzubeziehen." Diese mit den Anforderungen an die ArbeitgeberInnen in der Form identische Formulierung entpuppt sich bei näherer inhaltlicher Betrachtung jedoch als krasser Gegensatz: Was bei den ArbeitgeberInnen sich auf einen ihnen äußerlichen Gegenstand bezieht, nämlich ihr Unternehmen, ist bei den ArbeitnehmerInnen nicht von ihrer Person zu trennen. Als ArbeitskraftbesitzerInnen beziehen sich ihre beruflichen Möglichkeiten auf sie selbst als Person. Alles, was sie mit dieser Arbeitskraft anstellen, stellen sie mit sich als Person an. Das macht einen Unterschied ums Ganze. Außerdem sind es bei den ArbeitnehmerInnen Muss-Vorschriften, d.h. die Erwerbslosen haben nicht die Entscheidungsfreiheit darüber selber zu befinden, ob sie die Anforderungen des Gesetzgebers erfüllen oder nicht. Wer im Rahmen des SGB III auf Leistungen angewiesen ist, muss sich den gesetzlichen Vorgaben unterordnen, sich verantwortungsvoll seinen beruflichen Möglichkeiten gegenüber zu verhalten. Und die bestimmt keineswegs der einzelne Arbeitslose selbst, sondern das Marktgeschehen, bzw. der Gesetzgeber durch weitere Präzisierungen. Die Beschäftigten in den Agenturen für Arbeit haben die arbeitsvertragliche Pflicht, diese Bestimmungen umzusetzen und in Zweifelsfällen müssen Gerichte entsprechend der Intentionen des Gesetzgebers urteilen.

Das offensichtlich nicht gesetzlich beeinflussbare Marktgeschehen bestimmt bei den ArbeitgeberInnen, wie und ob das Unternehmen am Markt überleben kann. Auch bei den ArbeitnehmerInnen ist es der Markt, der letztlich über ihre zukünftigen beruflichen Möglichkeiten entscheidet[48]. ArbeitgeberInnen

---

[48] Vgl. auch Buestrich 2006.

4 Arbeitslose: Vom Versicherten zum Fürsorgeempfänger

kann bei nicht marktkonformem Verhalten im schlimmsten Fall die Insolvenz des Unternehmens drohen. Das ist zwar keine Banalität, aber nicht zwangsläufig mit dem individuellen Ruin der Person verbunden. Völlig anders bei ArbeitnehmerInnen; hier ist ein nicht marktkonformes Verhalten, weil mit ihrer Person untrennbar verbunden, mit dem persönlichen Untergang der ArbeitskraftbesitzerIn, sprich: Arbeitslosigkeit und Angewiesensein auf staatliche Unterstützung, identisch. Und das ausdrücklich dadurch, dass der Gesetzgeber in seiner Sozial-Gesetzgebung die Prämissen der Marktgesetze übernommen hat, statt gerade Schutz vor dessen Widrigkeiten zu bieten.

In den weiteren Ausführungen des § 2 werden dann die Muss-Vorschriften für die ArbeitnehmerInnen, bzw. die Erwerbslosen präzisiert. Ihnen ist keineswegs freigestellt, bestimmte Anforderungen zu erfüllen oder nicht. Das wird bei vier verschiedenen Aufgabenfeldern unterstrichen:

„Die Arbeitnehmer haben zur Vermeidung oder zur Beendigung von Arbeitslosigkeit insbesondere

1. ein zumutbares Beschäftigungsverhältnis fortzusetzen,
2. eigenverantwortlich nach Beschäftigung zu suchen, bei bestehendem Beschäftigungsverhältnis frühzeitig vor dessen Beendigung,
3. eine zumutbare Beschäftigung aufzunehmen und
4. an einer beruflichen Eingliederungsmaßnahme teilzunehmen."

Was sich wie Selbstverständlichkeiten anhört, führt in der Praxis immer wieder zu Konflikten zwischen der Arbeitsverwaltung und den Arbeitslosen. Und das liegt vor allem daran, weil unter ‚zumutbarer Beschäftigung' völlig Unterschiedliches verstanden werden kann. Der Paragraf 121 des SGB III, der dazu den gesetzlichen Rahmen absteckt, soll deshalb in den wesentlichen Aussagen vorgestellt und analysiert werden:

„1. Einem Arbeitslosen sind alle seiner Arbeitsfähigkeit entsprechenden Beschäftigungen zumutbar, soweit allgemeine oder personenbezogene Gründe der Zumutbarkeit einer Beschäftigung nicht entgegenstehen.
2. Aus allgemeinen Gründen ist eine Beschäftigung einem Arbeitslosen insbesondere nicht zumutbar, wenn die Beschäftigung gegen gesetzliche, tarifliche oder in Betriebsvereinbarungen festgelegte Bestimmungen über Arbeitsbedingungen oder gegen Bestimmungen des Arbeitsschutzes verstößt.
3. Aus personenbezogenen Gründen ist eine Beschäftigung einem Arbeitslosen insbesondere nicht zumutbar, wenn das daraus erzielbare Arbeitsentgelt erheblich niedriger ist als das der Bemessung des Arbeitslosengeldes zugrunde liegende Arbeitsentgelt. .... Vom siebten Monat der Arbeitslosigkeit

an ist dem Arbeitslosen eine Beschäftigung nur dann nicht zumutbar, wenn das daraus erzielbare Nettoeinkommen unter Berücksichtigung der mit der Beschäftigung zusammenhängenden Aufwendungen niedriger ist als das Arbeitslosengeld.
4. Aus personenbezogenen Gründen ist einem Arbeitslosen eine Beschäftigung auch nicht zumutbar, wenn die täglichen Pendelzeiten zwischen seiner Wohnung und der Arbeitsstätte im Vergleich zur Arbeitszeit unverhältnismäßig lang sind. Als unverhältnismäßig lang sind im Regelfall Pendelzeiten von insgesamt mehr als zweieinhalb Stunden bei einer Arbeitszeit von mehr als sechs Stunden .... anzusehen. Sind in einer Region unter vergleichbaren Arbeitnehmern längere Pendelzeiten üblich, bilden diese den Maßstab. .... Vom vierten Monat der Arbeitslosigkeit an ist einem Arbeitslosen ein Umzug zur Aufnahme einer Beschäftigung außerhalb des zumutbaren Pendelbereichs in der Regel zumutbar. Die Sätze 4 und 5 sind nicht anzuwenden, wenn dem Umzug ein wichtiger Grund entgegensteht. Ein wichtiger Grund kann sich insbesondere aus familiären Bindungen ergeben.
5. Eine Beschäftigung ist nicht schon deshalb unzumutbar, weil sie befristet ist, vorübergehend eine getrennte Haushaltsführung erfordert oder nicht zum Kreis der Beschäftigungen gehört, für die der Arbeitnehmer ausgebildet ist oder die er bisher ausgeübt hat."

Arbeitslosen, so kann man es auf einen kurzen Nenner bringen, sind alle Beschäftigungen zumutbar, die einen höheren Verdienst als das Arbeitslosengeld erwarten lassen. Alle weiteren gesetzlichen Bestimmungen beziehen sich auf den Punkt, an dem die Zumutbarkeit endet bzw. eine unzumutbare Beschäftigung beginnt. Nur eine unzumutbare Beschäftigung kann ohne Konsequenzen abgelehnt werden. Arbeitslose müssen sich also um alle anderen Beschäftigungen im Rahmen ihrer Mitwirkungspflichten aktiv kümmern, um nicht für eine bestimmte Zeitdauer ihre Geldleistungen zu verlieren (Sperrzeit). Während früher noch qualifikatorische Kriterien für eine mögliche Ablehnung mit ausschlaggebend waren (vgl. Kantel 2002), gilt im heutigen SGB III nur noch das finanzielle Argument. Letztlich aus dem Vermeidungsverhalten heraus, einer Sperrzeit und damit dem Entzug der Geldleistungen zu entgehen, müssen alle angebotenen Arbeiten angenommen werden. Waren es während der Arbeit die ArbeitgeberInnen, die von den Beschäftigten erwarteten, dass sie ihre Anweisungen befolgten, ist es nun die Sozialgesetzgebung, die arbeitsmarktkonformes Verhalten unter Strafandrohung einfordert. Auch wenn der Vergleich etwas hinkt: Bei Therapien wird die Einsicht der Klientel in die Notwendigkeit der Therapie vielfach als Erfolgsbedingung vorausgesetzt – hier soll die Einsicht mit Zwangsmaßnahmen hergestellt werden. Arbeitsmarktpolitisch sinn- und wirkungsvoll sind die verschärften

4 Arbeitslose: Vom Versicherten zum Fürsorgeempfänger

Zumutbarkeits-Bedingungen jedenfalls nicht, denn empirisch ist nachgewiesen worden, dass auch nach früheren Verschärfungen die Arbeitslosen „nicht zügiger in Beschäftigung übergegangen sind als zuvor" (Pollmann-Schult 2005: 332). Zumutbar sind Beschäftigungen selbstverständlich nur dann, wenn die gesetzlichen und sonstigen rechtlichen Bestimmungen eingehalten werden, wie dies ebenfalls im Gesetz ausdrücklich erwähnt wird. Ansonsten aber gilt, alle Arbeiten, die die Arbeitsfähigkeit der Arbeitslosen in physischer und psychischer Hinsicht nicht übersteigen, sind zumutbar. Es darf also zu keiner physischen oder psychischen Überforderung kommen. Aber auf den Inhalt der Arbeit oder gar auf die Neigungen und Fähigkeiten der Arbeitslosen kommt es nicht an. Aus personenbezogenen Gründen darf ansonsten nur noch eine Arbeit abgelehnt werden, deren Erreichbarkeit für den Arbeitslosen nur unter hohem Zeitaufwand zu realisieren ist (Pendelzeiten). Aber auch diese Bestimmungen müssen, mit allen daraus resultierenden Schwierigkeiten, zunächst von den Arbeitsagenturen gegen die damit durchaus nicht immer einverstandenen Arbeitslosen umgesetzt werden.

Um nun die Arbeitslosen dazu bewegen zu können, jede den Arbeitslosen auch noch so unliebsame Arbeit anzunehmen, hat der Gesetzgeber den Arbeitsagenturen ein ganzes Bündel an Maßnahmen an die Hand gegeben, die im § 144 festgehalten sind:

„Hat der Arbeitnehmer sich versicherungswidrig verhalten, ohne dafür einen wichtigen Grund zu haben, ruht der Anspruch (auf Geldleistungen – d.V.) für die Dauer einer Sperrzeit. Versicherungswidriges Verhalten liegt vor, wenn

1. der Arbeitslose das Beschäftigungsverhältnis gelöst oder durch ein arbeitsvertragswidriges Verhalten Anlass für die Lösung des Beschäftigungsverhältnisses gegeben und dadurch vorsätzlich oder grob fahrlässig die Arbeitslosigkeit herbeigeführt hat (Sperrzeit bei Arbeitsaufgabe),
2. der .... Arbeitslose trotz Belehrung über die Rechtsfolgen eine von der Agentur für Arbeit unter Benennung des Arbeitgebers und der Art der Tätigkeit angebotene Beschäftigung nicht annimmt oder nicht antritt oder die Anbahnung eines solchen Beschäftigungsverhältnisses, insbesondere das Zustandekommen eines Vorstellungsgespräches, durch sein Verhalten verhindert (Sperrzeit bei Arbeitsablehnung),
3. der Arbeitslose trotz Belehrung über die Rechtsfolgen die von der Agentur für Arbeit geforderten Eigenbemühungen nicht nachweist (Sperrzeit bei unzureichenden Eigenbemühungen),
4. der Arbeitslose sich weigert, trotz Belehrung über die Rechtsfolgen an einer Maßnahme der Eignungsfeststellung, einer Trainingsmaßnahme oder einer Maßnahme zur beruflichen Ausbildung oder Weiterbildung oder einer

Maßnahme zur Teilhabe am Arbeitsleben teilzunehmen (Sperrzeit bei Ablehnung einer beruflichen Eingliederungsmaßnahme),
5. der Arbeitslose die Teilnahme an einer in Nummer 4 genannten Maßnahme abbricht oder durch maßnahmewidriges Verhalten Anlass für den Ausschluss aus einer dieser Maßnahmen gibt (Sperrzeit bei Abbruch einer beruflichen Eingliederungsmaßnahme),
6. der Arbeitslose einer Aufforderung der Agentur für Arbeit, sich zu melden oder zu einem ärztlichen oder psychologischen Untersuchungstermin zu erscheinen (...), trotz Belehrung über die Rechtsfolgen nicht nachkommt (Sperrzeit bei Meldeversäumnis),
7. der Arbeitslose seiner Meldepflicht (bei den Arbeitsagenturen – d.V.) .... nicht nachgekommen ist (Sperrzeit bei verspäteter Arbeitsuchendmeldung)."

Bei jeder dieser sieben verschiedenen Arten von Sperrzeiten wird den Arbeitslosen für eine bestimmte Zeitdauer kein Arbeitslosengeld mehr seitens der Arbeitsagentur gezahlt – je nach Schwere des Falles bis zu drei Monate. Und die Dauer der Sperrzeit reduziert die sowieso begrenzte Bezugsdauer des Arbeitslosengeldes. Einen damit vergleichbaren Katalog an Maßnahmen für ArbeitgeberInnen gibt es dagegen erst gar nicht.

Richtig dramatisch wird die Situation jedoch erst dann, wenn die Arbeitslosen auch durch diese Maßnahmen nicht dazu bewegt werden können oder sich nicht dazu bewegen lassen, sich ‚Arbeitsagentur-konform' zu verhalten. Im § 147 wird festgehalten: „Der Anspruch auf Arbeitslosengeld erlischt (vollständig – d.V.) .... wenn der Arbeitslose Anlass für den Eintritt von Sperrzeiten mit einer Dauer von insgesamt mindestens 21 Wochen gegeben hat." Das ist dann der endgültige Rauswurf aus der Arbeitslosenversicherung nach SGB III. Der Abstieg der Arbeitslosen in den Rechtskreis des SGB II, umgangssprachlich als ‚Hartz IV' bezeichnet, ist besiegelt.

Abschließend das SGB III archäologisch betrachtet, ließen sich wirtschafts- und nicht sozialpolitische Intentionen herausfiltern, bei denen das wirtschaftliche Wohlergehen der Gesellschaft über das individuelle Wohl gestellt wurden. Doch das gesellschaftliche Wohl wurde einem letztlich nicht nach rationalen Kriterien agierenden Marktgeschehen unterworfen und die Individuen hatten sich dem anzupassen. Aber warum waren dazu umfangreiche Knebelungen der Arbeitslosen erforderlich? Eine Notwendigkeit, so könnte man archäologisch vermuten, die sich offensichtlich aus dem spezifischen Handeln und Verhalten der damaligen Individuen erschließt: Sie schienen eine ganz besondere Spezies gewesen zu sein, die sich aus Drückebergern und Schmarotzern zusammen setzte, die mit gesetzlich verordneten Sperrzeiten zur Arbeit getrieben werden musste, weil sie

4 Arbeitslose: Vom Versicherten zum Fürsorgeempfänger

freiwillig offenbar nicht arbeiten wollten – keine einfache Aufgabe für diejenigen, die dieses Gesetz umzusetzen hatten.

Mit Hartz IV in die Fürsorge-Falle

Waren bis hierhin die Bundesagentur für Arbeit mit ihren örtlichen Agenturen für Arbeit für die Arbeitslosen zuständig, so müssen sich die Arbeitslosen nun mit dem Übergang zur Grundsicherung für Arbeitsuchende an die neuen Dienststellen wenden, die im Zuge der Hartz-Reform zur Umsetzung des SGB II gebildet wurden. Drei institutionelle Varianten waren dabei vom Gesetz her möglich:

a. die Arbeitsgemeinschaften (ARGEn), die die Arbeitsagenturen zusammen mit den Kommunen gegründet hatten (das wird in 353 Bezirken der BRD praktiziert),
b. die sogenannten Optionskommunen, die die Aufgaben nach SGB II alleine schulterten (von dieser ‚Option' genannten Möglichkeit konnten 69 Kommunen Gebrauch machen) oder
c. die sogenannte getrennte Aufgabenwahrnehmung – weil sich die Kommunen nicht mit der jeweiligen Agentur für Arbeit auf eine Organisationsform einigten, blieb es bei der bisherigen Aufgabentrennung, bei der die Bundesagentur für die Grundsicherungsleistungen und die Vermittlung und die Kommunen für die Unterkunftskosten und die sonstigen Leistungen zuständig blieben (dies kam in 21 Bezirken der BRD vor)[49].

Ursprünglich wollte der Gesetzgeber eine bundesweit einheitliche Organisationsform für die Umsetzung des SGB II schaffen. Überall sollten sogenannte Jobcenter geschaffen werden, die für die Umsetzung des SGB II zuständig sein sollten. Dieser Versuch war aus vielerlei Gründen, die hier nicht weiter erörtert werden sollen, gescheitert[50]. Trotzdem sollen im folgenden die neu entstandenen Träger der Grundsicherungsleistungen nach SGB II als Jobcenter angesprochen werden: einmal aus Gründen der sprachlichen Vereinfachung, aber auch, weil sie tatsächlich noch in etlichen Kommunen so bezeichnet werden.

Das Arbeitslosengeld nach SGB III, dessen gesetzliche Rahmenbedingungen gerade untersucht wurden, ist – wie bereits im 3. Kapitel ausgeführt – eine Versicherungsleistung und wird entsprechend des Äquivalenzprinzips nach dem

---

[49] Vgl.: http://www.pub.arbeitsamt.de/hst/services/statistik/000000/html/start/monat/hintergrund.shtml (Stand: 4.1.2008)
[50] Mit dem SGB II Fortentwicklungsgesetz im Jahre 2006 wurde jedenfalls der Versuch aufgegeben und die verpflichtende Einführung von Jobcentern fallengelassen.

durchschnittlichen bereinigten Netto-Arbeitsentgelt berechnet (60 bzw. 67% mit mindestens einem Kind auf der Lohnsteuerkarte). Die meisten Arbeitslosen können mit diesen Leistungen ein zwar massiv eingeschränktes, aber noch gerade auskömmliches Leben führen. Durch den Wegfall eines guten Drittels der bisherigen Netto-Einnahmen, während die Fixkosten wie Miete etc. gleich bleiben, bedeutet eine gravierende finanzielle Einschränkung für die Arbeitslosen. Für einen Teil der Arbeitslosen reichen diese Leistungen jedoch aufgrund zu geringer Verdienste in ihrer bisherigen Arbeit insgesamt nicht aus, so dass sie zusätzliche Leistungen nach den Bestimmungen des SGB II beantragen müssen[51]. Zudem kommt es beim gerade beschriebenen Arbeitslosengeld (dem heute sogenannten Arbeitslosengeld I) nicht auf Unterhaltsverpflichtungen, insbesondere der (Ehe-) Partner oder auf eigenes Vermögen an. Wird dagegen eine Sperrzeit verhängt und kommt es damit zur – möglicherweise ja nur vorübergehenden – Einstellung der staatlichen Unterstützungsleistung, ist der Rückgriff darauf jedoch vorprogrammiert; endgültig ist er dann fällig, wenn es zur gerade beschriebenen kompletten Einstellung des Arbeitslosengeldes I kommt.

Grundsicherungsleistungen nach dem SGB II erhält man ausschließlich nach einer durchgeführten Bedürftigkeitsprüfung, sie ist Voraussetzung für den Leistungsbezug. Die Fürsorgeleistung Arbeitslosengeld II wird, wie ebenfalls bereits grundlegend besprochen, im Umfang eines festen Sockelbetrages von einheitlich 347,-€ im gesamten Bundesgebiet für einen einzelnen Arbeitslosen gezahlt – hinzu kommt die angemessene Warmmiete und einige wenige eventuell zusätzlich mögliche Einzelleistungen[52]. An zusätzlichen Leistungen gibt es zum einen die Mehrbedarfe nach § 21, die für ganz spezielle Personenkreise zugeschnitten sind, wie werdende Mütter ab der 13. Schwangerschaftswoche, für einen begrenzten Kreis behinderter Menschen, teilweise für Alleinerziehende oder wenn beispielsweise aus medizinischen Gründen eine kostenaufwändige Ernährung erforderlich ist. Zum anderen gibt es nach § 23 für speziell aufgeführte Bedarfe, die nicht im Regelsatz enthalten sind, einmalige Beihilfen für die Erstausstattung einer Wohnung, für Schwangere und bei Geburt eines Kindes, sowie für mehrtägige Klassenfahrten. Ansonsten muss festgehalten werden, dass es bis heute erst eine Erhöhung der Regelleistung (um 2,-€), außer der Erhöhung

---

[51] In diesen Fällen werden erneut Menschen von zwei verschiedenen sozialen Sicherungssystemen (SGB III und SGB II) betreut – und eben auch bürokratisch verwaltet (Arbeitsagentur und Jobcenter)(vgl. auch die Kritik von Czommer, Knuth, Schweer 2005 b). Verhindert werden könnte dies nur durch ein Mindestlohnsystem und eine darauf bezogene Mindestleistung der Arbeitslosenversicherung – wie durchaus erfolgreich in einigen europäischen Ländern praktiziert (vgl. Burgess 2003 und Kapitel 7).
[52] Im Unterschied zur früheren Arbeitslosenhilfe, die sich wie das Arbeitslosengeld – mit dann aber 53, bzw. 57% – am bisherigen durchschnittlichen bereinigten Nettoarbeitsentgelt orientierte, war der Übergang zum SGB II damit für viele ein finanzieller Abstieg (vgl. Schulte 2004).

4 Arbeitslose: Vom Versicherten zum Fürsorgeempfänger

der Leistung in Ostdeutschland im Jahre 2006 auf das damalige Westniveau, gegeben hat, weil der Gesetzgeber eine mögliche Erhöhung der Regelleistung an ein dann ebenfalls erhöhtes Rentenniveau gekoppelt hat.
Erst seit dem 1.7.2006, dem Inkrafttreten von verschiedenen Änderungsgesetzen zum „Vierten Gesetzes für moderne Dienstleistungen am Arbeitsmarkt", wird eine in der Höhe einheitliche Grundsicherung für alle Arbeitsuchenden in der Bundesrepublik gewährt, die im Juli 2007 noch einmal geringfügig auf 347,- € erhöht wurde. Für eventuelle Angehörige der Arbeitsuchenden wird jeweils zusätzlich ein bestimmter Prozentsatz des Sockelbetrages als Sozialgeld gezahlt (vgl. Abbildung 6). Außerdem werden mit dem Übergang auf diese Fürsorgeleistung umfangreiche weitere Bedürftigkeitsprüfungen seitens der Jobcenter angestellt, die ergeben sollen, ob die Arbeitslosen nicht durch Inanspruchnahme von eventuell vorhandenem Einkommen und Vermögen oder eben vorrangiger Leistungen, insbesondere von Unterhaltszahlungen, aber auch weiterer anderer Sozialleistungen, ein Leben ohne diese Lohnersatzleistung führen können.

Abbildung 6: Höhe der Regelleistungen nach SGB II (ab dem 1.7.2007)

Berechtigte Personen in einer Bedarfsgemeinschaft	% der Regelleistung	Betrag:
Volljährige Alleinstehende, Alleinerziehende sowie Antragsteller mit minderjährigem Partner:	100	347,-€
(Ehe-) Partner, jeweils	90	312,-€
Kind, 14 bis 15 Jahre und ab 15 Jahre und Volljährige - 25 Jahre, die noch bei den Eltern wohnen	80	278,-€
Kind, bis zur Vollendung des 14. Lebensjahres	60	208,-€

Quelle: eigene Zusammenstellung auf der Grundlage der Angaben der Bundesagentur, vgl.: http://www.arbeitsagentur.de/nn_25828/Navigation/zentral/Buerger/Arbeitslos/Alg-II/Hilfen/Alg-II-Sozialgeld/Alg-II-Sozialgeld-Nav.html (Stand: 4.1.2008).

Insgesamt gibt es vier verschiedene Fallkonstellationen, in denen vorher erwerbstätige Menschen auf die Fürsorgeleistungen nach dem SGB II und nicht (ausschließlich) auf die Versicherungsleistungen nach SGB III angewiesen sind:

1. Die Person war vorher nicht oder nicht ausreichend lange erwerbstätig, hat also keine Leistungsansprüche nach SGB III erworben. Das trifft vor allem für Personen zu, die üblicher Weise vor der Beantragung weniger als 360 Kalendertage sozialversicherungspflichtig gearbeitet haben.
2. Die Leistungen, die die arbeitsuchende Person auf der Grundlage des SGB III erhält, liegen unterhalb der Leistungen der Grundsicherung für Arbeitsu-

chende und müssen deshalb mit Leistungen aus der Grundsicherung nach SGB II aufgestockt werden.
3. Der Anspruch auf Leistungen nach dem SGB III, die zeitlich befristet gewährt werden, läuft aus (für Personen bis zum 50. Lebensjahr nach maximal einem Jahr; darüber hinaus führen Beschäftigungszeiten innerhalb der letzten fünf Jahre bei über 50-Jährigen und mindestens 30-monatiger Beschäftigung zu einer Bezugsdauer von maximal 15 Monaten, bei über 55-Jährigen und einer mindestens 36-monatigen Beschäftigung zu einer maximalen Bezugsdauer von 18 Monaten und bei über 58-Jährigen mit über 48-monatiger Beschäftigung zu einer maximalen Bezugsdauer von zwei Jahren).
4. Arbeitslose, die Sperrzeiten von mehr als 21 Wochen verhängt bekommen haben und deren Ansprüche an die Arbeitslosenversicherung und auf das Arbeitslosengeld I daher erloschen sind.

In diesen Fällen muss ein Antrag auf Grundsicherungsleistungen für Arbeitsuchende auf der Grundlage des SGB II bei den jeweils zuständigen Jobcentern gestellt werden.

Die Grundsicherung für Arbeitsuchende, das SGB II, folgt jedoch einer etwas anderen, einer eigenen Logik. Diese gesetzlichen Konstruktionsprinzipien sollen nun mit der bereits bekannten Vorgehensweise einer archäologischen Untersuchung herausgearbeitet und analysiert werden.

Über die grundsätzlichen Intentionen der Grundsicherung gibt bereits der erste Satz des § 1 beredte Auskunft:

> „Die Grundsicherung für Arbeitsuchende soll die Eigenverantwortung von erwerbsfähigen Hilfebedürftigen und Personen, die mit ihnen in einer Bedarfsgemeinschaft leben, stärken und dazu beitragen, dass sie ihren Lebensunterhalt unabhängig von der Grundsicherung aus eigenen Mitteln und Kräften bestreiten können."

Der zentrale Gedanke in diesem Satz ist die ‚Eigenverantwortung' und damit ist auch schon der sozialpolitische Ansatzpunkt dieses Gesetzes umrissen: Nicht etwa der Staat in seiner Rolle als verantwortlicher Organisator und/oder Bewahrer der gesellschaftlichen Verhältnisse, aus denen heraus sich Arbeitslosigkeit als gesellschaftliches Problem entwickelt, ist in der Verantwortung, sondern der einzelne – arbeitslos gewordene – Mensch selbst. Damit wird eine wie auch immer gesehene staatliche Zuständigkeit zurückgewiesen oder zumindest nicht erwähnt. Und selbst der Gedanke, dass alleine das Faktum einer staatlichen Leistung als Eingeständnis einer gewissen Verantwortlichkeit gewertet werden könnte, wird nicht zugelassen; die Leistungen werden ausschließlich dazu eingesetzt, die Unabhängigkeit von staatlichen Leistungen zu erreichen, bzw. zu stärken. Das Individuum ist – wenn auch mit Unterstützung der staatlichen Leistung – in

4 Arbeitslose: Vom Versicherten zum Fürsorgeempfänger

der Verantwortung, nicht der Staat. Die Intention und das Ziel, weshalb es diese Leistungen gibt, ist es, den Anlass der Leistungsvergabe an den Leistungsempfänger durch ihn selbst hinfällig zu machen. Die Leistung wird nur gewährt, um sich selbst überflüssig zu machen. Die Arbeitslosenunterstützung nach SGB II soll die EmpfängerInnen stets daran erinnern, dass sie selbst für sich zu sorgen haben und nicht der Sozialstaat.

Diese gegenüber der Arbeitsförderung im SGB III deutlich andere Zielrichtung spiegelt sich entsprechend auch in den hier deutlich verschärften Zumutbarkeits-Bedingungen wider: Jetzt ist jede Arbeit zumutbar, zu der man körperlich, geistig und seelisch in der Lage ist (und selbstverständlich: sofern sie nicht gesetzlichen Anforderungen zuwider läuft, vgl. § 10). Insbesondere die bei der Frage der zumutbaren Arbeit erfolgte finanzielle Beschränkung der neuen Beschäftigung nach unten hin auf die Höhe des Arbeitslosengeldes, wie sie noch im SGB III berücksichtigt wurde, fällt jetzt weg. Übrigens auch im Unterschied zur alten Arbeitslosenhilfe, die diese Beschränkung noch kannte, ist im Rechtskreis des SGB II jede Arbeit und sei sie noch so gering entlohnt, zumutbar. Neu ist diese Verschärfung allerdings nicht: In der Sozialhilfe galt sie immer schon. Jede zusätzliche durch Erwerbsarbeit erzielte Einnahme vermindert nämlich die Abhängigkeit des Erwerbslosen von der staatlichen Grundsicherungsleistung und nähert sich so dem gesetzlich gesteckten Ziel verstärkter Eigenverantwortung. Eigenverantwortung bedeutet jetzt – sofern man dazu in der Lage ist – dazu beizutragen, die Abhängigkeit von sozialstaatlicher Unterstützung zu minimieren. Es ist eine spezifische Ausformulierung des Subsidiaritätsprinzips.

Diese grundsätzlichen Überlegungen des SGB II werden unter dem Stichwort, wer überhaupt im Sinne des Gesetzes eine hilfebedürftige Person ist, konkretisiert und definiert. Im § 9 wird dazu unter der Überschrift ‚Hilfebedürftigkeit' ausgeführt:

> „Hilfebedürftig ist, wer seinen Lebensunterhalt, seine Eingliederung in Arbeit und den Lebensunterhalt der mit ihm in einer Bedarfsgemeinschaft lebenden Personen nicht oder nicht ausreichend aus eigenen Kräften und Mitteln, vor allem nicht
> 1. durch Aufnahme einer zumutbaren Arbeit,
> 2. aus dem zu berücksichtigenden Einkommen oder Vermögen
> sichern kann und die erforderliche Hilfe nicht von anderen, insbesondere von Angehörigen oder von Trägern anderer Sozialleistungen erhält."

Aus der archäologischen Perspektive kann eine gesellschaftliche Verfasstheit rekonstruiert werden, in der es nicht näher konkretisierbare Anlässe gab, die zu drei verschiedenen Arten einer ebenfalls nicht präziser charakterisierbaren Hilfebedürftigkeit führten: Menschen schafften es erstens nicht, ihren eigenen Lebensunterhalt sicherstellen, zweitens gab es die Möglichkeit, dass ihre nicht vorhandene Eingliederung in Arbeit Hilfebedürftigkeit auslöste und drittens konnte es (dadurch oder überhaupt) dazu kommen, dass das Auskommen der von ihnen abhängigen Personen nicht sichergestellt war. Oder es lagen Mischformen vor.

Ausschlaggebend („vor allem") für Hilfebedürftigkeit waren die beiden Gründe, dass eine zumutbare Arbeit nicht aufgenommen wurde und vorhandenes Einkommen und Vermögen nicht berücksichtigt wurde. Daraus lässt sich schließen, dass sich die Bevölkerung üblicherweise dadurch vor Hilfebedürftigkeit schützen konnte, dass sie zumutbare Arbeit aufnahm oder von ihren Einkünften und Vermögen lebte. Im Umkehrschluss bedeutet das, wer prinzipiell seine Arbeitskraft oder sein Einkommen oder Vermögen einsetzte, um den Lebensunterhalt, oder einen Teil davon, zu sichern, war überhaupt nicht hilfebedürftig. Arbeitslosigkeit alleine war noch kein Grund für eine Hilfebedürftigkeit, sondern erst die im individuellen Handeln und Verhalten liegenden Umstände, eine zumutbare Arbeit auch aufzunehmen und sein Vermögen und seine Einkünfte auch tatsächlich zu verwerten. Und erst dann, wenn unter Beweis gestellt wurde, dass dies nicht ging oder nicht ausreichend war, gab es Leistungen der Grundsicherung.

Aus archäologischer Perspektive ist daran aufschlussreich, dass Hilfebedürftigkeit nicht als reiner Zustand definiert wurde, sondern als abhängig von den einsetzbaren Kräften und den vorhandenen Mitteln der Einzelnen. Es wird unterstellt, dass Hilfebedürftigkeit eigentlich nicht auftreten durfte, sofern die Einzelnen sich nur genügend anstrengten und eine zumutbare Arbeit annahmen oder ihre finanziellen Möglichkeiten, sprich: ihre vorhandenen Vermögenswerte aufzehrten[53]. Mit dieser Beweislast-Umkehr wurde auch eine Schuldzuweisung an die Arbeitslosen vorgenommen, die nun in der Verantwortung waren, den Jobcentern nachzuweisen, dass sie ihren Lebensunterhalt nicht ausreichend sichern konnten. Und das wiederum hatte sozialpsychologische Konsequenzen für die Gespräche zwischen der Kundschaft und den Bediensteten in den Jobcentern: Gingen die Arbeitslosen doch zu den Jobcentern in der Gewissheit, dass sie arbeitslos waren und deshalb Unterstützung benötigten. Doch die Bediensteten in den Jobcentern mussten sich vergewissern, dass die Kräfte der Einzelnen tatsächlich und nicht nur vermeintlich nicht ausreichten, um ihren Lebensunterhalt zu sichern. Eine wahrlich paradoxe Situation, die zu Missverständnissen auf beiden Seiten führen musste. Den Arbeitslosen drängte sich der Eindruck auf, in ihrer subjektiv empfundenen Hilfebedürftigkeit nicht ernst genommen zu werden und die Bediensteten in den Jobcentern mussten zu der Einschätzung gelangen, die

---

[53] Matthias Knuth spricht in diesem Zusammenhang von den beabsichtigten „Verhaltensänderungen der Arbeitsmarktsubjekte" (Knuth 2005: 177) und Aldo Legnaro von ‚Umerziehung' (Legnaro 2006: 523).

4 Arbeitslose: Vom Versicherten zum Fürsorgeempfänger

Arbeitslosen wollten gar nicht arbeiten und ihre Einkünfte und Vermögen einsetzen. Das führt zu einer ‚tendenziellen Abwehr von Ansprüchen' (vgl. Kantel 1990). Tendenziell deshalb, weil es keine Zwangsläufigkeit gab, dass Ansprüche abgewehrt wurden[54]. Und doch kommt es immer wieder zu kaum vorstellbaren Situationen, die dann auch einen gerichtlichen Niederschlag fanden: Hilfesuchenden wurde bei der Vorsprache unterstellt, dass sie sich doch noch selbst helfen könnten und deshalb keinerlei Leistung gewährt. Erschienen die Hilfesuchenden dann später erneut und fragten um Hilfe nach, wurde ihnen mit der Begründung die Leistung verwehrt, sie hätten ja überlebt und dadurch bewiesen, dass sie sich selbst helfen könnten. Diese schier unglaubliche Praxis, so urteilte das Oberverwaltungsgericht Schleswig im Jahre 2003, sei rechtswidrig. Doch dass hinderte andere Ämter nicht daran, später ebenso zu verfahren, so dass das Landessozialgericht Hessen in einem Beschluss aus dem Jahre 2005 noch einmal ausdrücklich darauf hinweisen musste[55].

Der Name der mit dem SGB II eingeführten Leistung lautet ‚Grundsicherung' und suggeriert insofern, dass dies das unterste Niveau sei, das nicht unterschritten werden kann. Und doch werden auch im SGB II einzelne Tatbestände aufgelistet, die den Leistungsanspruch reduzieren können, bzw. kann es darauf hinaus laufen, dass der Leistungsanspruch gänzlich verloren geht. Im § 31 heißt es unter der Überschrift „Absenkung und Wegfall des Arbeitslosengeldes II":

> „Das Arbeitslosengeld II wird .... in einer ersten Stufe um 30 vom Hundert der für den erwerbsfähigen Hilfebedürftigen .... maßgebenden Regelleistung abgesenkt, wenn
> 1. der erwerbsfähige Hilfebedürftige sich trotz Belehrung über die Rechtsfolgen weigert,
> a) eine ihm angebotene Eingliederungsvereinbarung abzuschließen,
> b) in der Eingliederungsvereinbarung festgelegte Pflichten zu erfüllen, insbesondere in ausreichendem Umfang Eigenbemühungen nachzuweisen,
> c) eine zumutbare Arbeit, Ausbildung oder Arbeitsgelegenheit aufzunehmen oder fortzuführen, oder
> d) zumutbare Arbeit ....(in der Form von Arbeitsgelegenheiten – d.V.) auszuführen,
> 2. der erwerbsfähige Hilfebedürftige trotz Belehrung über die Rechtsfolgen eine zumutbare Maßnahme zur Eingliederung in Arbeit abgebrochen oder Anlass für den Abbruch gegeben hat."

---

[54] Ebenso trifft es nicht den Kern der Sache, hier den umgangssprachlichen, rechtlichen Tatbestand des Missbrauchs umzudrehen und von einem „Missbrauch durch das Sozialamt" (Roth 2004: 38) zu reden.

[55] Vgl.: http://www.my-sozialberatung.de/cgi-bin/baseportal.pl?htx=/my-sozialberatung.de/entscheidungen&localparams=1&db=entscheidungen&cmd=list&range=100,100&Freigabe==1&cmd=all&Id=449 (Stand: 4.1.2008).

Der Gesetzgeber formulierte hier ausdrücklich, dass eine solche Absenkung der Leistung ‚in einer ersten Stufe' vorzusehen ist. Damit ist klargestellt, dass weitere Stufen, also weitere Absenkungen folgen können – insbesondere dann, wenn die Anlässe für die Kürzungen durch die Arbeitslosen nicht abgestellt werden. Innerhalb des Zeitraums einer Absenkung sind also weitere Absenkungen möglich, die additiv hinzu kommen können. Außerdem wird an gleicher Stelle ausdrücklich erwähnt, dass die Leistungen nun auch in der Form von Sachleistungen gewährt werden können. Und diese Regelung gilt auch für die Angehörigen von Arbeitslosen entsprechend, die das sogenannte Sozialgeld erhalten (vgl. §32).

Diese Maßnahmen wurden vom Gesetzgeber in Abgrenzung zu den Sperrzeiten im SGB III nicht eben verständlich im SGB II ganz allgemein Sanktionen genannt. Und mit einer weiteren Gesetzesänderung zum 1. Januar 2007 wurden diese Sanktions-Regelungen noch einmal deutlich verschärft. Ab diesem Zeitpunkt kann die gesamte Grundsicherungsleistung, also einschließlich der Wohnkosten und eventueller Mehrbedarfe, von den Kürzungen betroffen sein und nicht mehr nur die Regelleistung. Zudem wurde klargestellt, dass es dann, wenn es zu einer dritten Regelverletzung innerhalb eines Jahres kommt, die gesamten Leistungen eingestellt werden. Bei jungen Menschen werden dann zudem selbst die gesamten Wohnkosten komplett gestrichen. Und nur dann, wenn der Hilfebedürftige sich in dieser Situation einsichtig zeigt, können die gestrichenen Leistungen auf die Reduzierung um 60% zurückgenommen und bei Jugendlichen lediglich erneut die Wohnkosten übernommen werden (vgl. Bericht der Statistik der BA 2007: 11)[56].

Entscheidend ist, dass mit diesen Regelungen nun eindeutig klargestellt wurde, was vorher schon in der Praxis realisiert wurde, dass nämlich die Grundsicherung auch vollkommen eingestellt werden kann, es also keine „Schutzschranken" (Bruhn-Tripp, Tripp 2007: 39) vorgesehen sind. Es gibt keinen bedingungslosen Rechtsanspruch auf die Leistungen der Grundsicherung! Sie sind stets an die ausdrücklich eingeforderte Bereitschaft geknüpft, dass die Arbeitslosen ihre Eigenverantwortung aktiv wahrnehmen. Allein das passive Merkmal, arbeitslos zu sein, reicht für den Leistungsbezug nicht aus, man muss auch aktiv bemüht sein, diesen Zustand zu überwinden. Wird dies nicht für die Jobcenter nachvollziehbar getan, gibt es in letzter Konsequenz auch keinerlei Leistungen. Insofern ist die Wortwahl mit ‚Grundsicherung für Arbeitsuchende' ernst gemeint: Nicht jeder Arbeitslose erhält diese Grundsicherung, sondern nur diejenigen, die sich aktiv um eine Arbeit bemühen und ihre Einkünfte und Vermögen einsetzen wollen.

---

[56] Diese mögliche (teilweise) Rücknahme der finanziellen Kürzungen ist allerdings neu (vgl. Steck, Kossens 2005).

4 Arbeitslose: Vom Versicherten zum Fürsorgeempfänger 75

Der gesetzlich eher implizit als explizit formulierte komplette Verlust des Rechtsanspruchs auf staatliche Sozialleistungen ist mit einer weiteren Folge verbunden: Der verloren gegangene Rechtsanspruch kann nicht durch andere Sozialleistungen kompensiert werden. Wer den Anspruch auf SGB II Leistungen verloren hat, erhält keinerlei andere Sozialleistungen. Der Verweis auf das alte Bundessozialhilfegesetz (BSHG), dem heutigen SGB XII, der Sozialhilfe, griff noch nie und greift auch heute nicht. So heißt es im SGB II, § 31, Absatz 6 ausdrücklich: „Während der Absenkung oder des Wegfalls der Leistung besteht kein Anspruch auf ergänzende Hilfe zum Lebensunterhalt nach den Vorschriften des Zwölften Buches (der Sozialhilfe – d.V.)." Wie bereits in der früheren Sozialhilfe üblich (vgl. den § 25 des ehemaligen BSHGs), wird nun in der Grundsicherung die Möglichkeit eröffnet, vollkommen rechtlos und damit auch mittellos da zu stehen. Hier greift wieder das alte Motto, dass, wer nicht arbeiten will, auch keinen Anspruch darauf hat, zu essen bzw. staatliche Sozialleistungen zu bekommen. Das rechtlose Individuum ist aus der gesellschaftlichen Gemeinschaft ausgeschlossen, bzw. in der staatlichen Lesart: hat sich selbst durch die Arbeitsverweigerung aus der staatlichen Gemeinschaft ausgeschlossen und ist nun sich selbst überlassen.

An anderer Stelle wurde die mit diesem gesetzlichen Instrumentarium gegebenen Möglichkeiten, um Hilfe nachsuchende Menschen quasi aus der gesellschaftlichen Gemeinschaft auszuschließen, als „organisierte Verwahrlosung" bezeichnet (vgl. Kantel 2003). Auch wenn es im Vorfeld des endgültigen Ausschlusses eine Reihe von Hürden zu nehmen gilt, insbesondere die Belehrung über die Rechtsfolgen, so bleibt doch die Drohung mit der Verwahrlosung bzw. dem Ausschluss aus der Gemeinschaft das entscheidende Sanktionsinstrument staatlicher Arbeitsmarktpolitik. Und insbesondere Menschen unter 25 Jahren sollen mit diesen disziplinierenden Drohungen gefügig gemacht werden (vgl. § 31 (5)). In der praktischen Arbeit der Jobcenter hat der Umgang mit Sanktionen einen hohen Stellenwert, über den allerdings erst an späterer Stelle noch zu sprechen sein wird.

Nicht nur im SGB II, sondern auch in der neuen Grundsicherung nach SGB XII, der ehemaligen Sozialhilfe, ist eine solche Logik des rechtlichen Ausschlusses verankert. Sie lässt sich präzise am § 1 des SGB XII nachzeichnen; dort heißt es unter dem Titel „Aufgabe der Sozialhilfe":

> „Aufgabe der Sozialhilfe ist es, den Leistungsberechtigten die Führung eines Lebens zu ermöglichen, das der Würde des Menschen entspricht. Die Leistung soll sie so weit wie möglich befähigen, unabhängig von ihr zu leben; darauf haben auch die Leistungsberechtigten nach ihren Kräften hinzuarbeiten."

Diese Formulierungen entsprechen vollkommen dem Duktus des damaligen BSHGs – lediglich die Formulierung „Hilfebedürftiger" wurde durch „Leistungsberechtigter" ersetzt (vgl. auch Schellhorn 2004).

Wie in der alten Sozialhilfe ist es auch im neuen SGB XII nur die Ermöglichung, nicht die Garantie eines der Würde des Menschen entsprechenden Lebens, das um Hilfe nachsuchende Menschen erhalten können. Und wie im alten BSHG geht es lediglich um ein der Würde des Menschen entsprechendes, nicht aber um ein menschenwürdiges Leben. Und selbstverständlich ist auch hier die Mithilfe des Bedürftigen der entscheidende Faktor der Hilfe. Obwohl für den durch das SGB XII anvisierten Personenkreis – Menschen, die nicht in der Lage sind, mindestens drei Stunden täglich zu arbeiten – von einer dem Sprachgebrauch angemessenen ‚Mithilfe' keine Rede (mehr) sein kann, wird sie eingefordert. Tatsächliche Zielgruppe des SGB XII sind vor allem Personen, die das 65. Lebensjahr vollendet haben und nicht über ausreichende eigene Mittel verfügen, ihr Leben aus (vor allem) erworbenen Rentenleistungen zu bestreiten[57]. Dass die staatliche Sozialleistung diese Personen ‚so weit wie möglich befähigen' soll, auf selbige zu verzichten, ist für diesen Personenkreis ein hoffnungsloses Unterfangen und ein Relikt aus alten BSHG-Zeiten. Die praktische Bedeutung dieser Formulierung liegt allerdings vor allem darin, dass diese Menschen gesetzlich verpflichtet werden, eventuelle Unterhaltszahlungen bei ihren Angehörigen einzufordern. Das ist jedoch, wie bereits weiter oben erwähnt, seit der Einführung der Grundsicherung im Alter nur noch bei Angehörigen möglich, die über das stolze Jahreseinkommen von über 100.000,-€ verfügen.

Aufschlussreich und die Grundkonstruktion der nun Grundsicherung genannten Sozialhilfe offenbarend ist jedoch die Formulierung, den Leistungsberechtigten „die Führung eines Lebens zu ermöglichen, das der Würde des Menschen entspricht". Bei akribischer und archäologischer Lesart wird deutlich, dass die immer wieder in der sozialpolitischen Literatur vorgenommene Interpretation, dass die Sozialhilfe ein menschenwürdiges Leben ermöglichen soll, so nicht haltbar ist[58]; es geht lediglich um ein Leben, das einem menschenwürdigen Leben entsprechen soll – ein himmelweiter Unterschied! Darin steckt die vom Gesetzgeber vorgenommene Unterscheidung, dass ausschließlich ein Leben, das ohne staatliche Hilfe organisiert ist, menschenwürdig sein kann. Ein Leben mit

---

[57] Bei den meisten anderen Personen handelt es sich um Menschen, bei denen schwerwiegende Einschränkungen der Leistungsfähigkeit vorliegen und für die dennoch – auf die Zielgruppe abgestimmte – Fördermöglichkeiten, wie beispielsweise Tätigkeiten zur Aktivierung der Hilfebedürftigen (nach § 11 SGB XII), z.B. in NRW, erprobt werden.

[58] Diesem Missverständnis unterliegen sowohl Forschungsarbeiten (vgl. etwa Kolbe, Reis 2005: 22) als auch Einführungen in die Sozialpolitik (vgl. etwa Schmidt 2005 a: 84). Und selbst in einschlägigen Lehr- und Praxiskommentaren zur neuen Grundsicherung wird darauf nicht näher eingegangen (vgl. etwa Münder u.a. 2005: 45).

4 Arbeitslose: Vom Versicherten zum Fürsorgeempfänger

staatlicher Hilfe mag zwar so aussehen, als wäre es menschenwürdig, es entspricht aber lediglich einem menschenwürdigen Leben. Damit ist dann auch die leidige Frage definitiv und präzise beantwortet, was der Gesetzgeber unter ‚Menschenwürde' versteht: ein Leben ohne staatliche Unterstützung im Einklang mit den Gesetzen. In aller Regel also ein Leben, das durch den Verkauf der Arbeitskraft bestritten werden kann.

Und das wird, so paradox es klingen mag, im SGB XII noch einmal in einem gesonderten Paragrafen, dem § 2 unter der Überschrift „Nachrang der Sozialhilfe" betont:

> „Sozialhilfe erhält nicht, wer sich vor allem durch Einsatz seiner Arbeitskraft, seines Einkommens und seines Vermögens selbst helfen kann oder wer die erforderliche Leistung von anderen, insbesondere von Angehörigen oder von Trägern anderer Sozialleistungen, erhält."

Auch wenn diese Formulierungen nahezu wortgleich mit den bereits oben analysierten Aussagen des § 8 des SGB II klingen mögen, kommt in der Sozialhilfe eine bedeutsame Verschärfung hinzu: Jetzt heißt es endgültig ‚Sozialhilfe erhält nicht, wer sich .... selbst helfen kann'. Das unterste Ende der Stufenleiter der sozialen Sicherung ist erreicht und nun wird im Ausschlussverfahren festgestellt, wer keine Hilfe erhält.

Das ist eine völlig andersartige Struktur innerhalb der sozialen Sicherung. Alle anderen sozialen Sicherungsgesetze gehen hin und formulieren positiv, wer unter welchen Bedingungen eine Sozialleistung erhält. Nur das SGB XII, die Sozialhilfe, formuliert, wer die Hilfe nicht erhält. Und damit muss, wie bereits anhand des SGB II dargestellt, Spuren in der Umsetzung dieses Gesetzes in den Grundsicherungsämtern hinterlassen. Dort stranden diejenigen, die sich bereits vergeblich bemüht haben, ihren Lebensunterhalt eigenständig zu sichern. Im Regelfall wissen sie sich nicht mehr anders zu helfen, als den letzten schweren Gang zum Grundsicherungsamt anzutreten. Dort erwartet sie jedoch eine gesetzliche Struktur, die vollkommen anders gepolt ist. Sie treffen nicht auf Verständnis ihrer schier ausweglosen Situation, sondern auf Ablehnung. Es wird ihnen durch die gesetzlichen Vorgaben unterstellt, eben nicht alle anderen Möglichkeiten durchdacht und ausprobiert zu haben. Die um Hilfe nachfragenden Menschen müssen diese Behandlung, ähnlich wie bereits beim SGB II entwickelt, als tendenzielle Abwehr ihrer Ansprüche erleben.

Insgesamt kann auch die gesetzliche Grundkonstruktion des SGB XII sozialpolitisch nicht überzeugen: Erst dann, wenn ein menschenunwürdiges Leben bereits eingetreten ist, setzt die Hilfe ein. Die Grundsicherung ist ein reaktives Gesetz – menschenunwürdiges Leben wird zur Voraussetzung der Leistungserbringung. Aus archäologischer Perspektive können sowohl die rechtlich fixierten Formulierungen der Arbeitsmarktpolitik (Arbeitsförderung im SGB III) als auch die fortführenden Überlegungen in der Armutspolitik (Grundsicherung nach SGB II und XII) so zusammengefasst werden, dass es sich bei der betrachteten Gesellschaft um eine Arbeitsgesellschaft handelt. Um menschenwürdig leben zu können, muss man seine Arbeitskraft verkaufen und aus dessen Verkaufserlös sein Leben bestreiten. Dieser Charakter ist derart dominant, dass diejenigen, die dies nicht akzeptieren wollen oder aus welchen Gründen auch immer nicht können, außerhalb der Gesellschaft gestellt werden. Ihnen werden sämtliche Ansprüche an die Gesellschaft abgesprochen, sie werden aus der Gemeinschaft ausgestoßen.

Bezogen auf die anfänglichen Überlegungen zu den Intentionen der Sozialpolitik kann hier also Wolf Wagner zugestimmt werden: Mit der rechtspolitischen Analyse der zentralen Gesetze zur Armuts- und Arbeitsmarktpolitik konnte nachgewiesen werden, dass sie so konstruiert sind, dass sie systematisch zu Armutssituationen führen. Doch nun muss abschließend noch geklärt werden, was Wolf Wagner denn zu der Überzeugung führte, dass Sozialpolitik dennoch den Anspruch habe, soziale Notlagen zu verhindern? In den bislang hier analysierten Gesetzestexten fanden sich dazu keinerlei Anhaltspunkte! Im gesamten Sozialgesetzbuch stehen lediglich im § 1 des SGB I einige allgemeine Hinweise auf eine in diesem Sinne interpretierbare Zielrichtung der Sozialpolitik:

> „Das Recht des Sozialgesetzbuchs soll zur Verwirklichung sozialer Gerechtigkeit und sozialer Sicherheit Sozialleistungen einschließlich sozialer und erzieherischer Hilfen gestalten. ... Es soll dazu beitragen, ein menschenwürdiges Dasein zu sichern, ... den Erwerb des Lebensunterhalts durch eine frei gewählte Tätigkeit zu ermöglichen und besondere Belastungen des Lebens, auch durch Hilfe zur Selbsthilfe, abzuwenden oder auszugleichen".

Im Gegensatz zur weiter oben analysierten Grundsicherung (vgl. § 1 des SGB XII) soll mit dieser gesetzlichen Grundlage nicht mehr nur ein menschenwürdiges Leben ‚ermöglicht' werden, sondern das Sozialgesetzbuch will als Gesamtes dazu beigetragen, dass ein menschenwürdiges Dasein ‚gesichert' wird. Allerdings steht hier jetzt nur noch, dass das Sozialgesetzbuch ‚dazu beitragen' soll. Ein Beitrag, der neben oder präziser: nach der oben bereits analysierten Selbsthilfe erbracht werden soll. Nur wenn diese Überlegungen separiert von den konkreten Umsetzungsgesetzen wie der Grundsicherung betrachtet werden, könnte der Sozialpolitik also eine Not lindernde Absicht unterstellt werden – in diesem Punkt muss also Wolf Wagner widersprochen werden.

Dass diese gesamten hier präsentierten strukturlogischen Überlegungen sich in der gesellschaftlichen Praxis des Umgangs mit Arbeitsuchenden in den Jobcentern niederschlagen müssen, ist schnell nachvollziehbar – allerdings sind die

4 Arbeitslose: Vom Versicherten zum Fürsorgeempfänger

wissenschaftlichen Erkenntnisse darüber verstreut, in verschiedensten Quellen zu suchen. Deshalb soll im Folgenden anhand einer kleinen wissenschaftlichen Geschichte der Beschäftigung mit den Ausgestoßenen verfolgt werden, wie innerhalb der Sozialwissenschaften diese Problematik bislang wahrgenommen wurde.

5 Grundsicherungsarbeit in der Wissenschaft

Bei der wissenschaftlichen Beschäftigung mit armuts- und arbeitsmarktpolitischen Untersuchungen im Zusammenhang mit der reformierten Grundsicherung rückt schnell auch die öffentliche Verwaltung und die von ihr geleistete Arbeit in den Horizont der Aufmerksamkeit. Wenn auch vereinzelt privatrechtliche Verträge zur Wahrnehmung der Grundsicherungsaufgaben geschlossen wurden, in der weit überwiegenden Anzahl wurden Arbeitsgemeinschaften auf der Grundlage von öffentlich-rechtlichen Verträgen (gemäß SGB II § 44b) gebildet und damit der Charakter der Grundsicherungsarbeit als Arbeit der öffentlichen Verwaltung unterstrichen. So ist Grundsicherungsarbeit Verwaltungsarbeit – und vor diesem Hintergrund soll hier eine kurze Vorstellung bisheriger wissenschaftlicher Ergebnisse, die sich mit der Arbeitsweise öffentlicher Verwaltung auseinandergesetzt haben, unterbreitet werden. Durch die öffentliche Verwaltung wird, vereinfacht gesagt, das hergestellt, was dann von der Seite des fertigen Produkts sozialpolitischer Betrachtung zugänglich ist. So lässt sich sagen, dass die verschiedenen sozialpolitischen Untersuchungen zu Hartz IV sich sozusagen mit den Endprodukten und Ergebnissen der Grundsicherungsarbeit auseinandersetzen – und auch deren aufhellenden Beiträge sollen deshalb im Folgenden präsentiert werden.

Wissenschaftliche Betrachtungen der öffentlichen Verwaltung

Wer den Geheimnissen der Arbeitsweise öffentlicher Verwaltung auf die Spur kommen möchte und dazu wissenschaftliche Beiträge heranzieht, stößt nahezu zwangsläufig auf den Namen Max Weber. Bereits am Anfang des letzten Jahrhunderts entwickelte er eine idealtypische Darstellung der Arbeitsweise öffentlicher Verwaltung (vgl. Weber 1990), die er als eine Form rationaler Herrschaft charakterisierte. Und die Bediensteten der öffentlichen Verwaltung übten diese Herrschaft aus. Webers Ansatz wurde schon bald in vielen verwaltungswissenschaftlichen Studien populär. Und die mit diesem theoretischen Rüstzeug angefertigten verwaltungswissenschaftlichen Beiträge zeichneten sich dadurch aus, dass sie die Arbeitsabläufe in der öffentlichen Verwaltung bis ins kleinste Detail nachzeichnen konnten und so die Rationalität der herbeigeführten Entscheidungen unterstrichen. Blickt man in die Geschäftsverteilungspläne, die Stellenbeschreibungen und die Dienstanweisungen der öffentlichen Verwaltung, so wird der Eindruck unterstrichen, dass alles, was dort geschieht, auf der Grundlage von Recht und Gesetz entschieden wird und so letztlich für jeden transparent und einsichtig sein müsste. Als so gesehene ‚formale Verwaltung' übt die Arbeitsweise der öffentlichen Verwaltung auf den Betrachter zwar den Reiz einer klar strukturierten Arbeit aus, doch jeder weiß aus seiner Alltagserfahrung, dass auch und gerade in der öffentlichen Verwaltung ein Dienst nach Vorschrift die Arbeit komplett lahmlegen würde. Als ausschließlich formale Verwaltung betrachtet, ist sie quasi ohne Leben (vgl. auch Hansbauer 1996).

Nicht zuletzt diese mangelnde Erklärungskraft des Weberschen Ansatzes führten den Soziologen Niklas Luhmann in den sechziger Jahren des letzten Jahrhunderts dazu, einen anderen Erklärungsansatz zu entwickeln. Als intimer Kenner der öffentlichen Verwaltung präzisierte er deren Arbeitsweise als ‚Herstellung bindender Entscheidungen' (vgl. Luhmann 1966). Im Gegensatz zu Weber, der vor allem den Herstellungsprozess einer Entscheidung detailliert verfolgt, blickt Luhmann vom Ergebnis her auf den Prozess. Dadurch wird die Art und Weise des Zustandekommens einer Entscheidung unerheblicher gegenüber dem erreichten Resultat selbst. Vor allem ist eine bindende Entscheidung erst dann hergestellt, wenn alle an diesem Prozess beteiligten und betroffenen Menschen sie letztlich akzeptiert und sie dadurch dauerhaften Bestand erlangt hat. Damit war die Betrachtung sämtlicher Facetten der Arbeitsweise öffentlicher Verwaltung möglich. Jetzt erst konnten auch die vorher ausgeblendeten informellen Anteile an der Arbeit der öffentlichen Verwaltung entsprechend ihres Einflusses berücksichtigt und gewürdigt werden. Der eingehandelte Nachteil systemtheoretischer Betrachtung war, dass nun die spezifischen Inhalte der Entscheidung, die die öffentliche Verwaltung herbeiführte, auf einer theoretischen Ebene nahezu beliebig ausfielen.

Dieses Manko versuchten gesellschaftskritische Ansätze, die in den siebziger Jahren des letzten Jahrhunderts entwickelt wurden, auszubügeln. Obwohl sie sich nicht unbedingt von der Systemtheorie verabschiedeten, ging es ihnen vor allem darum, deutlich die inhaltliche Bestimmtheit der von der öffentlichen Verwaltung gefassten Entscheidungen herauszuarbeiten. Es hinge, so ihre Analyse, von der spezifischen kapitalistischen Gesellschaftsform ab, welche konkreten Inhalte von der öffentlichen Verwaltung im Einzelnen durchgesetzt werden (kritisch dazu z.B. Offe 1972). Zugespitzt formulierten sie, dass die öffentliche Verwaltung als Wahrer kapitalistischer Belange dafür zu sorgen habe, dass der kapitalistische Produktionsprozess reibungslos vonstatten gehen könne. Obwohl die staatliche Verwaltung formal getrennt von den Produktionsprozessen agiere, sei sie dennoch auf sie inhaltlich bezogen. Und die inhaltliche Aufgabe staatli-

5 Grundsicherungsarbeit in der Wissenschaft

cher Verwaltung bestehe darin, so wurde formuliert, für eine reibungslose Profitmaximierung zu sorgen. Doch auch dieser Erklärungsansatz hat seine Tücken, weil nicht vorab schon präzise bestimmbar ist, was genau einer in der Zukunft liegenden Profitmaximierung dienlich sein könnte. Das, was heute gewinnmaximierend erscheint, kann sich morgen schon als das glatte Gegenteil herausstellen. So lässt sich aus dieser Überlegung auch für die Arbeitsweise der öffentlichen Verwaltung nicht in der erforderlichen Exaktheit bestimmen, welche Entscheidungen sie denn konkret herbeiführen solle. Die entsprechenden Untersuchungen zur Arbeitsweise der öffentlichen Verwaltung waren folgerichtig mit unpräzisen und uneindeutigen Aussagen über das Agieren der öffentliche Verwaltung gespickt und enthielten viele horoskop-ähnliche Allgemeinplätze. Letztlich lässt sich eben erst im Nachhinein sagen, was der Profitmaximierung dienlich gewesen wäre. Eine einfache Unterordnung der öffentlichen Verwaltung unter profitwirtschaftliche Zusammenhänge ist eine weder theoretisch noch empirisch haltbare analytische Konstruktion.

Vor dem Hintergrund der in den siebziger und achtziger Jahren des letzten Jahrhunderts geführten Technisierungsdebatte auch in der öffentlichen Verwaltung mit ihren teils überzogenen, teils unterschätzten Wirkungen auf die Organisation der Verwaltung, das Personal und die BürgerInnen zog Wiking Ehlert aus den vorgestellten Ansätzen analytische Konsequenzen (Ehlert 1986). Mit seiner viel zu wenig beachteten Konzeption des ‚virtuellen Objekts Staatstechnologie' gelang es ihm herauszuarbeiten, „wie der Durchgriff der widersprüchlichen gesellschaftlichen Verhältnisse auf einem durch Technik erweiterten Niveau sich auf der Handlungsebene des Verwaltens im bürgerlichen Staat und der bestehenden Gesellschaftsformation reproduziert" (ebd.: 351). Mit der ‚funktionierenden Verwaltung' als konzeptionellem Dreh- und Angelpunkt wissenschaftlicher Beschäftigung mit der öffentlichen Verwaltung wurde deren Arbeitsweise in einen ganzheitlichen und auf die Zukunft gerichteten Blick genommen[59].

Der hieraus mögliche Erkenntnisgewinn, die Arbeitsweise der öffentlichen Verwaltung auch im Bereich der Grundsicherungsarbeit als Herstellung gesellschaftlich bindender Entscheidungen zu charakterisieren, soll weiter unten dokumentiert und gezeigt werden, wie brauchbar diese analytische Konzeption ist. Armuts- und Arbeitsmarktpolitik erhalten neue aufschlussreiche Facetten, die sonst nicht sichtbar wären. Doch vorher sollen zunächst noch die aus den sozialpolitischen Beschäftigungen mit den Vorläufern der Grundsicherungsarbeit entstandenen Arbeiten auf ihren Beitrag zu einer Empirie der Grundsicherungsarbeit abgeklopft werden. Dazu sollen zunächst die Bereiche der Sozialhilfe-Sach-

---

[59] Mit einem vergleichbaren Ansatz konnte Stephan Wolff eine hervorragende Analyse sozialer Arbeit in der öffentlichen Verwaltung liefern (Wolff 1983).

bearbeitung und dann die Arbeitsberatung und ihre bisherige wissenschaftliche Aufbereitung untersucht werden.

Die Sozialhilfe-Sachbearbeitung in der Wissenschaft

Die Sozialpolitik, als universitäre Disziplin zwischen Soziologie, Politikwissenschaft, Volkswirtschaftslehre, Recht und sozialer Arbeit angeordnet, ist im eigentlichen Sinne ein junger Wissenschaftszweig. Ihre Entstehung müsste eigentlich in die siebziger Jahre des letzten Jahrhunderts datiert werden. Doch selbstverständlich gab es schon vorher wissenschaftliche Beschäftigungen mit Untersuchungsbereichen, die heute eindeutiger dem neuen wissenschaftlichen Zweig der Sozialpolitik zugeordnet werden. Und dazu gehören die Auseinandersetzungen mit den Wirkungen und Folgen von Armut und Arbeitslosigkeit[60]. Doch die konkrete Beschäftigung mit dem, was die Umsetzung des 1962 eingeführten Bundessozialhilfegesetzes eigentlich bewirkte und wie sie vonstatten ging, ließ lange auf sich warten.

Erst Ende der siebziger Jahre des letzten Jahrhunderts befragten Franz-Xaver Kaufmann und ein Team weiterer Wissenschaftler, die einen Forschungsverbund bildeten, SachbearbeiterInnen in den kommunalen Sozialämtern nach ihren Wahrnehmungen und Einschätzungen über die Wirksamkeit der Leistungsvergabe nach dem Bundessozialhilfegesetz. Sie förderten Erstaunliches zu Tage: „Nur 10% der Sachbearbeiter sind der Meinung, dass die Hilfesuchenden im Kontakt mit dem Sozialamt alle ihnen zustehenden Leistungen erhalten" (Kaufmann 1979: 352). Wie kann es sein, dass nur 10% derjenigen, deren berufliche Aufgabe und Pflicht es ist, Hilfebedürftige zu ihren (Rechts-)Ansprüchen zu verhelfen, der Meinung waren, dass sie ihren bezahlten Pflichten auch tatsächlich nachkommen würden? Und warum waren andersherum 90% der Beschäftigten in den Sozialämtern der Meinung, dass die Hilfebedürftigen von ihnen nicht das erhielten, was ihnen zustand? Waren und sind die Beschäftigten in den Sozialämtern nicht verpflichtet, die Klientel auf ihre Rechtsansprüche aufmerksam zu machen und ihnen zu diesen Ansprüchen zu verhelfen? Zwischen dem gesetzlich gesehenen Rechtsanspruch auf Leistungen und seiner Realisierung im Sozialamt klaffte eine nicht unmittelbar einsichtige Lücke.

Diese vom Forschungsverbund ‚Unterausnutzung' von Sozialhilfeleistungen genannten Ergebnisse wurden noch auffallender, als Bedienstete aus angren-

---

[60] Vgl. etwa die bahnbrechende Arbeit von Marie Jahoda, Paul F. Lazarsfeld und Hans Zeisel über die Arbeitslosen von Marienthal aus den dreißiger Jahren des letzten Jahrhunderts (Jahoda, Lazarsfeld, Zeisel 1975) oder die grundlegenden Aussagen zu den sozialpsychologischen Folgen der Arbeitslosigkeit von Ali Wacker (Wacker 1976).

zenden Arbeitsbereichen interviewt wurden: „Bei den befragten Sozialarbeitern glauben dies sogar nur 6%. 16% der Sachbearbeiter und sogar 28% der Sozialarbeiter sind der Auffassung, dass mehr als ein Fünftel der Hilfesuchenden *nicht* alle gesetzlich fixierten Leistungen in Anspruch nehmen" (vgl.: ebd., Hervorh. i.O.). Bei der Frage nach den Ursachen für diese Diskrepanz von gesehenem Anspruch und praktizierter Wirklichkeit der Leistungsvergabe wurden vor allem zwei Faktorenbündel genannt und im weiteren näher untersucht. Zum einen organisations- und personalstrukturelle Gegebenheiten, die das Verwaltungshandeln beeinflussen und zum anderen personenbezogene Gegebenheiten der Bediensteten (vgl. ebd.: 354ff.).

Unbefriedigend bleibt bei der Analyse des Forschungsverbundes, dass die festgestellten Faktoren, die zur Unterausnutzung der Sozialhilfe führen, prinzipiell auf andere Ämter übertragbar wären, sich dort aber offensichtlich nicht in der Tragweite entfalten. Doch dass diese Probleme überhaupt angeschnitten wurden, ist das eigentlich Verdienstvolle an ihrer Arbeit. Und so schien sich viele weitere Jahre weder die Praxis in den Sozialämtern noch die Wissenschaft um diese Diskrepanzen zu kümmern. Erst eine im Auftrag des damaligen Bundesministeriums für Jugend, Familie und Gesundheit durchgeführte, sozialpsychologisch ausgerichtete Untersuchung aus dem Jahre 1985, wollte es genauer wissen (vgl. BMJFG 1985). In einem spezifischen Untersuchungsdesign wurden durch Rainer K. Silbereisen und Petra Schuhler u.a. SachbearbeiterInnen aus der kommunalen Sozialhilfe mit Varianten unterschiedlichen Klientenverhaltens bei sozialhilferechtlich identischem Sachverhalt konfrontiert, die Situationen eines Erstgesprächs in der Sozialhilfe simulierten, bei denen ein Ermessensspielraum bestand.

Im Rahmen dieser Studie des Instituts für Psychologie der Technischen Universität Berlin konnten erneut merkwürdige Vergabepraktiken der Hilfe präsentiert werden: Zwischen einem sachlich-direkten und einem persönlich-indirekten Auftreten der Klienten im Sozialamt kam es trotz identischem Sachverhalt zu einer Differenz zwischen 243,- und 84,-DM tatsächlich erhaltener Leistung (vgl. ebd.: 268). Personen, die im Erstkontakt mit dem Sozialamt ihr Anliegen persönlich-indirekt vortrugen, realisierten also lediglich ein Drittel dessen, was sachlich-direkt vortragende Hilfebedürftige erreichen konnten. Selbst wenn es sich hier um Entscheidungen mit Ermessensspielraum handelte – eine derart massive Differenz musste aufschrecken!

Sieht man sich nun weiterhin die Verteilung der unterschiedlichen Varianten persönlichen Auftretens unter den Sozialhilfebedürftigen an, verschärfen sich die daraus resultierenden Problematiken: Während das Verhaltensmuster von 43% des Klientels der Sozialämter als persönlich-indirekt charakterisiert wurde, können nur 31% der Hilfebedürftigen ihr Anliegen sachlich-direkt vortragen (vgl. ebd.: 249). Fasst man beide Ergebnisse zusammen, muss folgendes festgehalten werden: Diejenigen, die aufgrund ihres Sozialverhaltens privilegiert sind (sachlich-direktes Klientenverhalten), werden im Sozialamt noch einmal dadurch privilegiert, dass sie die besten Chancen haben, ihre Ansprüche in besonders hohem Maße zu realisieren. Und umgekehrt: Diejenigen, die kaum in der Lage sind, ihre Anliegen angemessen vorzutragen (persönlich-indirektes Klientenverhalten), werden im Sozialamt noch einmal benachteiligt. Diejenigen, die die Hilfe in besonderem Maße benötigen, werden im Sozialamt übermäßig benachteiligt.

Auch mit dieser Untersuchung konnten die Ursachen für die gravierenden Unterschiede in der Vergabe der Sozialleistungen und ihre sozial selektive Wirkung nicht plausibel erklärt werden. Selbst diejenigen, die dahinter eine Systematik vermuteten (vgl. etwa Scherer 1988, mit seiner Untersuchung: „Wie Sozialämter Hilfebedürftige abschrecken"), diese zwar in ihren faktischen Ausformungen anschaulich belegten, aber nicht schlüssig begründen und erklären konnten, zählten in der Konsequenz lediglich viele immer wieder genannte Faktoren auf. Die einzelnen Faktoren könnten sicherlich glaubhaft dokumentieren, dass und wie sich Hilfebedürftige von den Sozialämtern abschrecken ließen: Das fängt damit an, dass alleine die Örtlichkeiten der Sozialämter vielfach schlecht zu finden waren und endete längst nicht bei der von Hilfebedürftigen häufig erlebten ‚Pfennigfuchserei' der SachbearbeiterInnen. Dreh- und Angelpunkt der Erfahrungen von Hilfebedürftigen in den Sozialämtern waren immer wieder die Aussagen, nicht als Person ernst- und wahrgenommen zu werden und die Erlebnisse, mit welchen ‚Tricks' versucht wurde, ihnen ihre sicher geglaubten Ansprüche auf Hilfeleistungen abspenstig zu machen (vgl. ebd.). Die Kluft zwischen Hilfebedürftigen und Bediensteten fiel einfach auf: „In keinem anderen Bereich der öffentlichen (Leistungs-) Verwaltung hat sich ein so tiefes Misstrauen zwischen Amt und Bürgern verbreitet wie in den Sozialämtern" (Stumpfögger, Wiethoff 1989: 30). Doch eine systematische Erklärung gab es dafür nicht.

Um hier eine eindeutige Ursachenzuweisung und damit eine systematische Vorgehensweise erkennen zu können, muss die spezielle Konstruktion der Sozialhilfe thematisiert werden. Mit der weiter oben bereits entwickelten rechtlichen Analyse des BSHGs konnte nachgewiesen werden, dass die spezielle Systematik des Gesetzes eine tendenzielle Abwehr von Ansprüchen hervorruft. Ohne dass die Bediensteten dies wollen oder verhindern könnten, ist Sozialhilfe darauf angelegt, die Bedürftigen – manchmal auch gegen ihren Willen – dazu zu bringen, sich unabhängig von der Sozialhilfe zu machen. Bereits die Untersuchung einer bürgernahen Sozialpolitik oder erst recht einer bürgernahen Sozialhilfeverwaltung unterstellt, die Verwaltung wolle den Bedürftigen helfen – doch die Gesetzessystematik sagt etwas völlig anderes aus! Der Gesetzgeber hat den Sozi-

5 Grundsicherungsarbeit in der Wissenschaft

alämtern mit dem BSHG eine eindeutige Aufgabe zugewiesen und diese gesetzlich fixiert: Die Hilfebedürftigen müssen selbst durch aktive Mithilfe ihre Hilfebedürftigkeit überwinden. Dies wird auch von verwaltungswissenschaftlichen Ansätzen verkannt, wenn die öffentliche Verwaltung folgendermaßen charakterisiert wird: „Aufgabe der staatlichen Einrichtungen ist die aktive Bearbeitung der Lebensrisiken und Folgewirkungen der marktwirtschaftlichen Ordnung, die eine Vielzahl individueller und sozialer Risiken produziert" (Harrach, Loer, Schmidtke 2000: 38). Zugespitzt könnte dagegen für die Sozialverwaltung formuliert werden, dass leider nicht die Lebensrisiken bearbeitet werden, sondern die Bedürftigen.

Auch heute noch wird damit korrespondierend immer wieder darüber gerätselt und gemutmaßt, warum es Menschen gibt und wie viele es sind, die ihre rechtlich angeblich klaren Ansprüche auf Sozialleistungen nicht realisieren. 1981 konnte Helmut Hartmann als erster mit einer eigenständigen empirischen Untersuchung über das Ausmaß und die Ursachen der Nichtinanspruchnahme von Sozialhilfeleistungen zweifelsfrei belegen, dass etwa jeder zweite Anspruch auf Sozialhilfe nicht realisiert wurde (vgl. Hartmann 1981). Dieses Ergebnis zur auch ‚Dunkelziffer der Armut' genannten Entwicklung konnten Udo Neumann und Markus Hertz viele Jahre später mit einem völlig anderen Untersuchungsdesign in der Größenordnung fast punktgenau bestätigen (vgl. Neumann, Hertz 1998; zusammenfassend: Kantel 1998). Erst in dem von der Bundesregierung herausgegebenen 2. Armuts- und Reichtumsbericht wurde dann eine Dunkelziffer in der angegebenen Größenordnung offiziell bestätigt (vgl. Bundesregierung 2005: 65f.). Doch auch nach der Einführung der Grundsicherung für Arbeitsuchende ist nach Berechnungen von Irene Becker davon auszugehen, dass es im Jahre 2006 etwa 0,9 Millionen Bedarfsgemeinschaften gab, denen SGB-II-Leistungen zustanden, diese aber nicht in Anspruch nahmen, es also weiterhin eine „erhebliche Dunkelziffer der Armut" (Becker 2006: 36) gibt. Mit der hier entwickelten Systematik zur tendenziellen Abwehr von Ansprüchen lassen sich diese Ergebnisse als Resultat der strukturellen Bedingungen im BSHG und im SGB II und deren Umsetzung in den Sozialämtern und den Jobcentern interpretieren. Die tendenzielle Abwehr von Ansprüchen kann eben so weit gehen, dass Menschen komplett – und sei es nur vorübergehend – auf die ihnen eigentlich zustehende staatliche Unterstützung verzichten.

Die Arbeitsberatung in der Wissenschaft

Die Zusammenlegung von Arbeitslosen- und Sozialhilfe zur neuen Grundsicherung für Arbeitsuchende führte zunächst einmal dazu, dass mehr Menschen diese

Form der Grundsicherung in Anspruch nahmen als vorher BSHG-Leistungen und Arbeitslosenhilfe zusammen.

„Im Jahresdurchschnitt 2005 waren 3,25 Mill. Personen arbeitslos gemeldet; 464000 mehr als ein Jahr zuvor. Von diesen können ca. 350000 mit dem so genannten Hartz-IV-Effekt erklärt werden" (Statistisches Bundesamt 2006: 97).

Menschen, die vormals arbeitslos waren, aber statistisch nicht erfasst wurden, erhalten jetzt finanzielle Unterstützung und haben Zugang zu den Leistungen der Arbeitsförderung. Damit wurde die ‚Dunkelziffer der Armut' zwar reduziert, aber noch lange nicht eliminiert.

Die auch im SGB II vorhandene tendenzielle Abwehr von Ansprüchen zeigt nämlich ebenfalls ihre Wirkungen. Zu Tage treten diese beispielsweise in der Beratungsarbeit, die Arbeitsuchende effektiver in den ersten Arbeitsmarkt integrieren soll. Zu dieser Thematik liegen mittlerweile Studien vor, die die Problematiken verdeutlichen – allerdings gibt es dazu keine einheitlichen wissenschaftlichen Bewertungen. Man kann sogar sagen, selten gab es in den Sozialwissenschaften zu einem so klar umrissenen Thema so gegensätzlich aufbereitete ‚Empirien' wie im Falle der Arbeitsberatung und -vermittlung für Arbeitsuchende. Das soll anhand der in der Vermittlungsarbeit wirksam werdenden widersprüchlichen Orientierung zwischen Beratung und Kontrolle verdeutlicht werden.

Auf der einen Seite lieferten Christian Kolbe und Claus Reis (2005) eine ‚Empirie' aus der Arbeitsberatung der Stadt Cottbus, die damals noch für Sozialhilfebedürftige zusammen mit der Arbeitsagentur entwickelt wurde, mit folgenden Ergebnissen:

„Als Fachstelle des Sozialamts können die Mitarbeiterinnen und Mitarbeiter in Abstimmung mit der Sachbearbeitung über die Möglichkeiten der Sanktion verfügen. Ihre Position, als Teil des öffentlichen Trägers die gesetzlichen Bestimmungen zu vollziehen, ist unstrittig, macht sich jedoch nur selten in dominantem Verhalten bei den beobachteten Beratungen bemerkbar. Es ist dem pädagogischen Einfühlungsvermögen sowie professioneller Parteilichkeit der Beraterinnen geschuldet, dass trotz der schriftlichen Rechtsbelehrung die Gespräche in einer vertraulichen Atmosphäre stattfinden. Angesichts ihrer Erfahrungen mit der Arbeitsmarktagentur respektieren die Hilfeberechtigten in den Folgegesprächen die Beraterinnen als fachliche Autorität" (Kolbe, Reis 2005: 152).

In Cottbus, so wird hier der wissenschaftlich untermauerte Eindruck vermittelt, gibt es eine Vermittlungs- und Beratungssituation, die scheinbar frei von abwehrenden Tendenzen ist – es ist nahezu Beratung ‚pur', weil trotz der im Hinter-

5 Grundsicherungsarbeit in der Wissenschaft

grund lauernden Sanktionsmöglichkeiten angeblich die fachliche Seite der Beratungsarbeit im Vordergrund steht.

Chantal Magnin (2005) dokumentierte dagegen eine völlig ‚andere' Empirie aus der Arbeitsberatung der schweizerischen Arbeitslosenversicherung, die gegensätzlicher nicht sein könnte:

> „Aufgrund des doppelten Mandats der Beratenden, die Bemühungen der Versicherten zu kontrollieren und sie gleichzeitig zu unterstützen, kann sich für die Beratungssituation kein eindeutiger Rahmen etablieren. In jeder einzelnen Konstellation von beratender und versicherter Person zeigt sich von neuem, ob die Beratenden eher dazu neigen, sich der Person und ihrer Beratung oder dem Gesetzesvollzug verpflichtet zu fühlen. Dies resultiert aus der Dynamik der Interaktion selbst und geschieht vielfach unabhängig vom bewussten Entscheid der daran Beteiligten. Weil die beiden Mandate Kontrolle und Beratung selbst unvereinbar sind, ist die willkürliche Behandlung von arbeitslosen Personen bereits in der Konzeption angelegt" (Magnin 2005: 325).

Wenn Beratung nicht auf freiwilliger Grundlage eingegangen wird und im Extremfall sogar erzwungen werden kann, so die empirisch gestützte Auswertung von Beratungsgesprächen in der Schweiz, kommt es zwangsläufig zu der widersprüchlichen Konstellation von Beratung und Kontrolle.

Der sich aufdrängende Eindruck der gegensätzlichen Vorgehensweisen in den beiden dokumentierten Behörden rührt vor allem daher, dass die Beratungen der Arbeitslosen in Cottbus nach dem wissenschaftlich abgesicherten, geschilderten Eindruck harmonisch abzulaufen scheinen, während in der Schweiz – ebenfalls wissenschaftlich exakt dokumentiert – eine Kluft aus Misstrauen und Ablehnung zwischen Beratern und Arbeitslosen zu herrschen scheint. Beide Untersuchungen wollten jedoch keineswegs die extremen Ausschläge in Beratungssituationen herausfiltern und sind dadurch zu den gegensätzlichen Auswertungen gekommen – beide Untersuchungen wollten die ‚normale' Beratungsarbeit schlechthin in den untersuchten Einrichtungen, die die Arbeitsberatung und -vermittlung zum Ziel hatten, inhaltlich aufbereitet präsentieren.

Auch die Überlegung, diese gravierenden Unterschiede resultierten aus den unterschiedlichen nationalen Systemen der sozialen Sicherung – hier die der Bundesrepublik Deutschland und dort die der Schweiz, hilft nicht wirklich weiter, diese Gegensätzlichkeit zu erklären und verständlich zu machen. Selbstverständlich haben beide Länder im Detail unterschiedliche soziale Sicherungssysteme auch im Bereich der Arbeitslosenversicherung. Bei näherem Hinsehen zeigt sich aber die Strukturen in Bezug auf die Umgangs- und Vorgehensweisen mit den Arbeitslosen in beiden Ländern sehr ähnlich sind. Und das betrifft vor allem ein gemeinsames Charakteristikum: Beide Länder haben erst vor kurzem mit durchgreifenden Reformen eine Neuausrichtung ihrer Arbeitsmarktpolitik hin zu einer verstärkten Aktivierungspolitik vollzogen und entsprechen damit einem allgemeinen Trend in der Arbeitsmarktpolitik, der sich in den meisten Ländern nachvollziehen lässt (vgl. Dingeldey 2006).

Allerdings wurde in der wissenschaftlichen Debatte auch dokumentiert, dass sich insbesondere die Schweiz hinsichtlich der Praktiken der Leistungskürzung als Vor- und Spitzenreiter in Europa nach der Umstellung und Reform der Arbeitsmarktpolitik präsentierte (vgl. Wahl, Schulte 2005: 114 und Karasch 2005: 70). Doch auch dies dürfte allenfalls zu einer deutlicheren Ausprägung einzelner Elemente der Aktivierungs-, bzw. der Sanktionspolitik, nicht aber zu einem so gegensätzlichen Gesamteindruck führen.

Auch die jeweils differierenden Herangehensweisen und Methoden der beiden Untersuchungen können zwar den unterschiedlichen Blick auf den Gegenstand, nicht aber das so gegensätzliche Resultat erklären. Christian Kolbe und Claus Reis ging es um die „Untersuchung unterschiedlicher institutioneller Arrangements kommunaler Verwaltung, in denen das Handlungskonzept ‚Case Management' – quasi als Vorbild des ‚Fallmanagements' nach SGB II in der Praxis umgesetzt wird" (Kolbe, Reis 2005: 9). Der Ansatz von Chantal Magnin ist etwas anders ausgerichtet: „Ziel der vorliegenden Studie ist es herauszufinden, wie sich die neue Ausrichtung der Arbeitslosenversicherung, ..., in der Beratungspraxis der RAV (Regionales Arbeitsvermittlungszentrum – d.V.) konkret auswirkt" (Magnin 2005: 24). Trotz dieser Unterschiedlichkeit ging es beiden Untersuchungen darum, die Praxis der Arbeitsberatung und -vermittlung an der Schnittstelle zwischen Behörde und Kundschaft zu erfassen.

Um diesen Konflikt in seinen Wurzeln zu verstehen, muss weiter zurück gegriffen werden. Die neue Beratungs- und Vermittlungsarbeit ist nämlich nicht in den Jobcentern neu entstanden. Und für eine wissenschaftliche Beschäftigung mit der neuen Grundsicherungsarbeit ist die Klärung dieses Konflikts unabdingbar. Bereits vor der Zusammenlegung von Arbeits- und Sozialamt in den neuen Jobcentern gab es erste experimentelle Formen der Zusammenarbeit zwischen den beiden Ämtern, in denen Vorformen der Grundsicherungsarbeit ausprobiert und wissenschaftlich begleitet wurden. Neben den Aktivitäten, die die damalige Bundesanstalt für Arbeit unternahm, um sich den aktuellen Anforderungen an eine moderne Arbeitsvermittlung zu stellen, wie beispielsweise den Reformprozessen zum ‚Arbeitsamt 2000' (vgl. etwa Breunig 2001), wurden Projekte angeregt, die auf der Grundlage der ins damalige SGB III und ins BSHG aufgenommenen sogenannten Experimentierklauseln versuchten, die Vermittlung von Arbeitsuchenden – und insbesondere von jungen Menschen – als gemeinsame Aufgabe von Sozial- und Arbeitsamt anzugehen. Von der damaligen Bundesregierung wurde dies vor allem mit den Modellvorhaben zur Verbesserung der

5 Grundsicherungsarbeit in der Wissenschaft

Zusammenarbeit von Arbeitsämtern und Trägern der Sozialhilfe (MoZArT) finanziell und wissenschaftlich gefördert (vgl. zur Ergebnispräsentation etwa Hess, Schröder, Smid 2003)[61]. Auf Länderebene stechen insbesondere die von der damaligen nordrhein-westfälischen Landesregierung angeregten Modellprojekte zu den Sozialagenturen hervor (vgl. etwa MASQT 2002).

Das wichtigste Anliegen dieser von Praktikern und Wissenschaftlern gemeinsam voran getriebenen Modellprojekte war die verbesserte Vermittlung in Arbeit der um Hilfe in den Sozialämtern vorsprechenden Menschen[62]. Insbesondere jungen Menschen (unter 25 Jahren) sollten teilweise so rechtzeitig spezielle Ausbildungs- und Stellen-Angebote unterbreitet werden, dass sich ihre Unterstützungsbedürftigkeit erübrigen sollte (kritisch dazu: Spindler 2003). Im Rahmen dieser Modellprojekte wiederum rückten die um die Begriffe des Case Managements und des Fallmanagements sich rankenden und zu optimierenden Arbeitsprozesse in der (Sozialhilfe-) Sachbearbeitung in den Fokus der Aufmerksamkeit (vgl. MWA 2003).

Im Rahmen dieser Modellprojekte wurden bereits teilweise ambitioniert ausgearbeitete Vorstellungen für eine veränderte Beratungs- und Vermittlungspraxis der zukünftigen Jobcenter entworfen. Aus heutiger Sicht muss allerdings konstatiert werden, dass sich die mit Hartz IV entwickelnde Sachbearbeitung in den Jobcentern davon weitgehend unbeeindruckt zeigte und eine eigene Praxis entwickelte. Das hängt im wesentlichen mit einer problematischen wissenschaftlichen Herangehensweise an die Sachbearbeitung zusammen, die offensichtlich in den Modellprojekten nicht ausreichend antizipiert und ins Untersuchungsdesign mit aufgenommen wurde: Auf einer grundsätzlichen Ebene wurde zwar einerseits gesehen, dass es zwischen Sachbearbeitung und Hilfebedürftigen eine „strukturelle Asymmetrie in der Beratungsbeziehung" (ebd.: 15) gibt, andererseits wurden aber in der darauf aufbauenden empirischen Untersuchung diese Asymmetrien „nicht beobachtet" (ebd.: Fn 7: 16). Wie es dazu kommen konnte, dass eine theoretisch vorhandene Asymmetrie sich in der Praxis scheinbar in Luft auflöste und deshalb empirisch nicht nachweisbar war, kann der Studie erst bei genauerem Hinsehen entnommen werden.

Hier wirkt wieder der bereits oben thematisierte Unterschied von rationaler und funktionierender Verwaltung: Es gab und gibt eine Diskrepanz zwischen einer an rationalen Kriterien orientierten und insofern diskutablen Sachbearbeitung einerseits und einer Alltagspraxis in der Sachbearbeitung, die offensichtlich

---

[61] Die Vorschläge dazu kamen bereits in den neunziger Jahren des letzten Jahrhunderts auf (vgl. Jacobs, Ringbeck 1994).
[62] In diesen aus den ehemaligen kommunalen Abteilungen der ‚Hilfe zur Arbeit' hervorgegangenen Institutionen arbeitete traditionell ein eher sozialpädagogisch ausgerichtetes Personal (vgl. Knuth, Koch, Schweer 2007: 76).

eigenen Mechanismen folgt, andererseits. Die wissenschaftliche Außerachtlassung dieser Diskrepanz ist um so gravierender, als die Studie feststellen muss: „War schon die Beratung im Case Management mehr oder weniger ‚infiziert' von Druck, Zwang und Unfreiwilligkeit, so gilt dies für die Hilfeplanung umso mehr" (ebd.: 21). Auch in der Hilfeplanung, die von den Autoren als weiterer ‚Prozessschritt' genannt wird, gab es wiederum keine Überlegungen, wie denn der Unterschied von rationaler und funktionierender Verwaltung in der Praxis wahrzunehmen und nachzuweisen sei. Beim weiteren Prozessschritt der Leistungssteuerung wird ebenfalls die Diskrepanz zwischen den theoretischen Ansprüchen einerseits und den alltagspraktischen Notwendigkeiten in der Sachbearbeitung andererseits gesehen: „Die Konzeption (des Case Management – d.V.) der integrierten Hilfe zur Arbeit geht programmatisch davon aus, das Case Management vom Einzelfall und seinem Bedarf gesteuert wird. Doch das ist zunächst kaum mehr als eine produktive Fiktion, denn die Realität ist geprägt von einem recht knappen Angebot an Maßnahmen und Stellen und damit von der praktisch sich immer wieder durchsetzenden Tatsache, dass die knappen Ressourcen und die dürftigen Angebote die Entscheidungen der CM (der Case Managerinnen und Case Manager – d.V.) eher beeinflussen als das, was sie für die Hilfeberechtigten als sinnvoll und hilfreich halten" (ebd.: 23).

Obwohl die Gefahren angesprochen wurden, die darin stecken könnten, mit dieser ‚produktiven Fiktion' an die tatsächliche Sachbearbeitung heran zu gehen, wurde den Autoren offensichtlich schnell klar, dass die Sachbearbeitung sich den hehren Ansprüchen nicht wirklich stellen konnte. Und so wurde schlussendlich handlungstheoretisch ein ‚Standard' eingefordert, den die tatsächliche Sachbearbeitung nie erreichen wird: „Der Abbruch des Case Management ist die härteste Sanktion im Case Management. Er selbst darf nicht mit Sanktionen belegt werden" (ebd.: 41). Damit wurde die Trennung des Case Managements von der tatsächlichen, im Amtsalltag sich abspielenden Sachbearbeitung vollzogen. Die nicht in die Vorstellungen der Autoren passende schlechte Wirklichkeit, das Aussprechen von Sanktionen beispielsweise, wurde kurzerhand zur Sachbearbeitung und damit als nicht mehr zugehörig zum Case Management deklariert. Im von der Wirklichkeit unberührten Bereich des Case Managements konnte dann alles das gewünscht und gefordert werden, was in der tatsächlichen Sachbearbeitung keinen Platz hatte.

Für die Hilfesuchenden ist es jedoch letztlich einerlei, wer wann tatsächlich die Sanktionen ausspricht – entscheidend ist für sie, dass die gesamten Prozesse von Leistungsgewährung, Beratung und Vermittlung sanktionsbewehrt sind und von ein und derselben ‚Behörde', eben den Jobcentern, vollzogen werden. Sie haben letztlich keine Chance, die komplizierten Verwaltungsabläufe und deren Zusammenspiel von außen zu durchschauen (vgl. auch Baethge-Kinsky, Bartelheimer, Henke 2007: 75). Und das erfahren sie auch so (vgl. Schmidt 2005 b). Hier lediglich eine theoretisch vorhandene Arbeitsteilung einzuführen, die auf eine Trennung des Case Managements oder Fallmanagements von der Sachbearbeitung hinausläuft, erfasst nicht den Kern der mit ‚Fördern und Fordern' verbundenen integrierten Aufgabenstellungen in den Sozial- und Arbeitsämtern und nun in den Jobcentern. Die Hilfesuchenden erfahren in den Jobcentern eine für sie ganzheitlich erscheinende Sachbearbeitung, eben die neue Grundsicherungsarbeit – und in der sind Hilfe und Kontrolle unlösbar verwoben.

Selbst in der oben bereits angesprochenen zeitlich später erfolgten Auswertung dieser Arbeiten in den Modellprojekten wurden die Arbeitsprozesse in der empirischen Bestandsaufnahme weichgezeichnet. Die Ergebnisse der theoretischen Überlegungen wurden auf die tatsächliche Arbeit in den neuen Jobcentern übertragen und können deshalb nicht verbergen, dass die alltagspraktischen Notwendigkeiten der Sachbearbeitung in den Konzepten nicht zur Kenntnis genommen wurden. In der Einleitung wurden zunächst noch die Erwartungen sehr hoch geschraubt: „Erstmals (seien durch die Studie – d.V.) empirisch fundierte Aussagen darüber möglich, wie Case Management in der Sozialhilfe und Beschäftigungsförderung, und damit ‚Fallmanagement' nach Hartz IV ‚funktioniert', welche Voraussetzungen und Erfolgsbedingungen es hat" (Kolbe, Reis 2005: 11). Bereits ein ganz akribisches Lesen dieser Zeilen gibt einen Hinweis darauf, dass die wissenschaftlich entscheidende Frage, nämlich ob und wie das Fallmanagement denn tatsächlich in der Praxis genutzt wird, nicht beantwortet wurde – doch suggeriert wurde es allemal.

In ihrer Fallstudie Düsseldorf, so mussten die Autoren empirisch konstatieren, kam es trotz der organisatorischen Trennung von Fallmanagement und Leistungsgewährung zur von den Betroffenen wahrgenommenen Verquickung: „Auch wenn die Fallmanagerinnen nicht unmittelbar in die Leistungsgewährung involviert sind, sind sie durch die enge Kooperation mit der Sozialverwaltung gleichwohl in dessen Procedere im Hinblick auf die Sanktionen eingebunden" (ebd.: 177). Doch statt Konsequenzen für die Konzeption des Fallmanagements zu ziehen, wurde die asymmetrische Beziehungsebene zwischen Beratenden und Betroffenen schön geredet: „Aus ihrem Selbstverständnis heraus erachten die Fallmanagerinnen es für sinnvoll, sich nichtsdestotrotz inhaltlich von den üblicherweise durchgeführten Maßnahmen der Sozialverwaltung (z.B. Sanktionen – d.V.) abzusetzen, um damit eine Ebene zwischen Beraterin und Hilfeberechtigten zu konstituieren, die weitgehend auf Freiwilligkeit basiert und eine gemeinsame Erörterung der Problemstellung ermöglicht" (ebd.). Aber die ‚weitgehende Freiwilligkeit' hatte wohl doch enge Grenzen.

Auch in ihrer Fallstudie Berlin Charlottenburg-Wilmersdorf gewannen die handlungstheoretisch motivierten Idealisierungen gegenüber den alltagspraktischen Anforderungen der Sachbearbeitung die Überhand: „Die Beratungen beginnen zwar zunächst mit der Beschreibung des zentralen arbeitszentrierten Motivs, werden später jedoch themenoffener gestaltet. Da dabei auch lebensweltliche Fragestellungen angesprochen werden, geraten die Beraterinnen in ein Dilemma. Aus ihrem professionellen Selbstverständnis und ihrer beruflichen Vorerfahrung heraus erachten sie eine umfassende Beratung als Bestandteil ihrer Arbeit. Weder der vorrangige institutionelle Auftrag noch ihr Zeitbudget lassen jedoch eine solche Form der Beratung zu" (ebd.: 129). Die Sachbearbeitung mit den ihr eigenen Zwängen, so lässt sich hier überdeutlich herauslesen, geht ihren Weg, ohne sich weiter um die von den Autoren eingebrachten Vorschläge zu einem Fallmanagement zu kümmern. Von daher verwundert es nicht, dass sich auch die neue Sachbearbeitung in den Jobcentern nicht oder kaum um die in den Modellprojekten entwickelten neuen Arbeitsweisen kümmerte.

In ihrer vierten Fallstudie, in der Stadt Eschweiler, wurde ebenfalls ein zweigleisiges Modell von Arbeitsmarktintegration und Kontrolle verfolgt: „Neben den aktivierenden Elementen des Reformprozesses ist als ein weiterer Baustein der Struktur des Sozialamtes die Arbeit des Ermittlungsdienstes zu nennen. Durch eine ‚Vernetzung mit allen nur denkbaren Kooperationspartnern' wird eine systematische Kontrolle der Hilfebedürftigen forciert", heißt es in einem Perspektivenpapier der Stadt Eschweiler (ebd.: Fn 55, 190). Welche Konsequenzen dies in der Praxis entfaltet, erfahren die LeserInnen der Studie nicht, denn: „Die Case Managerinnen sehen sich lediglich in der Vermittlungsrolle, gehen aus arbeitsökonomischen und fachlichen Gründen den verschiedenen Fragestellungen nicht genauer nach" (ebd.: 202). Auch wenn es im Sinne einer ganzheitlichen Betrachtung der Sachbearbeitung an dieser Stelle wichtig wäre, wird lediglich eine weichgespülte Empirie der Beratungssituationen wiedergegeben, in denen vorgeblich „eine vertrauensvolle Atmosphäre geschaffen" (ebd.: 207) wurde. Gleichwohl fällt die von den Autoren vorgenommene eigene Zusammenfassung durchaus deprimierend aus: „In von Beginn an von Vorbehalten gekennzeichneten Gesprächen gelingt die Koproduktion (der Leistungserstellung – d.V.) nur bedingt" (ebd.: 208).

Zusammenfassend kann konstatiert werden, dass die Trennung von Fallmanagement als dem ‚guten' Teil der Beratung sich nicht vom ‚bösen' Teil, dem sanktionsbewehrten Handeln trennen lässt[63]. Die idealtypische Konstruktion des Fallmanagements zerschellte an den Klippen der alltagspraktischen Erfordernisse der neu entstandenen Grundsicherungsarbeit[64]. Und dies, so geben die Autoren

---

[63] Entsprechende Warnungen wurden zu den Modellprojekten zwar geäußert (vgl. Grosch, Wiglow 2005), aber offensichtlich nicht ernst genommen (vgl. Reis, Kolbe, Reinmüller 2007).
[64] Auch genderpolitischen Konzeptionen wird es dabei nicht anders ergehen (vgl. Bareis, Mertens, Reis 2007).

zwischen den Zeilen zu, war in der Praxis der Grundsicherungsarbeit nicht einmal eine ‚produktive' Fiktion. Lediglich in wenigen Veröffentlichungen dazu wird vorsichtig eingeräumt, dass die praktische Umsetzung der hehren Konzeptionen des Fallmanagements in den Jobcentern doch „Anlass zur Skepsis" (Reis 2007: 178) biete, bzw. in bürokratischen Organisationen nur „bedingt.... umzusetzen" (Wende, Reis 2005) sei. Doch warum und welche Konsequenzen daraus gezogen werden müssten, bleibt offen.

Im Gegensatz zur Konzeption der von Christian Kolbe und Claus Reis präsentierten bundesdeutschen Modellprojekte konnte Chantal Magnin mit ihrem spezifischen Untersuchungsdesign die in den schweizerischen Beratungssituationen sich manifestierenden Strukturen präzise dokumentieren und beschreiben (vgl. Magnin 2005). Mit der Grundsicherungsarbeit der hiesigen Jobcenter vergleichbar sind dabei auch neuere Entwicklungen, die die Arbeitsberatung weiter verbessern sollten. So berichtete Magnin aus einem Regionalen Arbeitsvermittlungszentrum (RAV) in Zürich: „Es handelt sich insbesondere um den Versuch, die Beratungsgespräche zu standardisieren. Für das ‚Erstgespräch' gibt es neu einen so genannten Einschätzungsbogen, in den die Mitarbeitenden diverse Merkmale der versicherten Person eintragen. Neu ist auch das Formular zur ‚Vereinbarung über persönliche Arbeitsbemühungen'. Künftig soll die versicherte Person die vereinbarte Anzahl Belege an Arbeitsbemühungen, die sie im RAV monatlich vorlegen muss, mit ihrer Unterschrift bestätigen. Dadurch wird mittels Vereinbarungen kaschiert, dass das Erbringen von Belegen, sich um Arbeit bemüht zu haben, allein der Wahrnehmung staatlicher Kontrolle dient. Dies macht die Entwürdigung durch diese bürokratische Praxis insofern perfekt, als die Individuen dazu gezwungen werden, ihr Einverständnis zu ihrer Entwürdigung nicht nur durch ihr Handeln zu bestätigen, sondern dies auch noch mit ihrer Unterschrift zu bekräftigen. Ein weiteres Element der Reform ist die Einführung der ‚Beratung nach Bedarf'. Das heißt, dass die Versicherten nicht mehr mindestens einmal im Monat beraten werden, sondern gemäß Vereinbarung zwischen Versicherten und Beratenden nur noch mindestens ein Mal in drei Monaten. Mit der Reform wird die konkrete Leistung des RAV somit abgebaut, der Aufwand, der für administrative Angelegenheiten anfällt, mit den eigens kreierten neuen Papieren hingegen erhöht" (ebd.: 122). Der Umfang der kontrollierenden Anteile der Grundsicherungsarbeit ist also ausbaufähig und wird ausgebaut.

Solche Bemühungen, die Arbeit zu rationalisieren und zu standardisieren, sind einerseits nahezu selbstverständlich und es gibt sie auch in der bundesdeutschen Grundsicherungsarbeit. Es ist der stetige Versuch, Routinen in einem Arbeitsalltag zu entwickeln, um der Vielzahl der individuellen Besonderheiten der Arbeitsuchenden zu entgehen. Und hierbei spielt die EDV eine besondere Rolle, wie später noch präzise zu zeigen sein wird. Die programmtechnischen Vorgaben erzwingen geradezu Standardisierungen, die dann gleichsam als Vorbild für die individuellen Arbeitsvorgänge im Umgang mit dem Publikum genommen werden. Andererseits geben sie der Arbeit ein neues und, wie Chantal Magnin es trefflich beobachtet hat, bürokratisches Gepräge, dessen Sinnhaftigkeit von den Betroffenen nicht mehr durchschaut werden kann und nur noch als Schikane erlebt wird.

Auch von der inhaltlich-fachlichen Seite her spricht einiges dagegen, dass die Konzeption des Case Management, jedenfalls in den bislang vorgeschlagenen Formen, in der Grundsicherungsarbeit aufgehen kann: „In der Beschäftigungsförderung bleibt das Case Management im Kern auf den Arbeitsmarkt und seine Aufnahmefähigkeit als die entscheidende Erfolgsbedingung angewiesen, auf die die Beteiligten zugleich keinerlei Einfluss haben, was zu paradoxen Resultaten führt: Je stimmiger Case Management das Hilfesystem von Maßnahmen und Einrichtungen auf den Bedarf der Klientel ausrichtet und so integriert, desto unmittelbarer werden alle Beteiligten mit der Tatsache konfrontiert, dass auch diese Methodik ihre eigenen Erfolgsbedingungen nicht selbst produzieren kann. Vielmehr vermittelt die konsequente Fallorientierung die Erfahrung, dass sich die Arbeitsmarktentwicklung eben nicht fallorientiert verhält und sich deshalb wenig um ihre Funktion als nötige externe Erfolgsvoraussetzung des Case Management kümmert. Der Grund für die Entwicklung dieses Feldes der Sozialarbeit ist damit zugleich der Grund für das massenhafte Scheitern in diesem Feld" (Buestrich, Wohlfahrt 2005: 314f.).

Die Problematik der damit einhergehenden Arbeitsweisen in der Sachbearbeitung beschrieb Peter Ochs in einer Untersuchung über die Auswirkungen der allmählichen Durchsetzung betriebswirtschaftlicher Konzepte in der (alten) Bundesanstalt für Arbeit folgendermaßen: „Mit dem Begriff des ‚Sozialen' verbindet sich (bei den Mitarbeiterinnen der BA – d.V.) die Sicht auf zunehmend unversöhnliche Marktverhältnisse, denen Arbeitnehmer zum Opfer fallen, weil dort nur die Regeln ‚des Wirtschaftlichen' gelten. Daraus leitet sich der tief wurzelnde Impetus des Helfens ab. Als Paradox erscheint nun, dass ‚das Soziale' reklamiert wird, während in allen diesen (von Peter Ochs untersuchten – d.V.) Agenturen mehr oder minder deutlich das Tagesgeschäft der Vermittler durch Prüfungen der Arbeitsbereitschaft, Verfügbarkeit und Mitwirkung von nicht markt- und wenig beschäftigungsorientierten Kunden bestimmt wird. Diesem zahlenmäßig nicht genau bestimmbaren Personenkreis rücken die Vermittler mit ihren zur Verfügung stehenden Instrumenten zu Leibe. Auch werden oftmals die Aktivitäten (Beratung, Förderung) bei denjenigen zurückgefahren, die nach längerer Arbeitslosigkeit und ausgestattet mit den einschlägigen Hemmnissen kaum noch integrierbar erscheinen" (Ochs 2005: 184). Die nun in den Jobcentern auf völlig neuem Niveau hochgefahrenen Aktivitäten für und mit denjenigen, die man bislang eher und lieber vernachlässigte, ist nun das Kerngeschäft der Grundsicherungsarbeit.

Zur Entwicklung der neuen Sachbearbeitung

Die eben dargestellten Problematiken lassen sich auch bei der Entstehung der Grundsicherungsarbeit und ihrer sich entwickelnden Praxis nachzeichnen. Im Mittelpunkt der Sachbearbeitung nach dem BSHG stand zumindest bis zu seiner grundlegenden Reform am 1.1.2005 die Ermöglichung eines der Menschenwürde entsprechenden Lebens für die um Hilfe nachsuchenden Menschen. Auch wenn, wie oben gezeigt werden konnte, die Hilfebedürftigen schon immer angehalten wurden, ‚nach ihren Kräften' mitzuhelfen, diesen Zustand zu überwinden, so stand doch im Arbeitsalltag der Sachbearbeitung in der Sozialhilfe die Ermöglichung eines der Menschenwürde entsprechenden Lebens im Vordergrund der Aktivitäten. Letztlich gingen die Sozialämter davon aus, dass bei ihnen ausschließlich diejenigen gelandet waren, die sich tatsächlich nicht (mehr) selbst helfen konnten. Entscheidend dafür waren – und das charakterisierte die gesellschaftspolitische Sichtweise der Sozialhilfe – die subjektiv und objektiv nicht (mehr) ausreichend mobilisierbaren Kräfte der Einzelnen, ihr Leben ohne staatliche Hilfe zu meistern. Sie waren durchweg den im Laufe der Jahre sich verschärfenden Anforderungen des Arbeitsmarktes nicht (mehr) gewachsen. Der erste Arbeitsmarkt mit einem existenzsichernden Einkommen war ihnen dauerhaft verschlossen. Durch Arbeit ein Leben ohne staatliche Unterstützung zu führen, war nach Jahrzehnten der Massenarbeitslosigkeit für Sozialhilfe-Bedürftige außerhalb der Reichweite der subjektiven und objektiven Möglichkeiten – ohne Unterstützung durch das Sozialamt hatten diese Menschen keine Chancen mehr.

Dabei konnte die Hilfestellung des Sozialamtes durchaus lediglich darin bestehen, Unterhaltsansprüche der Bedürftigen zu realisieren oder ihnen zustehende andere Sozialleistungen durchzusetzen und ihnen so ein eigenständiges Leben ohne staatliche Unterstützung zu ermöglichen oder nur vorübergehend als Ausfallbürge einzuspringen, bis beispielsweise staatliche Rentenleistungen oder die Zahlungen des Arbeitsamtes endgültig erfolgten. Doch in den meisten Fällen musste die Sozialhilfe für die Bedürftigen und ihre Angehörigen ein ganzes Bündel von Problemen gleichzeitig bewältigen, ohne dass Unabhängigkeit von staatlichen Sozialleistungen in Aussicht stand.

In Zeiten verschwindend geringer Arbeitslosigkeit bis in die Mitte der siebziger Jahre des letzten Jahrhunderts drückte sich in den Zahlungen der Sozialämter auch eine gewisse Großzügigkeit des Fürsorge- und Wohlfahrtsstaates aus. Mit weniger als einer Million SozialhilfeempfängerInnen konnte sich der Sozialstaat abfinden in der Gewissheit, dass Sozialhilfe im wesentlichen ein Randproblem war. In den anschließenden Zeiten zunehmender Massenarbeitslosigkeit und steigenden Zahlen von SozialhilfeempfängerInnen jedoch hätte es auch als Eingeständnis des Sozialstaats gewertet werden können, nicht allen Gesellschaftsmitgliedern die Möglichkeit bieten zu können, mit Arbeit ihren Lebensunterhalt selbst zu sichern. Aus einem subjektiv zugewiesenen hätte ein objektiv eingestandenes Problem werden können.

Und so dauerte es nicht lange, bis erste Stimmen aufkamen, die genau dies bestritten und doch die subjektive Verfassung der Bedürftigen dafür verantwortlich machen wollten, dass sie selbstverschuldet für sich und ihre Angehörigen keinen hinreichenden Lebensunterhalt erwirtschafteten: Die Debatte über die Sozialschmarotzer begann (vgl. kritisch dazu: Uske 1986). Wie auch immer man diese Debatten detailliert bewertet[65], sie waren de facto ein Anknüpfungspunkt für Verschärfungen im Sozialhilferecht, die auch in der Praxis der kommunalen Sozialhilfe ihre Spuren hinterließen. Die gerade durch die steigende Zahl der Bedürftigen zunehmend enger werdenden finanziellen Handlungsspielräume der Kommunen taten ihr Übriges, dass immer intensiver versucht wurde, Menschen aus der Sozialhilfe heraus zu holen und sie am besten wieder in den ersten Arbeitsmarkt zu integrieren.

Mit speziellen Programmen wie beispielsweise „Arbeit statt Sozialhilfe" konnten durchaus Sozialhilfebedürftige aus der Sozialhilfe heraus in den Arbeitsmarkt integriert werden. Mindestens für die Laufzeit des Programms waren sie aus der kommunalen Sozialhilfe entlassen und schlechtestenfalls danach wieder anspruchsberechtigt für die Versicherungsleistung Arbeitslosengeld, finanziert von der damaligen Bundesanstalt für Arbeit. Zunächst einmal waren sie damit aus der kommunal zu finanzierenden Sozialhilfe verschwunden. Mit der Zeit entwickelten sich innerhalb der kommunalen Sozialhilfe immer ausgeprägtere und differenziertere Formen der kommunalen Arbeitsmarktpolitik, die genau an diesem Punkt ansetzten. Doch angesichts der immer miserabler werdenden Arbeitsmarktsituation gestaltete sich die Aufgabe letztlich nur zur Erfindung immer neuer ‚Verschiebebahnhöfe'. Die Sozialämter übergaben die Hilfebedürftigen an die damalige Bundesanstalt für Arbeit und häufig nach Ablauf des Arbeitslosengeld-Bezuges kamen die Arbeitslosen wieder zurück in die Sozialämter, weil die Arbeitslosenhilfe-Ansprüche zu gering waren, um ohne aufstockende Sozialhilfe auszukommen. Sisyphusgleich versuchte die kommunale Sozialhilfe Menschen in Arbeit und aus der Sozialhilfe heraus zu bringen, von denen

---

[65] Es geht nicht darum, Sozialhilfe-Missbrauch schlichtweg zu leugnen, aber die Argumentation sollte auch nicht einfach in der Weise herumgedreht werden, dass es ja – was ebenfalls absolut plausibel ist – auf der anderen Seite um die Summe viel höhere Beträge bei den Steuerbetrügern gehe würde (vgl. Roth 2004: 87ff.).

viele danach doch wieder über kurz oder lang zurück in die Sozialhilfe rutschten[66].

Mehr und mehr wurde diese Arbeit in meist eigenständigen Organisationseinheiten innerhalb oder angegliedert an die Sozialämter geleistet[67], während die eigentliche Sozialhilfe-Sachbearbeitung davon befreit wurde. Diese Form der Ausdifferenzierung war nicht nur aufgrund der zunehmenden Komplexität der kommunalen Arbeitsmarktpolitik naheliegend, sondern das originäre Feld der Sachbearbeitung in der kommunalen Sozialhilfe war als solches von einer Dichte, die kaum zu überbieten ist. Was sich auf einer abstrakten Ebene einfach anhört, nämlich die Vermittlung von gesellschaftlichen und gesetzlichen Vorstellungen über ein Leben in Armut mit den Vorstellungen der Hilfebedürftigen über ein der Menschenwürde entsprechendes Leben, ist im Detail nicht nur facettenreich, sondern erfordert ein Höchstmaß an Erfahrung, Sachverstand und Einfühlungsvermögen.

Charakterisiert man Verwaltungsarbeit, wie es oben entwickelt wurde, als Herstellung gesellschaftlich bindender Entscheidungen, so lassen sich die Dimensionen der zu bewältigenden Aufgabe beschreiben. Hilfebedürftige kamen ins Sozialamt und kommen heute in die Jobcenter in der Erwartung, dass ihnen dort eine Unterstützung zuteil wird, die ihnen ein Weiterleben in Würde ermöglicht. Die SachbearbeiterInnen haben jedoch die berufliche und gesetzliche Verpflichtung, lediglich das zu gewähren, was Gesetze, Gerichte und die jeweils eigenen, im Amt aus Wissen und Erfahrung entwickelten Vorstellungen dazu vorsehen. Hier prallen notwendigerweise zwei Welten aufeinander und die SachbearbeiterInnen haben dies auszuhalten und – wie man so sagt – konstruktiv zu bewältigen und abzuarbeiten.

Jede Entscheidung, die die SachbearbeiterInnen treffen, ist immer vorläufiger Natur. Und sie sind stets bemüht, dies, wie es im Gesetz heißt, nach ‚pflichtgemäßem Ermessen' und nicht willkürlich zu tun. Jede Entscheidung der Sachbearbeitung muss, zumindest theoretisch, nicht aber in jedem Fall praktisch, einer gerichtlichen Überprüfung standhalten. Ist sie es nicht, so bleibt ein Makel an den einzelnen SachbearbeiterInnen haften. Die Hilfebedürftigen können sich bei den unmittelbaren Vorgesetzten in mündlicher oder schriftlicher Form beschweren, sie können Beratungsinstitutionen einschalten, vor Gericht ziehen oder politische Gremien über die gesehene Ungerechtigkeit informieren, die wiederum Druck auf die Entscheidungsfindung oder zumindest auf die weitere Vorgehensweise nehmen. So entsteht mit der Zeit unter den Augen der Sach-

---

[66] Dabei soll nicht verschwiegen werden, dass es ein ansehnlicher Prozentsatz der Sozialhilfebedürftigen sehr wohl schaffte, dauerhaft oder zumindest über etliche Jahre aus der Sozialhilfe heraus zu kommen (vgl. Buhr 1995), aber letztlich wurden es doch immer mehr Bedürftige.
[67] Die verschiedenen Organisationsformen untersuchte Ingo Bode (vgl. Bode 2005: 63ff.).

bearbeiterInnen und, wenn nicht unter Gegenwehr, so zumindest unter Duldung der Hilfesuchenden letztlich etwas, das sich als Armutsregulierung fassen lässt (vgl. Kantel 1990). Selbst wenn die Sachbearbeitung gewährt, was gewährt werden kann, erscheint es doch den Hilfesuchenden stets als zu wenig. Und trotzdem kommt es zu einem mehr oder weniger gemeinsam getragenen Prozess, der sich in Resultaten niederschlägt, die hier in Anlehnung an die Formulierung von Piven und Cloward ‚Regulierung der Armut' genannt werden soll (vgl. Piven, Cloward 1977).

Damit ist dann nicht nur gemeint, dass den Hilfesuchenden ein materielles Überleben ermöglicht wird, sondern ebenso wird die neu definierte gesellschaftspolitische Aufgabe erfasst, Hilfesuchende wieder in den Stand zu setzen, ihr Leben durch eigene Arbeit existenzsichernd zu bestreiten. Auch wenn niemand konkret weiß, wie das angesichts der momentanen Arbeitsmarkt-Bedingungen gelingen soll und wohin eigentlich ‚aktiviert' werden soll – es ist das nun mal mit den Hartz-Gesetzen in die Welt gesetzte Versprechen (vgl. auch Knuth 2005). Niemand kann heute genau sagen, was es denn heißt, die Betroffenen zu aktivieren, aber es ist die Aufgabe der Jobcenter, genau das zu erreichen.

Bei aller alltäglichen ‚Grausamkeit' und Kälte, die bei einer Draufsicht oder im Falle der Betroffenheit in diesem Vorgehen stecken mag, die SachbearbeiterInnen in den Sozialämtern hatten nicht nur einen Fall zu bearbeiten, sondern in der Regel zwischen 120 und 140. In den heutigen Jobcentern ist das zwar ausdifferenzierter, aber grundsätzlich nicht anders. Die SachbearbeiterInnen können sich nicht nur mit dem einen Fall beschäftigen; ihr Alltag war und ist geprägt durch das ständige Vorsprechen von Menschen, die sich nicht mehr selbst helfen können und die in ihrer Not nun die Jobcenter aufsuchen. Die SachbearbeiterInnen müssen – ob sie es wollen oder nicht – Routinen entwickeln, um den menschlichen und sachlichen Anforderungen und ihren persönlichen Vorstellungen gerecht zu werden.

Und selbst diese Darstellung kennzeichnet nur eine Normalität, die es als solche nicht gibt. Jeder Fall ist etwas Besonderes, Einmaliges, jedes Schicksal ein Individuelles und doch ist die Sachbearbeitung bemüht, aus jeder Besonderheit eine Routine zu entwickeln. Das Gesetz kennt keine Individualität – und das ist gerade die Kern-Herausforderung der Sachbearbeitung. Sie soll eine ‚Sache' bearbeiten und kein wie auch immer geartetes menschliches Schicksal. Die SachbearbeiterInnen sind also gefordert, gerade das Allgemeine im Besonderen zu entdecken und entsprechend zu würdigen. Das lässt sich sozialpsychologisch begreifen als Abwehrmechanismus gegen die schreckliche und unbarmherzige Realität – aber die Arbeit lässt sich nur aushalten, wenn eben nicht jedes Schicksal direkt ‚unter die Haut' geht.

Auch der Umfang der Arbeit als solches ließe sich nicht bewältigen, wenn alles, was an die Sachbearbeitung herangetragen wird, mit der dem Einzelfall stets eigentlich gebührenden Aufmerksamkeit und Konsequenz bedacht würde. Sich gerade aus den Verstrickungen der Einzelfälle befreien zu können, allgemeine oder zumindest doch schon vorgekommene Tendenzen im Einzelfall zu entdecken und so ein entsprechendes Handeln zu entwickeln, das auch die Beruhigung bewirkt, es richtig gemacht zu haben, gehört zum professionellen Handeln in der Sachbearbeitung.

Mit der seit dem 1.1.2005 geltenden Hartz-IV-Gesetzgebung wurde in der kommunalen Sozialhilfe ein folgenschwerer Schnitt vollzogen: Jetzt war jeder Hilfebedürftige, der über die Möglichkeit verfügte, mindestens drei Stunden pro Tag arbeiten zu können, per definitionem nicht mehr ‚Hilfebedürftiger' sondern ‚Arbeitsuchender'. Und mit ihnen waren fortan auch die Angehörigen nicht mehr Empfänger von Sozialhilfe, sondern Empfänger von Sozialgeld, die ihre Leistungen nicht mehr nach dem BSHG, sondern nach dem SGB II erhielten. In der kommunalen Sozialhilfe, die jetzt Grundsicherung hieß, blieben vor allem die über 65-Jährigen mit zu geringen Rentenzahlungen zurück – eine Klientel, die vergleichsweise einfach zu handhaben ist. Ist ihre besondere Situation einmal abgeklärt, erhalten sie ihre Grundsicherungszahlungen regelmäßig überwiesen.

Weil die Grundsicherung insbesondere das arbeitsaufwändige Feld der ‚einmaligen Leistungen' nicht mehr im bisherigen Umfang kennt, ist hier manches einfacher geworden. Musste früher jeder Antrag auf einmalige Leistungen, wie beispielsweise Bekleidungsbeihilfen (sofern nicht auch sie schon seit längerem pauschalisiert gezahlt wurden), einzeln geprüft und gewürdigt werden, sind durch die Aufstockung des Sozialhilfe-Regelsatzes von durchschnittlich 296,-€ auf nunmehr bundeseinheitliche 347,-€ die meisten dieser einmaligen Leistungen pauschal abgegolten. Einzelfallprüfungen beziehen sich seit dem deutlich weniger auf die den Hilfebedürftigen zusätzlich zustehenden Leistungen und immer mehr auf anrechenbare Leistungen, wie beispielsweise Erwerbseinkommen und Unterhaltszahlungen, die die zu zahlende Leistungshöhe seitens der Grundsicherung für Arbeitsuchende reduzieren.

Aber in die neu gegründeten Jobcenter kamen jetzt nicht nur die ehemaligen Sozialhilfe-EmpfängerInnen, sondern fortan auch die ehemaligen Arbeitslosenhilfe-EmpfängerInnen. Die Sozialämter gaben ihre eher ‚schwierige' Klientel an die Jobcenter ab und behielten die für die Sachbearbeitung vergleichsweise einfach zu handhabende Klientel. Die spezifischen Entstehungsbedingungen der Jobcenter bewirkten, das hier nun die vom Arbeitsmarkt ausgestoßenen Menschen zusammen kamen und viele Sozialamts-MitarbeiterInnen nun in den Jobcentern ihre alte Klientel wieder begrüßen durfte. Die Klientel war durch die Umbenennung von Hilfebedürftige in Leistungsberechtigte geadelt und die SachbearbeiterInnen durften sich nun vielfach FallmanagerInnen nennen. Geblieben sind die diffizilen Probleme einer zunehmenden Zahl von Menschen, die es in unserer Gesellschaft nicht ohne Hilfe schaffen, sich selbst durch Arbeit ein auskömmliches Leben zu erwirtschaften.

Aus Arbeitsamts-Perspektive sah das genau umgekehrt aus: Gingen Bedienstete zu den Jobcentern, so kehrten sie gerade der einfach zu handhabenden Klientel den Rücken – den noch relativ gut vermittelbaren kurzfristig Arbeitslosen, die obendrein nicht so stark in die Zange genommen werden musste, weil sie eine Versicherungsleistung ohne Bedürftigkeits-Prüfung erhielten. Verständlich daher, dass gerade von hier aus der Drang in die Jobcenter insbesondere bei denjenigen bestand, die sich ein berufliches Fortkommen, eine interessantere Tätigkeit und eine bessere Bezahlung ihrer Tätigkeit wünschten.

Daneben gab es durch die Einrichtung der Jobcenter noch eine weitere Veränderung: Bei rechtlichen Streitigkeiten zuständig waren nun die Sozialgerichte und nicht mehr die Verwaltungsgerichte. Ein mehr als nur organisatorischer Wechsel, eilte den Sozialgerichten doch der Ruf voraus, in sozialen Angelegenheiten eher liberal oder ‚kundenfreundlicher' zu urteilen – ein Umstand, der denjenigen, die bisher ihre Arbeit in den Agenturen leisteten, die Arbeit mit der jetzt schwieriger gewordenen Klientel nicht erleichtert. Für die SachbearbeiterInnen aus den Sozialämtern allemal eine große Umstellung, mussten sie sich doch nicht nur mit erheblichem Fortbildungsaufwand auf die neue rechtliche Materie wie alle anderen, sondern zusätzlich auf eine neue Sozialgerichtsbarkeit mit ihren Besonderheiten einstellen[68].

Die ehemaligen MitarbeiterInnen aus den Arbeitsämtern mussten sich nun mit einer Klientel herumschlagen, die sie mit ihren vielschichtigen persönlichen Problemen früher gerne an das Sozialamt weiter gereicht hatten. Vor allem sollten sie sich nun ja des gesamten Falles mit all seinen Facetten annehmen, sich also nicht mehr ausschließlich um die Arbeitsvermittlung kümmern, sondern zumindest auch in schwierigen Fragen wie beispielsweise der Schuldnerberatung und bei Suchtproblemen Vorklärungen herbeiführen. Jetzt stand nicht mehr ein Mensch im Vordergrund, der Arbeit suchte und dem dazu die Palette der arbeitsmarktlichen Vermittlungsinstrumentarien angeboten werden musste. Grundsicherungsarbeit war nun mehr als die Sachbearbeitung im Sozialamt und mehr als die Beratungs- und Vermittlungsarbeit in den Arbeitsämtern. Von daher

---

[68] So war es nicht verwunderlich, dass im Jahre 2004, also vor der Umstellung, von den 70.000 TeilnehmerInnen an Qualifizierungsmaßnahmen für ARGEn 30.000 eine fachliche Fortbildung zum SGB II besuchten – zum Fallmanagement waren es gerade mal 2.200 (vgl. BA 2005: 9). Im Jahre 2005 setzte sich dieser Trend fort, allerdings auf nachvollziehbar reduziertem Niveau: Im ersten Halbjahr besuchten nur noch 24.668 eine Fortbildung (ebd.: 10).

ist es auch sinnvoll, die neue Sachbearbeitung in den Jobcentern eigenständig als ‚Grundsicherungsarbeit' zu charakterisieren[69].

---

[69] Dieser Begriff wurde lediglich einmal in einem Aufsatz in der Zeitschrift ‚Jungle World' (vom 8.12.1998) für die Bezeichnung der Arbeit in Arbeitsgelegenheiten verwandt – dafür ist er aber eher unpassend (vgl.: http://www.nadir.org/nadir/periodika/jungle_world/_98/50/14b.htm (Stand: 4.1.2008).

6 Die neue Sachbearbeitung: Grundsicherungsarbeit

Die Rahmenbedingungen der Grundsicherungsarbeit

Mit der wissenschaftlichen Untersuchung der Sozialhilfe-Sachbearbeitung und der Arbeitsberatung und -vermittlung konnte gezeigt werden, dass die neue Sachbearbeitung in den Jobcentern als Einheit von Leistungsgewährung, Beratung und Vermittlung gesehen werden muss. Die Grundsicherungsarbeit umfasst alle Teilbereiche der neuen Arbeit in den Jobcentern – bei den Arbeiten mit Kundenkontakt von der Eingangsberatung an der Infotheke bis zum Fallmanagement und bei den sogenannten back-office Arbeiten, die ohne Kundenkontakt auskommen, von der Rechnungsprüfung bis zur Widerspruchsbearbeitung. Hierarchisch gesehen muss die Grundsicherungsarbeit letztlich noch weiter von der Leitung des Jobcenters bis zum Telefon-Service gefasst werden; ja, eigentlich gehören zur Grundsicherungsarbeit sogar Teile der Arbeiten des Vorstands der Bundesagentur und der Kommunen als Träger der Jobcenter, denn sie alle sind Teile eines Prozesses, der die Grundsicherungsarbeit ausmacht und der hier als Armutsregulierung rekonstruiert wurde.

Um eine etwas plastischere Vorstellung von der Arbeitsweise und der Organisation eines Jobcenters und damit von den Rahmenbedingungen der Grundsicherungsarbeit zu erhalten, soll hier nun eine ‚durchschnittliche', eine ‚normale' Einheit eines solchen Arbeitsprozesses vorgestellt werden. Dazu wurde das Jobcenter Recklinghausen ausgewählt. Recklinghausen ist einerseits eine Großstadt mit knapp 125.000 EinwohnerInnen am nördlichen Rand des Ruhrgebietes und repräsentiert daher großstädtische Zusammenhänge. Andererseits aber ist die ‚Vestische Arbeit', so wird das dortige Jobcenter genannt, für alle zehn kreisangehörigen Städte des Kreises Recklinghausen zuständig und hat auch in Recklinghausen seinen Sitz. Einige Bezirksstellen des Jobcenters der Vestischen Arbeit, wie beispielsweise das in Haltern am See, grenzen schon an das ländlich geprägte Münsterland und repräsentieren insofern die vielen in der Bundesrepublik vorhandenen ländlichen Kreise. Zur Beschreibung der spezifischen Arbeitsprozesse und des Organisationsaufbaus soll allerdings ausschließlich auf die

Bezirksstelle Recklinghausen der Vestischen Arbeit zurückgegriffen werden, die aber mit den anderen Bezirksstellen zusammen die Vestische Arbeit bildet[70].

Doch zunächst sollen kurz ein paar statistische Rahmendaten zur Arbeitslosigkeit in Recklinghausen vorangestellt werden, die einerseits die teils bedrückenden Dimensionen des zu bearbeitenden Problems im dortigen Jobcenter veranschaulichen und andererseits aber auch klarstellen sollen, dass Recklinghausen tatsächlich ein relativ ‚normales' Jobcenter mit allen üblichen Schwierigkeiten und Problemen darstellt. Und auch hierzu muss noch eine kleine Bemerkung vorweggeschickt werden: Für die statistische Erfassung und darauf aufbauend die analytische Bewertung der Problematiken von Armut und Arbeitslosigkeit standen verschiedene statistische Quellen zur Verfügung. Für bundesweite Erhebungen waren dies vor allem die prozessgenerierten Daten der Sozial- und Arbeitsämter und seit der Arbeitsmarktreform zusätzlich die der Jobcenter, wie sie auch im Internet zur Verfügung standen[71]. Zusätzlich gab es mit der Einrichtung der Jobcenter in einem noch nicht gekannten Umfang und einer neuen Qualität auch gesetzlich vorgeschriebene, wissenschaftlich begleitende Evaluierungen dieses Prozesses vor allem zu den Wirkungen dieser Reformen, die hier auch berücksichtigt wurden[72].

Um fundierte und aussagekräftige Einblicke in armuts- und arbeitsmarktpolitische Zusammenhänge zu erhalten, lassen sich noch Erhebungen heranziehen, die meist im Rahmen von wissenschaftlichen Projekten durchgeführt wurden und die jeweils spezifische Fragestellungen und Datenlagen präsentierten. Auf dieses Material konnten sich dann beispielsweise die von der Bundesregierung herausgegebenen Armuts- und Reichtumsberichte stützen (vgl. etwa Bundesregierung 2005), die die aus Armut und Arbeitslosigkeit resultierenden sozialen Problemlagen beschreiben. Neben diesen auf Bundesebene durchleuchteten sozialen Problematiken gab es auch auf Landesebene entsprechende Sozialberichte, die weitere zusätzliche Datenquellen nutzten[73]. Allerdings waren dabei detailliertere Daten für die einzelnen Kommunen meist noch recht ungenau und erlaubten keine präziseren Angaben über die regionale Verteilung von Armutssituationen und sozialen Problemlagen in den einzelnen Stadtgebieten. So wurde beispielsweise im Landessozialbericht NRW für die Stadt Oberhausen lediglich eine Aufteilung in sechs Sozialräume angeboten (vgl. MAGS NW 2007: 424ff.). Dabei gab es sehr wohl schon auf kommunaler Ebene Sozialraumberichte, die

---

[70] Die Basis für diese Beschreibung lieferte die vom Autor durchgeführte explorative Studie zur Grundsicherungsarbeit (vgl. Kantel 2006).
[71] Vgl.: http://www.pub.arbeitsamt.de/hst/services/statistik/000000/html/start/index.shtml (Stand: 4.1.2008) oder die entsprechenden Jahresberichte (BA 2006 und BA 2007).
[72] Vgl.: http://www.wipol.de/hartz/evaluierung.htm (Stand: 4.1.2008).
[73] Vgl. beispielsweise für Nordrhein-Westfalen (MAGS NW 2007): http://www.mags.nrw.de/sozial berichte/index.php (Stand: 4.1.2008).

6 Die neue Sachbearbeitung: Grundsicherungsarbeit

etwa für Duisburg bis auf die 46 Ortsteile der Stadt konkretisierte Auskünfte über die räumliche Verteilung von sozialen Problematiken anschaulich ermöglichten (vgl. Stadt Duisburg 2007[74]). Eine noch weiter gehendere und damit aussagekräftiger aufgeschlüsselte Problematik von sozialen Räumen ermöglichte eine – selbstverständlich immer noch anonymisierte – Zusammenführung von prozessgenerierten (Sozial-) Daten verschiedener städtischer Ämter mit den einzelnen (Wahl-) Stimmbezirken Anfang der neunziger Jahre des letzten Jahrhunderts, bei der dann in Duisburg die soziale Situation in 397 Stimmbezirken dokumentiert werden konnte (vgl. Altena, Kantel 1993).

Auch für Recklinghausen lag ein solcher Sozialbericht mit der Einteilung der Stadt in 13 Sozialräume vor, der allerdings nur mit Daten von Ende 1999 arbeiten konnte (vgl. ZASP 2002). Von daher musste – was für den hier vorzunehmenden kleinen Überblick aber auch hinreichend war – vor allem auf die Daten der Bundesagentur für Arbeit zurückgegriffen werden, die als kleinste örtliche Einheit Daten der Stadt Recklinghausen auswies. Vielfach existierten aussagekräftige Daten jedoch nur auf der höheren Ebene des Agenturbezirks Recklinghausen, in der dann zwangsläufig ländliche und großstädtische Strukturen statistisch ‚gemittelt' waren. Zusätzlich konnten hier jedoch Daten, die die Vestische Arbeit zur Verfügung gestellt hatte[75], berücksichtigt werden.

Anfang Januar 2008 waren in der Bundesrepublik Deutschland insgesamt 8,1 aller erwerbsfähigen Menschen arbeitslos gemeldet. Der Agenturbezirk Recklinghausen[76] hatte demgegenüber bereits eine Arbeitslosenquote von 11,1 zu verzeichnen – 46.407 Menschen suchten eine Arbeit[77]. Bundesweit reichte die Spannbreite der Arbeitslosenquoten in den einzelnen Agenturbezirken von der ARGE Uecker-Randow in Ostdeutschland mit 24,7% bis zur ARGE Eichstätt in Süddeutschland mit 2,4%[78]. Insofern kann man grob sagen, lag der Agenturbe-

---

[74] Dieser Bericht kann über das Bürgerportal der Stadt Duisburg aus dem Internet herunter geladen werden: http://www.duisburg.de/rathaus_politik_buergerservice/rathaus/gremien/index.php (Stand: 4.1.2008).
[75] Vgl. Kantel 2006.
[76] Hier nicht weiter berücksichtigt wird die Besonderheit, dass die Stadt Gladbeck zwar zum Kreis Recklinghausen und zur Vestischen Arbeit, aber nicht zum Agenturbezirk Recklinghausen, sondern Gelsenkirchen gehört.
[77] Die bundesweiten Zahlen wurden der monatlichen amtlichen Statistik der Bundesagentur entnommen, vgl.: http://www.pub.arbeitsamt.de/hst/services/statistik/000000/html/start/index.shtml (Stand: 4.1.2008), zu den Zahlen des Agenturbezirks Recklinghausen vgl.: http://www.arbeitsagentur.de/nn _12688/Dienststellen/RD-NRW/Recklinghausen/AA/Zahlen-Daten-Fakten/Zahlen-Daten-Fakten-Arbeitsmarktreports2007.html (4.1.2008).
[78] Diese Angaben wurden der „Statistik der Grundsicherung für Arbeitsuchende nach dem SGB II – SGB II-Kennzahlen für interregionale Vergleiche, August 2007" entnommen; sie konnten aber lediglich die Entwicklung bis einschließlich April 2007 beschreiben, vgl.: http://www.pub.arbeitsamt. de/hst/services/statistik/000200/html/sgb2/bmas/index.shtml (Stand: 4.1.2008).

zirk Recklinghausen in einem statistischen Mittelfeld. Die Dramatik dieser Zahlen erschließt sich jedoch erst vollständig, wenn den Arbeitsuchenden die Zahlen der offenen Stellen gegenübergestellt werden: Insgesamt gab es bundesweit 647.500 offene Stellen, aber 3.705.000 gemeldete Arbeitslose. Doch unter diesen vorhandenen offenen Stellen waren nur 411.000 ‚normale' sozialversicherungspflichtige Stellen. Unter Berücksichtigung der Angaben der Bundesagentur, dass ihr „deutlich mehr als die Hälfte des gesamtwirtschaftlichen Stellenangebots"[79] vorlagen, es also überhaupt nur etwas mehr als eine Millionen offene Stellen in der Bundesrepublik gab, ein erschreckendes Missverhältnis! Den knapp 50.000 Arbeitsuchenden im Agenturbezirk Recklinghausen standen sogar nur 4.234 gemeldete offene Stellen gegenüber und erhellen schlaglichtartig die besonderen Probleme in Recklinghausen: Die Arbeitslosigkeit sank von Januar bis August 2007 deutlich langsamer als im Bundesgebiet und die Zahl der offenen Stellen ging entgegen dem Bundestrend sogar zurück. Zudem verharren die Zahlen der EmpfängerInnen von Arbeitslosengeld II und Sozialgeld auf hohem Niveau (vgl. Abbildung 7).

Abbildung 7: Der Arbeitsmarkt in Recklinghausen

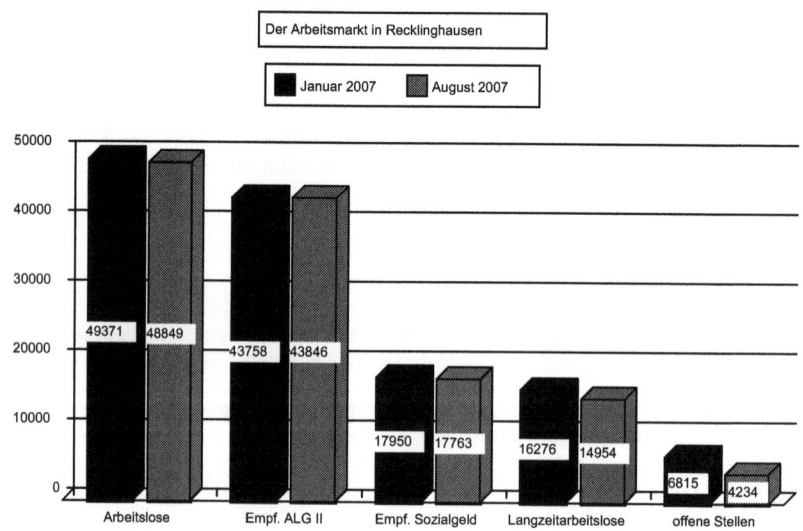

(Quelle: Arbeitsmarktdaten Recklinghausen (Januar und August 2007), a.a.O., eigene Zusammenstellung)

---

[79] Vgl. die Erläuterungen unter: http://www.pub.arbeitsamt.de/hst/services/statistik/000000/html/start/monat/aktuell.pdf (Stand 4.1.2008), S.7.

6 Die neue Sachbearbeitung: Grundsicherungsarbeit

Ein weiteres aussagekräftiges Merkmal, das die verfahrene wirtschaftliche Situation im Bezirk der Vestischen Arbeit charakterisierte, ist die Beschäftigungsquote; sie dokumentiert den Anteil der sozialversicherungspflichtig Beschäftigten im Verhältnis zur Bevölkerung zwischen 15 und 65 Jahren insgesamt: Kam die Bundesrepublik auf eine Quote von 47,8%, waren es in Recklinghausen lediglich 43,4%. Konnte die Bundesrepublik im April 2007 gegenüber dem Vorjahr ein Plus von 1,7% verzeichnen, kam Recklinghausen nur auf ein Plus von 1%. Bei der SGB-II-Quote wiederum, die den Anteil der hilfebedürftigen Personen nach SGB II ins Verhältnis zur restlichen Bevölkerung setzt und so auch den Anteil der Langzeitarbeitslosigkeit dokumentiert, kam der Bund auf 11,1%, während es in Recklinghausen 14,4% waren. Doch diese Abweichungen vom Durchschnitt markieren lediglich Entwicklungen, wie sie ähnlich für andere Städte im vom Strukturwandel betroffenen Ruhrgebiet anzutreffen sind[80].

Auch bei der seit Mitte des Jahres 2006 leicht zurückgehenden Anzahl der Bedarfsgemeinschaften, verzeichnete Recklinghausen einen knapp unter dem bundesweiten Durchschnitt liegenden Rückgang: Ging sie in Recklinghausen gegenüber dem Vorjahr um 7,5% zurück, so sank sie in Deutschland insgesamt um 8%. Die Aktivitäten der Jobcenter widerspiegelnd und deshalb aufschlussreich ist auch die in der Statistik ausgewiesene Kennziffer, die die „Abgangsrate der Personen aus Hilfebedürftigkeit" angibt, also, wie viele Hilfebedürftige innerhalb der letzten drei Monate ihre Hilfebedürftigkeit – aus welchen Gründen auch immer – beendeten. Bundesweit waren es 13,1%, in Recklinghausen dagegen nur 8,5%. Eine spezielle Seite der Aktivitäten der Jobcenter markiert die Sanktionsquote, das ist der Anteil der Arbeitsuchenden, die zum Erhebungszeitpunkt einer Sperre ihrer Bezüge unterlagen[81]. Deutschlandweit waren es 2,3%, in Recklinghausen lediglich 1,7%. Damit lag Recklinghausen zwar im unteren Bereich, aber gleichauf mit anderen Ruhrgebietsstädten wie Bottrop oder Dortmund.

Doch trotz der hier aufgelisteten Abweichungen vom Durchschnitt kann man festhalten, dass Recklinghausen nicht sonderlich auffallend von den insgesamt gesehen dramatischen Durchschnittszahlen abweicht, sondern eher im Mittelfeld einzuordnen ist. Anders dagegen bei der Anzahl der Maßnahmeteilnehmer

---

[80] Vor diesem Hintergrund nahm das Institut für Arbeitsmarkt- und Berufsforschung eine bundesweite Typisierung der Agenturbezirke vor, um die Vergleiche zwischen einzelnen Agenturbezirken auf eine realistischere Grundlage zu stellen. Recklinghausen wurde dabei in den Typ 5: „Vorwiegend städtisch geprägte Gebiete in Westdeutschland mit durchschnittlicher Arbeitsmarktlage und hohem Anteil an Langzeitarbeitslosen" einsortiert. Vgl.: http://www.pub.arbeitsamt.de/hst/services/statistik/000200/html/sgb2/bmas/sghii2006_200704.pdf (Stand: 4.1.2008).

[81] Die Bundesagentur bietet auf ihrer Statistik-Seite auch anschauliche Karten, die beispielsweise die Verteilung der unterschiedlichen Sanktionsquoten im Bundesgebiet veranschaulicht: http://www.pub.arbeitsamt.de/hst/services/statistik/000200/html/sgb2/bmas/kennzahlen.shtml (Stand: 4.1.2008).

– und auch diese absolute Zahl dokumentiert die Anstrengungen der Jobcenter, Arbeitsuchende zu qualifizieren, zu fördern und ihre Chancen auf dem ersten Arbeitsmarkt zu erhöhen. Hier lag Recklinghausen, seit dem diese Kennzahlen erstmals veröffentlicht wurden, nahezu durchgehend auf dem bundesweiten 9. Platz. Doch dieses hohe Ranking wird dadurch erklärlich, dass der Agenturbezirk Recklinghausen, gemessen an der Anzahl der Bevölkerung zwischen 15 und 65 Jahren, bundesweit den sechsten Rang belegt.

Aufbau und Arbeit der Jobcenter

Bei der genaueren Betrachtung des organisatorischen Aufbaus und der Arbeit des Jobcenters in Recklinghausen sollte zunächst einmal klar sein, dass nahezu jedes Jobcenter in der Bundesrepublik individuelle organisatorische Besonderheiten ausgebildet hat. Trotzdem gibt es viele organisatorische Strukturen, die hier am Beispiel der Vestischen Arbeit Recklinghausen beschrieben werden, die zumindest bei etwas gröberer Betrachtung, bei den meisten Jobcentern identisch sind. Das liegt vor allem an der gemeinsamen Herkunft: Die neuen Jobcenter sind aus den alten Sozialämtern und Teilen des Arbeitsamtes entstanden und können letztlich nicht ihre Herkunft leugnen. Das schlägt sich beispielsweise schon im räumlichen Einzugsgebiet der Jobcenter nieder: Gegenüber den Strukturen der Arbeitsämter bekamen die neuen Jobcenter vielfach einen kleineren und gegenüber den Sozialämtern einen größeren regionalen Zuschnitt. Auch wenn das in beiden Organisationen überwiegende Buchstabenprinzip weitgehend beibehalten wird, so kommt es alleine aufgrund gesetzlicher Vorgaben auch zu personengruppen-spezifischen Aufteilungen, wie beispielsweise besondere Ansprechpartner für Arbeitsuchende unter 25 Jahren oder in Hochschul-Städten eine eigene Abteilung für AkademikerInnen.

Organisatorisch sticht bei der Vestischen Arbeit in Recklinghausen[82] die Aufteilung der Arbeit in Teams hervor – ein vielfach gewähltes Struktur-Prinzip. Neben der Leitung der Bezirksstelle, die selbst wiederum der Geschäftsführung der Vestischen Arbeit mit einigen besonderen Fachabteilungen untersteht und die für das gesamte Einzugsgebiet der Vestischen Arbeit zuständig ist, wurde von der Verantwortlichkeit her gesehen horizontal eine Stabstelle mit so verschiedenen Aufgaben wie u.a. Rechnungsstelle, Infotheke und ‚Springer' und unterhalb der Bezirksstellen-Leitung zwei Abteilungen mit den verschiedenen Teams zur Betreuung der Arbeitsuchenden eingerichtet. Die Teams selbst bestehen aus drei Funktionen: der Teamkoordination, der Integrationshilfe und der Sachbearbei-

---

[82] Das Jobcenter der Vestischen Arbeit in Recklinghausen hieß übrigens noch bis zum 1. Januar 2006 ARGE Recklinghausen, bzw. ARGE Bezirksstelle.

6 Die neue Sachbearbeitung: Grundsicherungsarbeit

tung. Während hier unter Sachbearbeitung mindestens die Arbeit des gesamten Teams verstanden wird, ist ‚Sachbearbeitung' in Recklinghausen eine Teilfunktion der Teamarbeit. Jedes Team betreut eine nach dem Buchstabenprinzip unterteilte Anzahl von Arbeitsuchenden im Stadtgebiet Recklinghausen. Die Arbeitsbelastung der jeweiligen Teams ließ sich so arbeitsorganisatorisch einfacher, trotz unterschiedlicher Größe der Teams, weitgehend gleichmäßig verteilen.

Die Teamkoordination betreut die Arbeitsuchenden mit sogenannten komplexen Vermittlungshemmnissen und versteht sich insofern als Fallmanagement. Zumindest haben die MitarbeiterInnen in diesem Funktionsbereich an einer Fortbildung zum Fallmanagement teilgenommen. Darüber hinaus werden durch sie die Vorgesetzten-Funktionen mit Aufgabenstellungen wie beispielsweise Freigabe von Leistungszahlungen wahrgenommen. Von der Integrationshilfe wird die reguläre Fallbearbeitung durchgeführt und sie stellt insofern den ‚Persönlichen Ansprechpartner' dar, wie er im SGB II vorgesehen ist. Die in Recklinghausen Sachbearbeitung genannte Funktion ist vor allem für die Leistungssachbearbeitung zuständig und ist für die Arbeitsuchenden nach der Vorsprache an der Infotheke der erste intensive Kontakt mit der Vestischen Arbeit. Nach der erstmaligen Vorsprache an der Infotheke werden die Arbeitsuchenden üblicherweise an die Leistungssachbearbeitung verwiesen, um zunächst ihren Antrag auf Leistungen der Grundsicherung zu besprechen. Erst danach kommt es üblicherweise zu einem weiteren Gespräch bei der Integrationshilfe. Obwohl also im eigentlichen Sinne schon eine Trennung von Leistungs- und Vermittlungstätigkeit (Fördern und Fordern) vorhanden ist, wurde auch in Recklinghausen über eine weitergehendere Trennung dieser beiden Funktionsbereiche nachgedacht und diskutiert.

Während der einen Abteilung neben fünf Teams für die Wahrnehmung der Aufgaben für über 25-Jährige noch drei Teams für Alleinerziehende und das Sonderteam ‚Fachstelle Arbeitsvermittlung' unterstehen, das insbesondere für die arbeitsmarktpolitischen Maßnahmen zuständig ist, betreut die andere Abteilung sechs Teams für über 25-Jährige und fünf Teams für unter 25-Jährige. Den Schwerpunkt der Arbeit bilden also die elf Teams zur Betreuung von über 25-jährigen Arbeitsuchenden nebst ihren Angehörigen. Die beiden nächst größeren Differenzierungen in den beiden Abteilungen sind die Teams für die unter 25-Jährigen und die Alleinerziehenden. Der überproportionale Anteil der Teams für unter 25-Jährige ist auf einen vom Gesetzgeber gewünschten, deutlich niedrigeren Betreuungsschlüssel für diese Personengruppe zurückzuführen. Der organisatorische Aufbau der Vestischen Arbeit ist also auf die personengruppenspezifische Untergliederung der Arbeitsuchenden in über und unter 25-Jährige, wie er sich auch gesetzlich in unterschiedlicher Betreuungsintensität niederschlägt und auf die besondere arbeitsmarktpolitische Zielgruppe der Alleinerziehenden zugeschnitten.

Jedes Team wird von einer Teamkoordination geleitet; allerdings variiert die Teamgröße der einzelnen Teams sehr erheblich. Neben der Teamkoordination sind in jedem Team eine unterschiedliche Anzahl von IntegrationshelferInnen und SachbearbeiterInnen anzutreffen. Die drei kleinsten Teams bestehen bei der Betreuung der unter 25-Jährigen, wo neben der Teamkoordination jeweils nur noch eine Person die Integrationshilfe und die Sachbearbeitung darstellt[83]. Die beiden größten Teams wurden bei der Betreuung der über 25-Jährigen eingerichtet, in denen neben jeweils drei Integrationshilfen noch sieben Personen die Sachbearbeitung darstellen – zwei elfköpfige Teams also. In diesen Teams wird entsprechend auch eine größere Anzahl von Arbeitsuchenden betreut.

Fast exakt zwei Drittel der insgesamt 133-köpfigen Belegschaft der Vestischen Arbeit in Recklinghausen ist weiblich. Dieses Verhältnis ist auch bei der Stellenbesetzung der Teamkoordination gewahrt. In der Bezirksstellen-Leitung und bei der Abteilungsleitung gibt es eine geschlechterparitätische Aufteilung. In den Teams für Alleinerziehende ist im Verhältnis zur Gesamtbelegschaft eine minimale weibliche Dominanz zu verzeichnen (Verhältnis weiblich-männlich 12:5). Sie ist allerdings nicht so deutlich ausgeprägt, wie es vielleicht zu erwarten wäre. Ebenso in den Teams für unter 25-Jährige (13:5). Hier gibt es allerdings zwei ausschließlich weiblich besetzte Teams. Bei der Betreuung der über 25-Jährigen gibt es zwei Teams die männlich dominiert sind und eines, das geschlechterparitätisch besetzt ist. Auch im Team der ‚Fachstelle Arbeitsvermittlung' gibt es eine leichte männliche Dominanz. Auf den ersten Blick also eine durchweg geschlechterparitätische Aufteilung. Auffallend und gleichzeitig die hergebrachte geschlechtsspezifische Hierarchisierung in der Verwaltung widerspiegelnd ist jedoch, dass die qualifikationsmäßig niedrigere Funktion der Sachbearbeitung zu fast drei Viertel mit Frauen besetzt ist.

Auch bei der Herkunft des Personals gibt es einige Entwicklungen, die hier erwähnt werden sollen. Unmittelbar aus der Stadtverwaltung Recklinghausen kamen 49 Bedienstete in die Vestische Arbeit; aus der Kreisverwaltung Recklinghausen kamen 14 und aus der Arbeitsagentur 70 Personen. Vergleicht man diese Verhältnisse mit den damaligen bundesweiten Angaben oder auf den Standort Nordrhein-Westfalen bezogen, so liegt Recklinghausen mit einem Anteil von 47% des Personals von den kommunalen Partnern deutlich oberhalb der bundesweiten (33%) und nordrhein-westfälischen (40%) Angaben (vgl. RD NW 2006: 6). Die Vestische Arbeit ist also kommunal ‚geprägter' als andere ARGEn.

Die Betrachtung der in die neue Organisation eingebrachten Qualifikation des Personals zeigt, dass 79 aus dem mittleren Dienst und 54 aus dem gehobenen Dienst kommen. Auffallend ist dabei, dass 38 Personen des gehobenen Dienstes

---

[83] Würde man bei dieser Betrachtung den Stellenplan zugrunde legen, so müsste man ein weiteres U-25-Team hinzurechnen, in dem die Integrationshilfe aus zwei Teilzeit-Stellen besteht.

aus der Stadtverwaltung kamen, während es aus der Arbeitsagentur nur 16 waren. Aus der Kreisverwaltung Recklinghausen kamen ausschließlich Bedienstete des mittleren Dienstes. Schwerpunktmäßig kam das Personal der Stadtverwaltung aus dem ehemaligen Sozialamt, dessen Arbeit nach Start des Jobcenters bis auf ein Minimum heruntergefahren werden konnte – daraus resultiert auch das Übergewicht des gehobenen Dienstes. Bei der Arbeitsagentur kamen umgekehrt die Bediensteten schwerpunktmäßig aus der Leistungsabteilung, deren Arbeit ebenfalls mit Beginn der Arbeit im Jobcenter deutlich reduziert werden konnte – insofern erklärt sich die hohe Gewichtung des mittleren Dienstes. Es gab also einen strukturellen Druck aus den sich auflösenden Abteilungen in das neue Jobcenter.

Typisch für alle Jobcenter waren auch in Recklinghausen die viel zu optimistischen Annahmen über die Entwicklung der Arbeitslosigkeit nach der Arbeitsmarktreform und die daraus folgenden Überlegungen zum Umfang der organisatorischen Struktur der ARGE Recklinghausen. Von Januar bis Dezember 2005 stieg die Anzahl der Bedarfsgemeinschaften tatsächlich um 12% auf 7.958[84]. Demgegenüber wurde diese Anzahl im September 2004, also als Planungsgrundlage die bald startende ARGE auf 6.708 geschätzt – im Vergleich zur Dezemberzahl 2005 eine ‚Verschätzung' um fast 20%, die allerdings im gesamten Kreis mit 36.608 Bedarfsgemeinschaften im Dezember 2005 noch deutlicher um 23% überschritten wurde. Dieser Anstieg der Bedarfsgemeinschaften und die Nichtberücksichtigung bei der Gründung und Planung der ARGEn war bundesweit zu beobachten (vgl. Aust u.a. 2006) und keineswegs eine Besonderheit im Kreis Recklinghausen. Aber es war mit ein wesentlicher Grund für die hoffnungslose Überlastung der ARGEn in der Startphase!

Bei den Bedarfsgemeinschaften im Kreis Recklinghausen überwogen mit etwa 55% die Einpersonen-Bedarfsgemeinschaften. Insgesamt verzeichnete der Kreis Recklinghausen einen Durchschnittswert von 1,9 Personen pro Bedarfsgemeinschaft, eine damals leicht über dem Bundesdurchschnitt liegende Zahl. Von den 69.616 Personen insgesamt in den Bedarfsgemeinschaften im Kreis Recklinghausen Ende 2005 waren knapp 43% unter 25 Jahre. Die organisatorische Besonderheit in Recklinghausen mit der Einrichtung spezieller Teams für Alleinerziehende hängt zum einen mit der gesetzlich vorgeschriebenen besonderen Aufmerksamkeit für Alleinerziehende, zum anderen aber auch mit der hohen

---

[84] Diese Zahl ist dem „Berichtswesen 2005" der Vestischen Arbeit im Kreis Recklinghausen entnommen (vgl. Vestische Arbeit 2006). Obwohl die bundesweite Datenlage gerade für diesen Zeitraum schwierig ist und teilweise geschätzt wurde, gibt die Bundesagentur für Arbeit für den gleichen Zeitraum einen bundesweiten Anstieg der Bedarfsgemeinschaften von 3.328.688 auf 3.929.824 an, eine Steigerung um 18% (vgl. die Zeitreihen zur Anzahl der Bedarfsgemeinschaften nach SGB II, zum einen nach Kreisen, zum anderen nach Ländern: http://www.pub.arbeitsamt.de/hst/services/statistik/detail/z.html (Stand: 4.1.2008)).

Anzahl von 4.981 Alleinerziehenden Ende 2005 zusammen. Unter ihnen waren erwartungsgemäß die Männer mit einem Anteil von 5,3% nur schwach vertreten; bei den insgesamt 582 unter 25-jährigen Alleinerziehenden waren sie mit 2,2% noch geringer vertreten[85].

Bei der Langzeitarbeitslosigkeit fiel auf, dass im Agenturbezirk Recklinghausen die Anzahl mit 52,65% um einiges höher lag als in der Stadt Recklinghausen mit 47,63%. Auch bei der Frage der verfestigten Jugendarbeitslosigkeit, also hier der Anzahl der unter 25-Jährigen, die länger als ein Jahr arbeitslos waren, kam der Kreis Recklinghausen auf eine Quote von 14,85%, während die Stadt Recklinghausen lediglich eine Quote von 13,33% aufwies. Im unmittelbaren Umland Recklinghausens gibt es also eine noch verfestigtere Struktur der Arbeitslosigkeit. Bei der Bildungssituation der erwerbsfähigen Personen unter 25 Jahren war bemerkenswert, dass im Kreis Recklinghausen fast 27% keinen Schulabschluss hatten und noch einmal gut 44% lediglich einen Hauptschulabschluss vorweisen konnten. Diese besondere Bildungssituation der Arbeitsuchenden in Recklinghausen stellt die Organisation der Vestischen Arbeit vor spezielle Herausforderungen. Auch wenn hier also auf den ersten Blick ‚trockene' Zahlen präsentiert werden, die dahinter steckenden sozialen Problematiken verlangen darauf abgestimmte Lösungen.

Die folgende Abbildung 8 zeigt in absoluten Zahlen einige Strukturmerkmale der Arbeitsuchenden im Agenturbezirk Recklinghausen im Vergleich von Ende Juli 2006 zu Ende Juli 2007 mit den Angaben: Arbeitsuchende, Jüngere unter 25 Jahren (< 25), Langzeitarbeitslose, 50 Jahre und älter (> 50), Schwerbehinderte und AusländerInnen (vgl. BA Kreisdaten, 2006 und 2007). Während die Gesamtzahl der Arbeitsuchenden um fast 13% abnahm, konnte bei den unter 25-Jährigen eine überdurchschnittliche Abnahme von mehr als 17% verzeichnet werden. Die Langzeitarbeitslosen blieben mit einer Reduzierung um etwas mehr als 14% nahe des Durchschnitts, während die Zahlen der Schwerbehinderten (Abnahme um etwas mehr als 9%) und Ausländer (knapp 10%) unterdurchschnittlich verringert werden konnten. Ein Trend, mit dem alle ARGEn zu kämpfen hatten: Trotz insgesamt leicht zurückgehender Arbeitslosenzahlen verfestigten sich die Problemgruppen des Arbeitsmarktes. Für die Jobcenter hieß das, dass das Arbeitsvolumen leicht geringer wurde, aber die inhaltlichen Anforderungen bezüglich der Problemgruppen jedoch stiegen.

---

[85] Diese und die folgenden Zahlen wurden wieder dem „Berichtswesen 2005" entnommen (vgl. a.a.O.).

6 Die neue Sachbearbeitung: Grundsicherungsarbeit 115

Abbildung 8: Struktur der Arbeitslosigkeit in Recklinghausen

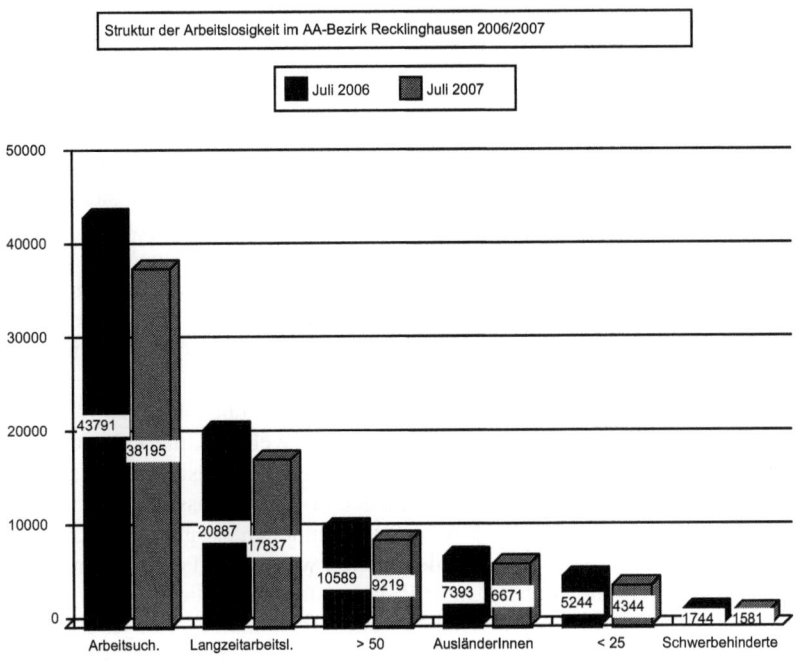

(aus: BA Kreisdaten 2006 und 2007 (jeweils Juli), eigene Zusammenstellung)

Aus dem in den Jobcentern eingesetzten EDV-Verfahren mit dem Namen ‚A2LL', das weiter unten noch genauer in seiner Bedeutung für die Grundsicherungsarbeit beschrieben und analysiert werden soll, konnten seit 2005 auch detailliertere Angaben über die Arbeit der Bundesagentur für Arbeit und der ARGEn statistisch abgelesen werden. So veröffentlichte die Bundesagentur für Arbeit in ihrem Jahresbericht, dass es bundesweit, allerdings ohne die Angaben der Optionskommunen, insgesamt im Jahre 2005 zu 6.864.991 „Abgängen an Arbeitslosen" kam (BA 2006: 27)[86]. Bei der Vestischen Arbeit, die nur die Angaben des Jobcenters und nicht der Agentur für Arbeit erfasste, betrug diese Zahl 20.892. Bei der Zahl derjenigen, die sich aus der Vestischen Arbeit in eine Erwerbstätigkeit abgemeldet hatten (41,5%), konnte in etwa der oben definierte Bundesdurchschnitt erreicht werden (42,7%). Wobei bedacht werden muss, dass

---

[86] Im Jahresbericht 2006 wurde, unter ähnlichen Einschränkungen, diese Zahl leicht auf 6.865.207 hochkorrigiert (vgl. BA 2007: 39).

eine Vermittlung in den ersten Arbeitsmarkt aus dem Rechtskreis SGB III, also derjenigen mit geringerer Arbeitslosigkeitsdauer, die in den bundesweiten Zahlen enthalten sind, sich durchweg wesentlich einfacher und unkomplizierter gestaltet als aus dem Rechtskreis SGB II. Deutlich positiver zeigte sich jedoch das Ergebnis für Abgänge in ‚Ausbildung'. War es hier bundesweit eine Quote von 16,0%, kam die Vestische Arbeit auf immerhin 23,5%.

Im erwähnten Jahresbericht der Bundesagentur für Arbeit wurde eine Differenzierung der Zahl der Abgänge aus Arbeitslosigkeit lediglich hinsichtlich verschiedener Personengruppen angeboten. So erfuhr man beispielsweise, dass bei den unter 25-Jährigen die Zahl derjenigen, die in ‚Ausbildung' aus dem IT-Fachverfahren ausschieden, sich auf 411.421 belief; dies machte einen Anteil von 25,1% der insgesamt ausgeschiedenen jungen Menschen aus (vgl. ebd.: 30). Im Jahr 2006 sank dieser Wert auf bundesweite 22% (vgl. BA, Kreisdaten 2007: 40). Bei der Vestischen Arbeit mündeten jedoch im Jahr 2005 37,9% der Abgänge bei den unter 25-Jährigen in die Kategorie ‚Ausbildung'. Bei der Würdigung dieser Zahl muss jedoch berücksichtigt werden, welche Unterkategorien sich hinter der durch das Programm vorgegebenen Kategorie ‚Ausbildung' verbargen.

In einer Fußnote verwies die Bundesagentur darauf, dass darunter „einschl. PSA, ABM, BSI und (ab 2005) Arbeitsgelegenheiten" (vgl.: BA, Kreisdaten 2006) verstanden wurden – eine zahlenmäßige weitere Aufschlüsselung wurde allerdings hier nicht angeboten. Unter PSA verstand man die damals nach dem „1. Gesetz für moderne Dienstleistungen am Arbeitsmarkt" von jeder Arbeitsagentur zwingend einzurichtende ‚Personal-Service-Agentur', die mittels Arbeitnehmerüberlassung die Vermittlung von Arbeitslosen in (dauerhafte) Arbeit verbessern sollte. Da dieses Instrument u.a. nicht den gewünschten Erfolg erzielen konnte, war deren Einrichtung ab dem 1.1.2006 nicht mehr verpflichtend. Die Arbeitsbeschaffungsmaßnahmen (ABM) stellten ein arbeitsmarktpolitisches Instrument dar, dass in besonders starkem Maße seit Beginn der Hartz-Reformen zurückgefahren wurde. Und unter der Abkürzung BSI verstand man die ‚Beschäftigung schaffende Infrastrukturförderung', ein arbeitsmarktpolitisches Instrument, dass sich an öffentlich-rechtliche Träger wandte, die bei Infrastruktur- und umweltverbessernden Maßnahmen Zuschüsse erhalten konnten, wenn die ausführenden Firmen Arbeitslose einstellten. Demgegenüber bildeten die Arbeitsgelegenheiten (umgangssprachlich: 1€-Jobs) ein seit Gründung der ARGEn massiv ausgebautes arbeitsmarktpolitisches Instrument. Für unter 25-Jährige wurden Arbeitsgelegenheiten jedoch, zumindest in Recklinghausen, ausschließlich mit einem Qualifizierungsanteil angeboten, insofern rechtfertigte sich hier die Kategorie ‚in Ausbildung'.

6 Die neue Sachbearbeitung: Grundsicherungsarbeit 117

Bei der Vestischen Arbeit wurde eine präzisere und anschaulichere Aufschlüsselung der Zahl der Abgänge in Ausbildung vorgenommen und auch zahlenmäßig präsentiert:

1. Förderung der beruflichen Weiterbildung und Deutschsprachlehrgang = 3,1%
2. Betriebliche Ausbildung = 8,2%
3. Schulische Ausbildung = 11,7%
4. Sonstige Maßnahmen der aktiven Arbeitsmarktpolitik = 77%.

Hieran lässt sich deutlich ablesen, dass neben der Einmündung in betriebliche und schulische Ausbildung, die zusammen etwa 20% ausmachten, der weit überwiegende Anteil der jungen Menschen in arbeitsmarktpolitische Maßnahmen ausschieden – ein meist nur vorübergehender ‚Abgang'.

In der Bundesstatistik war darüber hinaus eine Zahl angegeben, die im Rahmen der hier zu erörternden Grundsicherungsarbeit nicht unerwähnt bleiben darf: Sie bezog sich auf die Zahl derjenigen, die in Nichterwerbstätigkeit ausschieden (vgl. Abbildung 9). Im Jahre 2006 waren das nach Angaben der Bundesagentur 27%[87]. Die Vestischen Arbeit gab demgegenüber für 2005 eine deutlich niedrigere Zahl an: 22,3%. Bei der Gruppe der unter 25-Jährigen waren es 2005 bundesweit 390.500 oder 23,8% der gesamten Abgänge, während der Kreis Recklinghausen lediglich 14,6% Abgänge in Nichterwerbstätigkeit verzeichnete. Diese Zahlen gewinnen eine zusätzliche Dramatik, weil in der bundesweiten Auswertung vermerkt war, dass darunter als weitere Ausdifferenzierung auch diejenigen registriert wurden, die wegen „fehlende(r) Verfügbarkeit/Mitwirkung u.a." aus dem Verfahren ausgebucht wurden. Diese Zahlen dokumentieren also die Sanktionspolitik der Bundesagentur. Für die Vestische Arbeit lagen dazu keine Angaben vor, aber bundesweit betraf dies im Jahr 2005 397.662 Personen (wohlgemerkt: ohne die Optionskommunen) – auf alle Ausgeschiedenen bezogen immerhin noch ein Anteil von 5,8%. Bei den unter 25-Jährigen waren es mit 159.604 sogar 9,7%. Im Jahre 2006 sank dieser Wert bei allen Arbeitslosen auf ungefähr 4% und bei den unter 25-Jährigen mit 109.641 auf etwa 6,7%.

---

[87] Im Jahre 2005 waren es 2.163.372 oder 31,5% (BA 2006: 27). Mit den korrigierten Jahreszahlen 2006 wurde dieser Wert leicht auf 31,6% nach oben korrigiert (vgl. BA 2007: 39).

Abbildung 9: Abgänge aus Arbeitslosigkeit im Jahr 2006

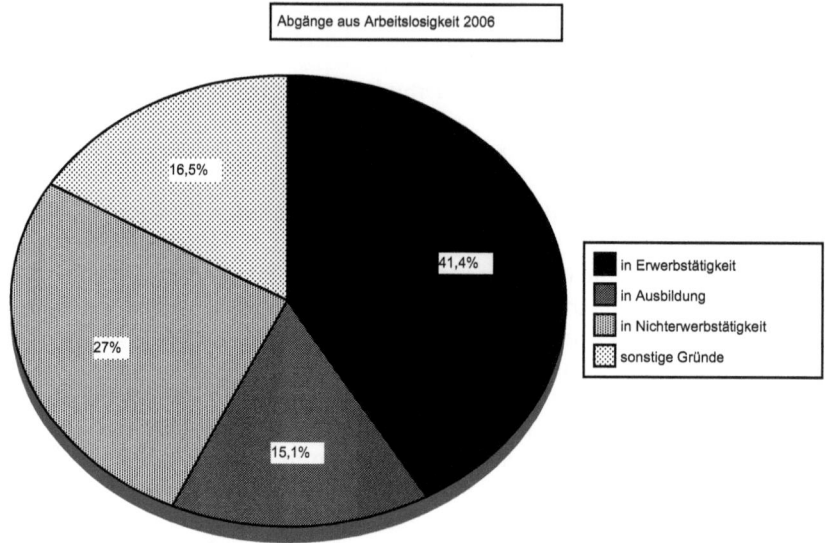

(Quelle: BA 2007, eigene Zusammenstellung)

Einen weiteren Einblick in die Tätigkeiten und die Kundschaft der Vestischen Arbeit erhält man durch die Statistik der Zugangsgründe. Hier wurden neben der Gesamtzahl für das Jahr 2005 (25.387) die Bereiche Zugang aus Erwerbstätigkeit (5.282 entspricht 20,8%), aus Ausbildung (2.747 oder 10,8%), aus Nichterwerbstätigkeit (17.253 = 68%) und „keine Angabe" (105 = 0,4%) ausgewiesen. Diese Kategorien fanden sich auch in der zitierten Bundesstatistik, wobei wiederum, u.a. bedingt durch die oben bereits erwähnten Unterschiede in den Statistiken, die Abweichungen erstaunlich sind. So kamen bundesweit 2005 von den 6.986.269 Zugängen 44,6% aus Erwerbstätigkeit, 13,4% aus Ausbildung, die Herkunft aus Nichterwerbstätigkeit bildete auch hier mit 41,8% einen starken Block und lediglich bei 0,1% der Zugänge war keine Zuordnung möglich[88]. Die Veränderungen zum Jahr 2006 bezogen sich vor allem auf den Bereich Ausbildung, der auf 18,8% zunahm und die Herkunft aus Nichterwerbstätigkeit, die auf 32,3% sank.

Bei der Kategorie Zugang aus Nichterwerbstätigkeit bot die Bundesstatistik wiederum eine weitere – hier wichtige – Unterkategorie an, die aus den Zahlen der Vestischen Arbeit nicht zu entnehmen war, nämlich die Kategorie „erneute

---

[88] Die an 100% fehlenden Angaben ergeben sich durch Auf- und Abrundungen.

6 Die neue Sachbearbeitung: Grundsicherungsarbeit 119

Meldung nach Meldeversäumnis oder mangelnder Verfügbarkeit". Die weitere Aufteilung nach den Altersgruppen der unter 25-Jährigen, der über 50-Jährigen und der Personen im Alter zwischen 25 und 50 Jahren in den Jahren 2005 und 2006 zeigt die Abbildung 10, wobei die Überschrift auf ‚Zugänge nach Kürzungen' reduziert wurde. Der Gesamtzugang im Jahre 2006 in dieser Kategorie betrug 120.188 oder 1,75%. Bei den unter 25-Jährigen lag diese Quote mit 32.648 bei 2% (ebd.: 8). In diesen Dimensionen erhält die Armutsregulierung einen belegbaren Ausdruck.

Abbildung 10: Zugänge nach Kürzungen 2005 und 2006

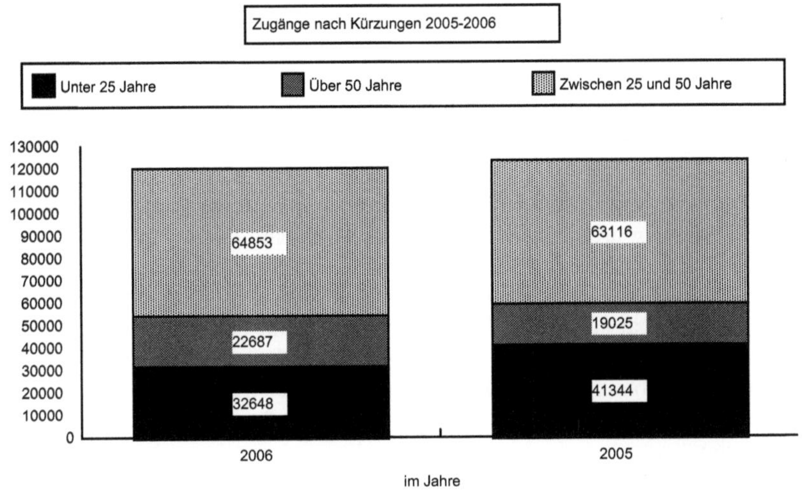

[Balkendiagramm: Zugänge nach Kürzungen 2005-2006
- Unter 25 Jahre, Über 50 Jahre, Zwischen 25 und 50 Jahre
- 2006: 64853 / 22687 / 32648
- 2005: 63116 / 19025 / 41344]

(Quelle: BA 2006 und 2007, eigene Zusammenstellung)

Auch die speziellen arbeitsmarktpolitischen Angebote der Vestischen Arbeit für Arbeitsuchende wurden differenziert nach den beiden Gruppen ‚Maßnahmen zur Eingliederung' und ‚Förderung einer sozialversicherungspflichtigen Beschäftigung' in den altersmäßigen Personengruppen dargestellt. Insgesamt bot die Vestische Arbeit 9.613 Menschen im Jahr 2005 eine Eingliederungsmaßnahme an. An diesen noch aus dem damals genutzten CoArb-Verfahren[89] gewonnenen Zahlen lässt sich ablesen, dass mit 33,6% schwerpunktmäßig Arbeitsuchende unter 25 Jahren gefördert wurden und lediglich 8,2% der Förderungen Menschen über 50 Jahren angeboten wurden – hier lassen die gesetzlich vorgesehenen ver-

---

[89] CoArb steht für **C**omputerunterstützte **Arb**eitsvermittlung; seine Bedeutung für die Grundsicherungsarbeit wird weiter unten thematisiert.

stärkten Bemühungen noch zu wünschen übrig. Bei den Maßnahmen selbst überwogen die Arbeitsgelegenheiten (1€-Jobs) mit 52,7%, bei deren Teilnahme wiederum waren nicht ganz ein Drittel Menschen unter 25 Jahren, denen allerdings, wie bereits erwähnt, vor allem Arbeitsgelegenheiten mit einem zusätzlichem Qualifizierungsanteil von über 50% geboten wurden. Die nächst größere Gruppe der Maßnahmen waren die betrieblichen Trainingsmaßnahmen zur Eignungsfeststellung bzw. der Qualifizierung durch den Betrieb mit 26,1%. Hier betrug der Anteil der TeilnehmerInnen unter 25 Jahren 39,9%. Bei den Gruppen-Trainingsmaßnahmen, die einen Anteil von 16,1% ausmachten, stellten die unter 25-Jährigen 38% der TeilnehmerInnen. Demgegenüber belegten – wie schon oben erläutert – die Förderung der beruflichen Weiterbildung mit 4,4% und die Arbeitsbeschaffungsmaßnahmen mit 0,7% lediglich marginale Aktivitätsfelder.

Beim zweiten Bereich, den ‚Maßnahmen zur Förderung einer sozialversicherungspflichtigen Beschäftigung', bildete der Eingliederungszuschuss mit 476 von insgesamt 818 Förderungen den größten Anteil, gefolgt vom Einstiegsgeld (der Förderung selbständiger Erwerbsarbeit) mit 158. Die Förderung einer überbetrieblichen Ausbildung mit 124 und einer betrieblichen Ausbildung mit 60 TeilnehmerInnen waren die beiden nächst größeren weiteren Förderbereiche. Die verstärkte Nutzung arbeitsmarktpolitischer Instrumente durch die Vestische Arbeit in der Folgezeit spiegelt sich auch in den von der Bundesagentur herausgegebenen Zahlen[90]. Bei den Eingliederungszuschüssen gab es eine Steigerung von 621 im Juli 2006 auf 1165 im Juli 2007. Die Anzahl der Arbeitsgelegenheiten wurde noch einmal auf 3.074 im Juli 2007 gegenüber dem Vorjahreswert von 2.974 erhöht. Wobei im Juli 2007 bei den Arbeitsgelegenheiten 395 in der Entgeltvariante angeboten wurden, d.h. hier bekamen die TeilnehmerInnen einen tarifähnlichen Lohn.

Um die gesamten Dimensionen der in den Jobcentern zu bewältigenden Probleme zu erfassen, lohnt auch ein kurzer Blick auf die finanziellen Ausgaben der Jobcenter: Die Vestische Arbeit gab im Jahre 2005 für Maßnahmen zur Eingliederung in Arbeit und zur Förderung einer sozialversicherungspflichtigen Beschäftigung zusammen knapp 19,3 Millionen Euro aus, wovon allerdings knapp 11,6 Millionen Euro alleine für Arbeitsgelegenheiten ausgegeben wurden. Von den insgesamt im Jahre 2005 durch die Vestische Arbeit ausgegebenen über 374 Millionen Euro entfielen etwas mehr als 122 Millionen Euro auf die vom Kreis Recklinghausen zu übernehmenden Leistungen für Unterkunft und Heizung, sowie von etwas mehr als 2,2 Millionen Euro für einmalige Leistungen. Die Bundesagentur für Arbeit musste von der Gesamtsumme knapp 90 Millionen

---

[90] Vgl. die vorherigen Quellenangaben. Allerdings sind die Angaben aus dem Geschäftsbericht der Vestischen Arbeit nicht mit den Daten aus den Kreisstatistiken der Bundesagentur vergleichbar, weil die Systematik verändert wurde (vgl. BA, Kreisdaten 2006 und 2007).

6 Die neue Sachbearbeitung: Grundsicherungsarbeit

Euro für Sozialversicherungsbeiträge (Renten-, Kranken- und Pflegeversicherung) und die Arbeitslosengeld-II-Leistungen von knapp 160 Millionen Euro tragen. Angesichts der leichten konjunkturellen Erholung konnten diese Ausgaben im Jahresvergleich um gut 8,5% gesenkt werden: Gab die Vestische Arbeit im Juli 2006 noch insgesamt 33,6 Millionen € aus, so sanken die Ausgaben ein Jahr später auf 30,7 Millionen €. Auffallend dabei war, dass die kommunal zu schulternden Kosten für Unterkunft und Heizung nahezu konstant bei 11,51 Millionen € verharrten, während die vom Bund zu leistenden Zahlungen sich deutlich reduzierten: Alleine bei den Arbeitslosengeld-II-Zahlungen von 13,57 auf 12,7 Millionen € (vgl. BA, Kreisdaten 2006 und 2007).

Zum Schluss dieser statistisch untermauerten Einblicke in die Arbeit der Jobcenter soll nun noch eine besondere Auswertung der Bundesagentur präsentiert werden, die den Aspekt der tendenziellen Abwehr von Ansprüchen verdeutlichen kann. Im Oktober 2006 legte die Bundesagentur eine Auswertung der Wohnsituation und der Wohnkosten innerhalb der Grundsicherung nach SGB II vor (vgl. Bericht der Statistik der BA 2006). Aufschlussreich daran ist, dass die Unterschiede zwischen den von den Jobcentern anerkannten Wohnkosten und den tatsächlich anfallenden Wohnkosten aufgelistet wurden. Nicht alle Wohnkosten, die den Arbeitsuchenden tatsächlich entstehen, werden nämlich durch die Jobcenter auch anerkannt und dann übernommen. Dieser Unterschied, so merkt der Bericht zunächst an, habe einen bestimmten Hintergrund: „In einigen Fällen sind die eigenen Mittel einer Bedarfsgemeinschaft, die eingesetzt werden müssen, bevor finanzielle Hilfen aus der Grundsicherung geleistet werden, so hoch, dass die anerkannten Wohnkosten nur zum Teil ersetzt werden. Aus diesem Grund sind die durchschnittlichen Leistungen für Unterkunft und Heizung niedriger als die durchschnittlichen anerkannten Wohnkosten" (ebd.: 5). Bei einem Teil der Arbeitsuchenden („in einigen Fällen") kann dies durchaus zutreffen – aber eben nicht bei allen. Deshalb kann diese Beschreibung auch als euphemistische Umschreibung der tendenziellen Abwehr von Ansprüchen gewertet werden. Hier werden nämlich die durchaus auch vorhandenen Ermessensspielräume und deren unterschiedliche Nutzung in den Jobcentern dokumentiert.

Zunächst einmal splitten sich die Wohnkosten auf in die drei Bereiche Unterkunftskosten, Heizkosten und Neben- und Betriebskosten. „Danach wurden 87 Prozent bzw. 93 Prozent der Bedarfsgemeinschaften ihre Unterkunftskosten sowie Neben- und Betriebskosten zu 100 Prozent anerkannt. Dass dies bei den Heizkosten nur bei 45 Prozent der Bedarfsgemeinschaften der Fall ist", so der Bericht, „könnte darauf beruhen, dass häufig Kosten für Warmwasserbereitung und Kochenergie geltend gemacht werden, die bereits über die Regelleistung nach § 20 SGB II abgedeckt sind" (ebd.: 8). Zunächst einmal bedeutet es aber umgekehrt: 13% der Bedarfsgemeinschaften bekamen ihre Unterkunftskosten und 7% ihre Neben- und Betriebskosten nicht in vollem Umfang anerkannt. Und bei den Heizkosten waren dies gar 55%, die nicht die vollen Kosten anerkannt bekamen. Und dies waren die Fälle, in denen sich die Arbeitsuchenden mit den Jobcentern über die Anerkennung der Kosten – mehr oder weniger – stritten. Die Arbeitsuchenden konnten nicht verstehen, dass einerseits immer wieder betont wurde, dass die Jobcenter die Wohnkosten übernehmen würden, bei ihnen jedoch nicht.

Auffallend dabei ist, dass der Prozentanteil der übernommenen Wohnkosten zwischen den einzelnen Bundesländern eine recht hohe Schwankung aufweist: Während in Rheinland-Pfalz lediglich 92,5% der tatsächlichen laufenden Wohnkosten übernommen wurden, waren es in Nordrhein-Westfalen immerhin 96,3% (ebd.: 18). Dies kann zwar einerseits auf unterschiedliche Mietspiegel und daran orientiertem Verwaltungshandeln der Jobcenter in den jeweiligen Bundesländern zurückgeführt werden, deutet aber andererseits auch auf unterschiedlich strenge oder mildere Auslegung der Rechtsvorschriften hin und charakterisiert damit einen spezifischen Teil der tendenziellen Abwehr von Ansprüchen. Insofern war und ist es nicht nur erheblich in welchem Bundesland oder noch weiter aufgeschlüsselt, in welchem örtlichen Jobcenter die Arbeitsuchenden landen, sondern selbstverständlich auch, an welche Bediensteten die Arbeitsuchenden geraten.

Überhaupt stellen die Wohnkosten einen besonders problematischen Bereich der Grundsicherungsarbeit dar: Insbesondere hiermit mussten sich die Sozialgerichte befassen[91]. Es ist nachvollziehbar, dass dann, wenn die Arbeitsuchenden in den Jobcentern sich ‚ungerecht' behandelt fühlen, weil ihnen die tatsächlichen Wohnkosten nicht anerkannt werden, es zu Widersprüchen und Klagen vor den Sozialgerichten kommt. Bei den ‚Kosten der Unterkunft', wie dieser Bereich Hartz-IV-offiziell lautet, beanstanden die Sozialgerichte die für Laien nicht verständlichen Bescheide der Jobcenter[92] – ebenfalls ein Auslöser für gerichtliche Auseinandersetzungen. Und insbesondere bei den Warmwasser-Kosten – so wird aus der Beratungsarbeit zur Grundsicherung berichtet – gibt es teilweise „verrückte Urteile" (Roth, Thomé 2006: 315). Die seit der Hartz-Reform sich weiter aufbauende ‚Klage-Welle' müssen die Sozialgerichte bewältigen. Und so sind auch diese gerichtlich ausgetragenen Abwehr-Reaktionen der Arbeitsuchenden der öffentlich wahrnehmbare Teil der tendenziellen Abwehr von Ansprüchen.

---

[91] Vgl.: http://www.lifepr.de/pressemeldungen/saechsisches-staatsministerium-der-justiz/boxid-123 21.html (Stand: 4.1.2008).
[92] Vgl.: http://www.tacheles-sozialhilfe.de/aktuelles/2007/Hartz_IV-Klagewelle.aspx (Stand: 4.1. 2008).

Zur Organisation der Trägerschaft

Die Jobcenter und ihre Träger, die Kommunen (und Kreise) und die örtlichen Agenturen für Arbeit, müssen sicherstellen, dass die Ausgaben an die Arbeitsuchenden nachvollziehbar rechtmäßig und in den Millionen-€-Summen eben auch zur Verringerung der Arbeitslosigkeit beitragen. Und dafür sind die beiden Träger der Jobcenter verantwortlich. Vor diesem Hintergrund soll nun noch ein Blick auf die Organisation der Trägerschaft veranschaulichen, wie Kommunen und Agenturen die Verantwortung aufgeteilt haben und wie sie gedachten, zusammenzuarbeiten. Die jeweils örtlich geschlossenen Verträge[93] zwischen den beiden Partnern beschreiben dabei die Strukturen, in denen das ablaufen soll. In ihnen wird statuarisch gesichert, wie die beiden Akteure ihre jeweiligen Vorstellungen und Interessen gewahrt wissen wollen. Ein kurzer Blick zurück auf den Teil der Entstehungsphase der Jobcenter, in denen die Verträge abgeschlossen wurden, kann darüber Aufschluss geben. Und die Vertragstexte sind dabei gewissermaßen der Niederschlag der kommunalen Machtverhältnisse. Ihre Analyse konkretisiert die organisatorischen Bedingungen der Arbeit der Jobcenter und verdeutlicht gleichzeitig, wie unterschiedlich damit in den einzelnen ARGEn umgegangen wird.

Noch während kurz vor Weihnachten des Jahres 2003 im Bundesrat über die endgültige Ausgestaltung der Hartz-Reform zwischen CDU/CSU und SPD verhandelt wurde, begannen die Kommunen und die örtlichen Agenturen für Arbeit in ersten vorsichtigen Schritten, die organisatorische Umsetzung der Reform vorzubereiten. Die Reform würde kommen, soviel stand fest. Also gab es erste ‚Schnupper-Treffs' derjenigen, die auserkoren waren, die institutionellen Bedingungen zu entwickeln und mit zu gestalten. Um das Gesetzes-Vorhaben jedoch vor Ort konkret und praktisch umsetzen zu können, wurden für die Akteure Leitplanken gebraucht, die den Rahmen der weiteren Entwicklung abstecken. Damit allerdings waren die lokalen Akteure aus den Kommunen und Kreisen und den jeweiligen örtlichen Arbeitsagenturen überfordert. In dieser Situation boten sich die Dachorganisationen der Kommunen und Bundes- und Landesbehörden als rahmensetzende Unterstützer an.

Der Deutsche Städte- und Gemeindebund als Dachorganisation der Kommunen lieferte schon im März 2004 einen ersten Entwurf eines Mustervertrages zur Gründung von Arbeitsgemeinschaften, dessen Anregungen bei der konkreten Ausgestaltung der kommunalen Arbeitsgemeinschaften vielfach aufgegriffen wurden. In Nordrhein-Westfalen beteiligte sich das Ministerium für Wirtschaft und Arbeit sowie das Innenministerium und die neue Regionaldirektion NRW,

---

[93] Dies lässt sich nur in den ARGEn, nicht aber in den Optionskommunen und bei getrennter Trägerschaft nachvollziehen, da nur dort Verträge erforderlich wurden.

also das ehemalige Landesarbeitsamt und die landeseigene Gesellschaft für innovative Beschäftigungsförderung an der Suche nach gangbaren Wegen für die zukünftige Betreuung der Langzeitarbeitslosen in einer neuen Behörde. Auch sie stellten einen Mustervertrag den zukünftigen Partnern am Arbeitsmarkt zur Verfügung und boten Beratung an.

Und obwohl in diesen Musterverträgen zur Errichtung von Arbeitsgemeinschaften deutlich darauf hingewiesen wurde, dass die neu zu gründenden Jobcenter sowohl in öffentlich-rechtlicher Form als auch in privatrechtlicher Ausgestaltung errichtet werden dürften[94], entschieden sich doch in der weit überwiegenden Mehrheit die beiden Partner für die öffentlich-rechtliche Form. Argumentiert wurde damit, dass die öffentlich-rechtliche Ausgestaltung unkomplizierter zu erreichen und schneller zu einer handlungsfähigen Organisation führen würde. Außerdem müssten bei einer privat-rechtlichen Ausgestaltung die Verträge notariell beurkundet und beim Handelsregister angezeigt werden. Und obendrein wäre von beiden Partnern die anteilige Einlage eines Stammkapitals für die zu gründende Gesellschaft von 12.500,-€ zu leisten sein – angesichts der klammen finanziellen Lage der Kommunen war selbst diese relativ geringe Summe ein ausschlaggebendes Argument gegen die privatrechtliche Organisationsform. So konnte in einer schriftlichen Befragung der ARGEn, die Ende 2005, Anfang 2006 im Rahmen des gesetzlichen Evaluierungsauftrags durchgeführt wurde, festgestellt werden, dass 93% der ARGEn eine öffentlich-rechtliche Organisationsform gewählt hatten, nur 2% eine gemeinnützige GmbH gründeten, lediglich 1% eine Gesellschaft bürgerlichen Rechts errichteten und 3% eine andere Rechtsform wählten (vgl. WZB, Infas 2006: 374).

In den geschlossenen Verträgen für die neuen Jobcenter verpflichteten sich die beiden Partner zu einer kooperativen Zusammenarbeit auf gleicher Augenhöhe, um einen Beitrag zur Lösung der Arbeitsmarktproblematik zu leisten. Diese Absichten wurden entsprechend der Empfehlungen in den Musterverträgen in die Präambeln der geschlossenen Verträge aufgenommen. Kein Partner sollte den anderen überstimmen können und auch die personellen Besetzungen sollten – vertraglich gesichert – einvernehmlich vorgenommen werden. So wurde denn auch bei der personellen Besetzung der Geschäftsführungen darauf geachtet, dass der jeweils andere Partner die stellvertretende Geschäftsführung besetzen konnte. In der zitierten Befragung der Arbeitsgemeinschaften stellte sich heraus, dass 58% der Geschäftsführungen durch die Arbeitsagenturen besetzt wurden und 40% durch die Kommunen, aber der jeweils andere Partner die Stellvertretung bestimmen konnte (vgl.: ebd.). Ein weiteres Gegengewicht zur starken Stellung der Geschäftsführung sind die auch in den Musterverträgen empfohlenen Trä-

---

[94] Doch auch hierzu gab es gegenteilige Meinungen: Das Land Niedersachsen beispielsweise hielt die Gründung einer GmbH für nicht zulässig.

6 Die neue Sachbearbeitung: Grundsicherungsarbeit

gerversammlungen, bzw. Lenkungsausschüsse, in denen ebenfalls ein Vorsitz zu vergeben war. Auch hier sollte kooperativ vorgegangen werden: Bestellte beispielsweise die Arbeitsagentur die Geschäftsführung, sollte die Kommune über den Vorsitz in der Trägerversammlung bestimmen. Bei der Befragung der ARGEn konnte bestätigt werden, dass die Arbeitsagenturen in 35% der Trägerversammlungen den Vorsitz bestimmten und die Kommunen in 60% (ebd.). Dies alles verdeutlicht, dass die beiden Partner Kommune und Arbeitsagentur einvernehmliche Lösungen anstrebten und auch realisierten.

Unterhalb dieser Ebene des ausbalancierten Machtgefüges lassen sich aber einige gewichtige Unterschiede in den örtlich realisierten Verträgen feststellen. So berief beispielsweise die bereits vorgestellte Vestische Arbeit in Recklinghausen vertragsgemäß sowohl die Personalvertretungen als auch die Gleichstellungsbeauftragte als beratendes Mitglied in die Trägerversammlung, um mögliche Konfliktpunkte von vornherein zu vermeiden und eine auch in dieser Hinsicht vertrauensvolle Zusammenarbeit zu dokumentieren[95]. Diese Zusammensetzung des zentralen Aufsichtsgremiums der ARGE ist jedoch eine rare Ausnahme. Große und gewichtige Unterschiede gibt es auch hinsichtlich der Besetzung der Trägerversammlungen. Vertraglich geregelt ist die paritätische Zusammensetzung durch die kommunalen Träger und die Arbeitsagentur. Aber während die Arbeitsagenturen ausschließlich ihre Spitzenbeamten in die Trägerversammlungen entsenden, zeigen sich bei den Kommunen einige Besonderheiten und Unterschiede: So gibt es zwar auch Verträge, in denen die kommunale Bank in der Trägerversammlung stärker oder ausschließlich mit kommunalen Spitzenbeamten besetzt ist, aber in etlichen Trägerversammlungen sitzen auch Vertreter der kommunalpolitischen Fraktionen. Letzteres ergab sich insbesondere in Nordrhein-Westfalen, da die Gründungsvorbereitungen der ARGEn in die Zeit der Kommunalwahl Ende September 2004 fiel. Demgegenüber werden insbesondere in ARGEn mit mehreren Städten die Sitze der kommunalen Bank durchweg mit Verwaltungsvertretern, bzw. den gewählten BürgermeisterInnen der Mitgliedskommunen besetzt.

Auch wenn die Musterverträge optional empfohlen hatten, Wohlfahrtsverbände, Gewerkschaften, Industrie- und Handelskammern und weitere, in der kommunalen Arbeitsmarktpolitik engagierte Institutionen durch Beiräte in die Arbeit der ARGEn zu integrieren, haben etliche ARGEn entweder in der Praxis oder gar vertraglich darauf verzichtet. Im Mustervertragsentwurf selbst war die Einbindung der gesellschaftlichen Kräfte zwar angesprochen, aber eher vorsichtig formuliert. Dort heißt es: „Bei der Berufung in den Beirat bzw. bei der Besetzung des Beirats sind mögliche Interessenkonflikte zu vermeiden." Die komplet-

---

[95] Vgl.: http://www.vestische-arbeit.de/deutsch/arbeitsvermittlung/images/vertrag.pdf (Stand: 4.1. 2008). Andere ARGEn boten solche Mitarbeit lediglich in den (Fach-) Beiräten an.

te Übernahme dieser Formulierung in den ausgehandelten Vertrag, beispielsweise in den der Bremer ARGE, verdeutlicht die skeptische Haltung in den Kommunen gegenüber den gesellschaftlichen Kräften, die der Hartz-Reform kritisch gegenüberstehen wie beispielsweise einzelne Gewerkschaften oder gar Erwerbslosen-Initiativen[96].

Überhaupt neigen die meisten ARGEn dazu, ihre Arbeit ausschließlich als Teil des Verwaltungsvollzugs zu sehen, der nicht transparent und öffentlich zugänglich zu sein hat. In den geschlossenen Verträgen taucht immer wieder die aus den Musterverträgen übernommene allgemeine Formulierung auf, dass die Geschäftsführungen den Vertragspartnern Bericht zu erstatten haben. Mit dieser allgemeinen und weichen Formulierung hängt es, außer in Konfliktfällen, praktisch weitgehend von den Geschäftsführungen ab, in welcher Form und in welchem zeitlichen Abstand sie eine solche Unterrichtung anbieten. Eine vertragliche Festlegung, wie beispielsweise in Mannheim, dass der Geschäftsführung eine halbjährliche Berichterstattung gegenüber dem Gemeinderat auferlegt, findet sich äußerst selten. Eine erhöhte Transparenz der Arbeit ihrer ARGEn können sich auch jene Kommunen anrechnen lassen, die ein Ratsinformationssystem oder Bürgerportal auf ihren Internetseiten eingerichtet haben, mit denen sich Interessierte über die ARGEn informieren können – doch das haben noch längst nicht alle. Und selbst bei denjenigen, die dies anbieten, reicht die Palette der präsentierten Information von reinen Abstimmungsergebnissen bis hin zur vollständigen Dokumentation der Beratungsunterlagen. Einige ARGEn leiten aus der Aufforderung zur transparenten Arbeit auch den Auftrag ab, sogenannte Geschäftsberichte (teilweise regelmäßig) vorzulegen – wenn nicht öffentlich, so doch zumindest in den Trägerversammlungen und Beiräten.

Bei der weiteren organisatorischen Ausgestaltung der ARGEn und deren Niederschlag in den Verträgen und in der Praxis lässt sich zunächst ein recht homogenes Bild feststellen. So haben laut Befragung im Dezember 2005/Januar 2006 lediglich 4% der Geschäftsführungen das Recht, eigenes Personal einzustellen (vgl. ebd.: 376). Recht einheitlich verfügen auch 93% über die Fachaufsicht für das Personal, aber nur noch 57% haben auch die Dienstaufsicht. Darin drücken sich die Vorbehalte aus, eine zu eigenständige Organisation der ARGEn zuzulassen, obwohl damit auch Probleme sowohl in den ARGEn als auch in den Personal abgebenden Behörden von Arbeitsamt und Kommune, bzw. Kreis verbunden waren und sind. Weitergehendere Kompetenzen werden den Geschäftsführungen der ARGEn überwiegend nicht gestattet: So dürfen nur 4% eigenes Personal einstellen und lediglich 12% haben die Möglichkeit, die Nachbesetzun-

---

[96] So wurde auch ein Antrag auf eine nachträgliche Einrichtung eines Beirates im Saale-Holzland-Kreis vom Kreistag abgelehnt.

6 Die neue Sachbearbeitung: Grundsicherungsarbeit

gen von Stellen selbst durchzuführen (ebd.). Organisatorisch und personalpolitisch werden die ARGEn also an der kurzen Leine der Träger gehalten. Um ein wenig mehr eigenen Gestaltungsspielraum in den ARGEn zu bekommen, stand schon relative kurze Zeit nach Gründung der ARGEn die paritätische Ausbalancierung in den Trägerversammlungen in der Kritik der Akteure vor Ort. Mit einer Rahmenvereinbarung, die durch den damaligen Bundesarbeitsminister Clement und den Vorstandsvorsitzenden der Bundesagentur Weise im August 2005 ermöglicht wurde, konnten die Kommunen die Umsetzungsverantwortung in den ARGEn voll übernehmen. Doch davon machten nur einige Kommunen, wie beispielsweise Duisburg und Dortmund, Gebrauch – andere hingegen, wie beispielsweise Recklinghausen oder Oberhausen, konnten sich nicht zu diesem Schritt durchringen (vgl. Westdeutsche Allgemeine Zeitung v. 24.6.2006). Dahinter steht vor allem die Befürchtung, mit der Mehrheit auch die alleinige Verantwortung für die Arbeitsmarktproblematik zu übernehmen.

Auffallend ist, dass die ARGEn in für ihren Tätigkeitsbereich wichtigen geschäftspolitischen Aufgabenfeldern nur gering mit den Agenturen kooperieren. Die Bildungszielplanung (58%), der Einkauf von Maßnahmen (44%), die Budgetplanungen, die Maßnahmenplanung und der Instrumenteneinsatz (33%) und die Zielplanung Integrationen wird sogar nur noch von 30% der ARGEn mit den Agenturen für Arbeit abgestimmt (WZB, Infas 2006.: 379). Andererseits gibt es teilweise eine enge organisatorische Zusammenarbeit mit den Agenturen, die sich beispielsweise bei 23% der ARGEn schon darin ausdrückt, dass es einen gemeinsamen Eingangsbereich mit der Agentur gibt (ebd.: 386). Auch die Kommunen arbeiten offensichtlich nur skeptisch mit den ARGEn zusammen: Nur „rund ein Siebtel der Kommunen" (ebd.: 382) übertrugen ihren örtlichen ARGEn die für die Eingliederung von Arbeitsuchenden wichtigen sozialintegrativen Betreuungsleistungen nach § 16 Abs. 2 des SGB II, wie beispielsweise Schuldner- und Suchtberatung. Der Gesetzgeber verpflichtete die beiden Partner zwar zur Zusammenarbeit und das wurde auch vorschriftsmäßig getan – doch eigene Kompetenzfelder abgeben wollte man nicht.

Bereits im ersten Jahr des Bestehens hatte sich die Personalstruktur innerhalb der ARGEn massiv verändert. Das Personal kam, wie bereits angesprochen, im Wesentlichen aus den beiden Herkunfts-Behörden, ein kleinerer Teil (etwa 10%) wurde im Wege der Amtshilfe und der Beauftragung Dritter rekrutiert. Verfügten die ARGEn Mitte des Jahres 2005 insgesamt über 40.800 Bedienstete (vgl. BA 2005: 8), so waren es ein Jahr später bereits 51.208 (vgl. RD NW 2006: 6)[97]. Dieser Anstieg um über 25% geht vor allem auf das Konto der befristet

---

[97] Diese massive Erhöhung des Personals bedeutete einerseits sicherlich erhöhte und verbesserte Anstrengungen zur Integration der Arbeitsuchenden in Arbeit, ist aber andererseits auch einer erwei-

Beschäftigten, deren Anzahl sich in Jahresfrist auf 10.440 fast verdreifachte. Auch Ende des Jahres 2006 stellten die Kommunen etwa ein Drittel des Personals (vgl. BA Geschäftsbericht 2006: 47). Doch diese Aufteilungen hatten örtlich erhebliche Spannweiten, so dass einerseits über eine westdeutsche Großstadt-ARGE berichtet wird, in der die Kommune gut drei Viertel des Personals stellt und andererseits eine ostdeutsche ARGE, deren Personal zu zwei Dritteln aus der BA stammt (vgl. WZB, Infas 2006: 387, Fn 227).

Bei der Annahme und Bearbeitung von ALG-II-Anträgen gaben zwischen 79 und 82% der ARGEn an, dass sowohl ehemalige Bedienstete der BA als auch der Kommunen diese Arbeiten erledigten, doch schon bei der Bearbeitung der Kosten der Unterkunft wurden Bedienstete der Kommunen mit 83% häufiger eingesetzt als Bedienstete der Agentur, die nur noch auf 78% der Nennungen kamen (ebd.: 388). Die noch spezialisierteren „Vermittlungstätigkeiten (in Arbeit, Maßnahmen, Arbeitsgelegenheiten) wurden in 84 bis 86% der ARGEn von Agenturmitarbeitern wahrgenommen" (ebd.), während nur noch 71 bis 73% angaben, dass diese Tätigkeiten auch von kommunalen Bediensteten erledigt wurden. Das, was man bisher in den beiden getrennten Behörden machte, wird nun in der ARGE unter neuem Logo weitergeführt. So kommt es auch, dass nur in 67% der ARGEn ehemaligen kommunalen Bediensteten die Aufgabe des Fallmanagements übertragen wurde, während 83% angaben, dies sei Aufgabe der ehemaligen BA-Bediensteten (ebd.). Trotzdem kommt die Befragung zu der in ihrer Absolutheit unverständlichen zusammenfassenden Feststellung, „dass die Mitarbeiter beider Träger alle Aufgaben wahrnehmen" (ebd.: 388) würden.

Diffus bleibt auch, was unter den jeweiligen Fachbegriffen in den einzelnen ARGEn verstanden wird. Das lässt sich an dem vom SGB II im § 14 vorgeschriebenen Persönlichen Ansprechpartner für die Arbeitslosen verdeutlichen. So gaben zwar 95% der ARGEn an, dass diese Aufgabe durch die Vermittlung wahrgenommen wurde, doch ebenso antworteten 67%, dass diese Leistung durch das Fallmanagement angeboten wurde und immer noch 32% sahen diese Aufgabe in der Leistungsbearbeitung angesiedelt (ebd.). „Offensichtlich bezeichnet das Konzept des PAP (des Persönlichen Ansprechpartners – d.V.) weniger eine bestimmte Funktion als ein Grundprinzip der Organisation, nach dem ein fester Ansprechpartner den Prozess des Förderns und Forderns steuert", heißt es beschönigend zu diesem babylonischen Sprachengewirr in der Evaluations-Befragung (ebd.: 389).

Bei der Bestimmung dessen, was unter Fallmanagement verstanden wird, etablierten sich gar zwei durchaus gegensätzliche Konzeptionen: „Sowohl bei der Beratung und Verabschiedung der Empfehlungen zum Fallmanagement des

---

terten fürsorgerechtlichen Konstruktion der neuen Grundsicherung geschuldet und kann insofern als ausgeweitete Armutsregulierung gesehen werden.

6 Die neue Sachbearbeitung: Grundsicherungsarbeit 129

Deutschen Vereins als auch bei der Entwicklung des Fortbildungskonzepts der BA für Fallmanager spielten zwei konkurrierende Vorstellungen von Fallmanagement eine Rolle. Das eine Modell verbindet mit Fallmanagement die Aufgabe eines Spezialisten im Vermittlungsteam, der besondere Problemfälle betreut. Das andere Modell vertritt die Vorstellung, dass Fallmanagement nicht die Aufgabe einzelner Mitarbeiter sei, sondern ein Organisationsprinzip bildet, nach dem zumindest Teile des Leistungsprozesses zu einem Bereich gebündelt werden. Die Erhebung bei den ARGEn zeigt, dass auch in der Praxis offensichtlich unterschiedlich verfahren wird: die Hälfte der Arbeitsgemeinschaften organisiert das Fallmanagement als speziellen Aufgabenbereich" (ebd.: 391).

Demgegenüber lässt sich an den Einschätzungen der ARGEn, welche Instrumente eingesetzt werden und wie wirksam sie sind, eine relativ homogene, gemeinsame Vorgehensweise in der Arbeit der Jobcenter ablesen. So sagten 39% der ARGEn, dass von ihnen der Nachweis von Eigenbemühungen der Arbeitslosen (fast) immer eingesetzt wird und nochmals 55% setzen dieses Instrument häufig ein, d.h. lediglich 6% der ARGEn wenden dieses Instrument selten oder fast nie an (ebd.: 395). Bei der Einschätzung der Wirksamkeit dieses Instruments antworteten 13% der ARGEn mit sehr wirksam und weitere 60% mit eher wirksam, d.h. nur etwas mehr als ein Viertel der ARGEn beurteilt dieses Instrument skeptisch oder ablehnend. Ebenso einheitlich wurde der Abschluss von Eingliederungsvereinbarungen gesehen: 92% setzen dieses Instrument (fast) immer oder häufig ein und bewerten es zu 20% als sehr wirksam und weitere 55% als eher wirksam (ebd.).

Auch die gesetzlich zur Verfügung gestellten Sanktionsinstrumente werden von den ARGEn durchweg positiv beurteilt: Androhung und Verhängung von Sanktionen wurden von 74% der ARGEn (fast) immer oder häufig eingesetzt und bei der Bewertung von 16% als sehr wirksam und weiteren 56% als eher wirksam beurteilt. Die Bediensteten in den Arbeitsagenturen – und das lässt sich durchaus auf die Jobcenter übertragen – müssen dies gleichwohl mit „beträchtlichem Arbeitsaufwand" (Müller, Oschmiansky 2006: 22) leisten[98]. Die Überprüfung der Arbeitsbereitschaft in einer Arbeitsgelegenheit wurde zwar nur von 4% (fast) immer eingesetzt, aber weitere 76% wendeten dies häufig an. Bei der Beurteilung waren dann sogar 19% der Meinung, dass dies sehr wirksam ist und weitere 59% glaubten, dass dies ein eher wirksames Instrument darstellt (WZB, Infas 2006: 395).

Die Jobcenter, so der zusammenfassende Eindruck – und die hier präsentierten Zahlen und Überlegungen untermauern dies -, geben sich reichlich Mühe und viel Geld aus, um Arbeitsuchende wieder in Arbeit zu vermitteln und ihnen

---

[98] Einen konkreten Ablauf im Jobcenter schildern Volker Baethge-Kinsky u.a. (Baethge-Kinsky u.a. 2006: 207ff.).

bis dahin ein minimales Existenzniveau zu ermöglichen. Die naheliegende Schlussfolgerung, dass dies auch von den Arbeitsuchenden entsprechend wahrgenommen wird, ist jedoch nicht zu bestätigen. Die Arbeitsuchenden nehmen die Arbeit der Jobcenter anders wahr – sie haben einen durchaus eigenen Blick auf die Jobcenter, wie die folgenden Überlegungen zeigen werden.

Die Jobcenter aus der Sicht der Arbeitsuchenden

Im Internet-Portal ‚Sozialhilfe24.de' läuft seit der Einführung der Hartz-Reform eine Umfrage unter den Besuchern der Seite, in der die ARGEn, die Sozialämter und die Arbeitsagenturen einer Bewertung unterzogen werden können[99]. Anfang Januar 2008 hatten an dieser Umfrage bereits über 10.000 klickende User teilgenommen. Da prinzipiell jeder, auch mehrfach, an dieser Bewertung teilnehmen kann, ist sie wissenschaftlich gesehen belanglos. Und doch gibt sie einen schillernden Eindruck wider, wie diejenigen Behörden in der (Internetnutzenden) Bevölkerung angesehen werden, die die Hartz-Gesetze umsetzen. Hier steht jedenfalls das Stimmungs-Barometer ganz unten. Etliche von den NutzerInnen hinzugefügte Kommentare mussten wegen Verletzung der Persönlichkeitsrechte von der Redaktion des Internetdienstes gelöscht werden.

Von den acht abgefragten Kategorien schnitten die Befragungen nach den Räumlichkeiten mit einer Schulnote von 3,4 noch am besten ab, gefolgt von der Freundlichkeit mit einer 3,9. Die Beurteilung der Wartezeiten beim Besuch des Amtes lag schon bei einer 4,0. Am schlechtesten wurden die Großzügigkeit bei der Auslegung von Rechtsvorschriften und der Umgang mit Beschwerden bewertet – lediglich noch eine 4,9. Dazwischen lagen die Beurteilungen für die Bearbeitungsdauer (4,4), die Kompetenz (4,5) und die Erreichbarkeit der Mitarbeiter (4,6). Bei einer Durchschnittsnote von 4,3 wahrlich kein Ruhmesblatt.

Nicht ganz so gravierend stellt sich die Stimmungslage dar, zieht man wissenschaftliche Untersuchungen zu dieser Problematik heran. Im Rahmen der gesetzlich vorgeschriebenen Hartz-Evaluation wurden kurz nach der Umsetzung des Gesetzes Anfang 2005 auch die Arbeitsuchenden nach ihrer Beurteilung der ARGEn befragt. Diese Ergebnisse klingen schon um einiges freundlicher, obwohl vom Kern her immer noch eine vernichtende Kritik vorgetragen wurde: „Weniger als die Hälfte zeigt sich zufrieden mit der Betreuung insgesamt und nur ein Drittel empfindet die Beratung als hilfreich. Ein Drittel der Kunden erkennt keinen Unterschied zu der Betreuung durch die Agenturen und Sozialämter, die vor der Reform zuständig waren. Für jeden Sechsten hat sich die Betreu-

---

[99] Vgl.: http://www.sozialhilfe24.de/amt_ergebnis.php (Stand 4.1.2008).

6 Die neue Sachbearbeitung: Grundsicherungsarbeit

ungsqualität verbessert, aber fast 30 Prozent verspüren eher eine Verschlechterung" (Infas 2005: 17). Die Studie betont, dass diese Befragung zu Beginn der Arbeitsmarkt-Reform durchgeführt wurde und verlieh damit der Hoffnung Ausdruck, dass dieses schlechte Ergebnis in naher Zukunft unter Anlauf- und Anfangsschwierigkeiten abgehakt werden kann.

In der zweiten Messung, die im April und Mai des Jahres 2006 durchgeführt und die im Endbericht der Evaluation dokumentiert wurde (vgl. Infas 2006), blieb es bei der harschen Kritik auf ähnlich hohem Niveau durch die Arbeitsuchenden – sie könnte damit auch als Hinweis auf eine mittlerweile eingetretene lethargische Einfügung in das Schicksal interpretiert werden, mit der die Arbeitsuchenden hinnehmen, dass es nun einmal die neuen Jobcenter gibt. Im Jahre 2005 vertraten 21% der Arbeitslosen die Auffassung, dass ihr erster ALG-II-Bescheid nicht in Ordnung war, im Jahre 2006 sank dieser Wert lediglich auf 18% (ebd.: 151). Die Zustimmungsrate stieg demgegenüber leicht von 73 auf 77%. Noch immer gibt es also eine recht hohe Unzufriedenheit mit den Leistungsbescheiden und dies beschreibt damit auch das Potenzial derjenigen, die bereit sind, gegen das Jobcenter zu klagen.

Auch bei der Betreuung durch die Jobcenter klaffen zwischen den ursprünglichen Vorstellungen und dem Realisierungsstand noch Welten: So gaben nur rund 50% der Befragten an, einen festen Ansprechpartner im Jobcenter zu haben (ebd.: 152). Obwohl doch genau dies eines der Ziele der Reform darstellt und auch explizit als Anspruch der Arbeitsuchenden ins Gesetz aufgenommen wurde. Eine Eingliederungsvereinbarung, ebenfalls ein gesetzlich vorgeschriebenes Instrument, hatten selbst im Jahre 2006 nur 43% abgeschlossen (ebd.: 159). Vernichtend geradezu die Antwort auf die Frage, ob das von den Jobcentern unterbreitete Angebot den eigenen Vorstellungen entspricht: Im Jahre 2006 für 39% statt der zu Beginn der Reform 31% war das zwar zutreffend, aber immer noch 33% sagten: Nein (ebd.: 161). Und bei der inhaltlichen Würdigung der Beratung war die Wahrnehmung durch die Arbeitsuchenden auch nach über einem Jahr Arbeit der Jobcenter überwiegend negativ: Statt vorher 64,9% waren 2006 immer noch 61,4% der Auffassung, dass die Qualität der Beratung ‚eher nicht' oder ‚gar nicht hilfreich' war (ebd.: 164).

Diese Stimmungsbilder lassen einen zentralen Widerspruch aufblitzen, der hier schon an verschiedenen Stellen herausgearbeitet wurde: Mit der vielfach als Dienstleistungsarbeit umschriebenen Grundsicherungsarbeit der Jobcenter lässt sich auch in der Wahrnehmung der Arbeitslosen nur schwerlich kaschieren, dass der Gesetzgeber und mit ihm die Bediensteten in den Jobcentern die Interessen der Arbeitsuchenden grundlegend anders definieren, als sie es selbst tun würden[100]. Sie nehmen durchaus deutlich wahr, dass hier gegen ihre eigenen Vorstellungen gearbeitet wird. Sie sollen zu der subjektiv gesehen aussichtslosen Anstrengung bewegt werden, sich um etwas zu bemühen, das nicht vorhanden ist: Arbeit. Doch statt Arbeitsplätze zu schaffen, was sie gar nicht können, gehen die Bediensteten in den Jobcentern hin und erzwingen Verhaltensänderungen der Arbeitsuchenden – das kann nicht gut ankommen. Und so schlagen sich die Resultate dieser Arbeit auch in der Wahrnehmung der Arbeitsuchenden als Armutsregulierung nieder.

Inhaltlich schien die Grundsicherungsarbeit, wie sie bislang besprochen wurde, nur die Zusammenfassung der bisherigen Arbeiten in den Sozialämtern und der Arbeitsverwaltung zu sein, wobei die strukturgebenden Merkmale deutlicher die alte Handschrift der Sozialämter als die der Arbeitsverwaltung tragen. Wenn man so will, ist die Arbeitsberatung und -vermittlung, die früher einmal aus dem Sozialamt ausgegliedert wurde, wieder in der Sachbearbeitung angelangt. Aber sie ist mit neuen, vorher nicht gekannten Anforderungen an die Arbeitsuchenden zurückgekehrt. Insofern lässt sich sagen, ist die neue Sachbearbeitung mehr als nur eine Verschmelzung von Sozialhilfe-Sachbearbeitung, Arbeitsberatung und Arbeitsvermittlung: Es ist Grundsicherungsarbeit. Und deren Alltag soll nun präsentiert werden.

Die Grundsicherungsarbeit im Alltag

Die Grundsicherungsarbeit ist die neue Form der Sachbearbeitung in den Jobcentern. Für die empirische Erfassung dieser ‚einheitlichen' Sachbearbeitung bedeutet dies konsequenterweise, die in unterschiedlichen organisatorischen Arrangements zusammengesetzte neue Sachbearbeitung jeweils kommunal als einheitlichen Prozess zu erfassen. Dazu gab es bereits eine explorative Studie[101], deren Ergebnisse hier noch einmal aktualisiert und unter Einbezug weiterer Recherchen präsentiert werden sollen. Nachdem Ende 2006 auch der gesetzlich vorgeschriebene wissenschaftliche Evaluierungsprozess zunächst einmal abgeschlossen war und die Auswertungen vorliegen[102], soll hier die Grundsicherungsarbeit als neue Form der Sachbearbeitung in den Jobcentern und als gesellschaftlich ‚funktionierender' Prozess beschrieben werden.

Die Zusammenfassung der beiden Arbeitsprozesse von Sozialhilfe-Sachbearbeitung und Arbeitsberatung und -vermittlung zur Grundsicherungsarbeit führte zu einem weiteren Problem, das auf die MitarbeiterInnen in den Job-

---

[100] Vgl. aus Betroffenensicht: Klinger, König 2006 oder Schmidt 2005 b.
[101] Vgl.: Kantel 2006.
[102] Vgl.: http://www.wipol.de/ (Stand: 4.1.2008).

6 Die neue Sachbearbeitung: Grundsicherungsarbeit

centern zukam: die elektronische Dokumentation der neuen Sachbearbeitung in einer selbstverständlich so noch nicht gekannten EDV. Für die neue Rechtsmaterie des SGB II waren die bislang in den Sozial- und Arbeitsämtern genutzten Programme zur Abrechnung und Zahlbarmachung der Leistungen und zur Dokumentation der Beratungs- und Vermittlungsarbeit nicht verwendbar. Es mussten völlig neue Programme entwickelt werden.

Vor dem Hintergrund der gesetzlich ermöglichten organisatorischen Vielfalt mit Optionskommunen, ARGEn und getrennter Trägerschaft konnten zwei gegensätzliche Technologie-Philosophien aufeinander prallen: Zum einen die eher dezentral ausgerichtete Philosophie der Kommunen. Zwar hatten auch sie sich längst zu überregionalen Arbeitsgemeinschaften zusammen geschlossen, in denen sie die Programme zur Abrechnung und Zahlbarmachung der Sozialhilfeleistungen gemeinsam vorangetrieben hatten (vgl. Ehlert, Kantel 1990). Doch im Resultat waren es kommunal angepasste Programme, in denen sich die speziellen kommunalen Anforderungen wiederfanden. Zum anderen die deutlich zentralistisch ausgerichtete Technik-Philosophie der Bundesagentur für Arbeit. Sie konnte bis dato ihre Vorstellungen von und Anforderungen an Systemlösungen zentral aus Nürnberg vorgeben und die regionalen Arbeitsagenturen hatten wohl oder übel mit der vorgegebenen Software zu arbeiten.

Bei der neuen Kooperation von Arbeits- und Sozialamt in den Jobcentern bestand die Bundesagentur für Arbeit auf einer von ihr in Auftrag gegebenen Software-Lösung: dem Programm A2LL (**Arbeitslosengeld-2-Leistungen zum Lebensunterhalt**). Es wurde ursprünglich von den beiden Software-Häusern T-Systems und ProSoz Herten entwickelt. Dieses Programm konnte erst nach massiven Anfangsschwierigkeiten, teils heftigen Ausfallzeiten und vereinzelt sogar programmtechnisch verursachten falschen Berechnungen überhaupt so etwas wie eine normale Funktionsfähigkeit im Arbeitsalltag der Grundsicherungsarbeit in den Jobcentern erreichen. Ärgerlich für die Bediensteten waren und sind dabei vor allem die bis heute nicht abstellbaren Umgehungslösungen, mit denen versucht werden muss, einen bestimmten Sachverhalt doch abgespeichert zu bekommen (vgl. WZB, Infas 2006: 413). Obwohl also zahlreiche Schwierigkeiten bis heute noch nicht endgültig ausgestanden sind, teilweise immer noch neue Probleme auftauchen, denen mit neuen Programm-Versionen oder neuen Umgehungslösungen begegnet werden muss, müssen die MitarbeiterInnen in den Jobcentern irgendwie damit leben.

Demgegenüber konnten die Optionskommunen, vor allem auf der Grundlage selbst entwickelter Überlegungen und Kriterien, auf Programme zurückgreifen, bei denen die Berücksichtigung lokaler Verhältnisse und Besonderheiten in den programmtechnischen Lösungen eher verwirklicht wurden. Sicherlich konnten nicht die idealen Vorstellungen mit den am Markt erhältlichen Programmen verwirklicht werden, aber alleine die mögliche Auswahl unter mehreren Programmen, suggerierte eine bessere Abstimmung auf die örtlichen Verhältnisse. Aus diesen Kommunen war und ist jedenfalls kaum Kritik an den EDV-technischen Lösungen zu hören; die Programme funktionieren weitgehend und die MitarbeiterInnen haben sich mit ihnen mehr oder weniger arrangiert. Allerdings gibt es bis heute aufgrund der verschiedenartigen Programme von ARGEn und Optionskommunen immer noch keine zusammengeführten Arbeitsmarkt-Statistiken, so dass immer noch keine exakten aktuellen Angaben zur Zahl der Arbeitslosen und der Vermittlungsaktivitäten in der Bundesrepublik gemacht werden können[103].

Trotz dieser Unterschiede haben die Programme eines gemeinsam: Sie bilden einen Teil der Grundsicherungsarbeit in den Jobcentern ab. Ihr Datenbestand dokumentiert die durch die Grundsicherungsarbeit bearbeitete Leistungs- und Beratungsseite der Arbeitslosigkeit und der Arbeitsuchenden in der Bundesrepublik. Zunächst werden alle leistungsrelevanten Merkmale und deren Veränderungen von den Arbeitsuchenden der Sachbearbeitung in den Jobcentern mitgeteilt und dann von den SachbearbeiterInnen mit diesen Programmen gespeichert. Das ausschlaggebende Formular dafür bildet zunächst der sogenannte Grundantrag auf Leistungen nach dem SGB II, den alle Arbeitsuchenden auszufüllen haben. Dieser Antrag bildet gleichzeitig den Grundstock der für jeden Antragsteller anzulegenden Akte, in der auch die Originale der einzureichenden Belege und Nachweise archiviert werden[104]. Nach ersten Plausibilitätsprüfungen werden diese Daten dann in die EDV eingegeben. Bei den weiteren Vorsprachen der Arbeitsuchenden werden diese Daten entweder ergänzt oder aktualisiert. Auf der Grundlage dieser Daten errechnet das Programm anschließend die jeweilige Höhe der Leistung und ermöglicht den Auszahlungsvorgang an die Arbeitsuchenden.

Neben dem leistungsrechtlichen Programm A2LL muss die Grundsicherungsarbeit in den Jobcentern noch ein zweites, inhaltlich gewichtiges Programm bedienen, in dem alle vermittlungs- und beratungsrelevanten Vorgänge dokumentiert werden: das Programm VerBIS – **Ver**mittlungs-, **B**eratungs- und **I**nformations**S**ystem[105]. Genauso wie das Programm A2LL funktioniert dieses Programm aber seit seiner Einführung nicht stabil im Arbeitsalltag der Grundsicherungsarbeit. Einige Systemabstürze, vor allem wenn sie während der Hauptge-

---

[103] Vgl.: http://www.pub.arbeitsamt.de/hst/services/statistik/000200/html/sgb2/index.shtml (Stand: 4.1.2008).
[104] So scheiterte auch bei der Entstehung der Jobcenter die Idee des ‚papierlosen Büros', weil es eben ohne materielle Dokumentation nicht geht (vgl. die kleine Episode bei WZB, Infas 2006: 377).
[105] Dieses Programm löste im Laufe des Jahres 2006 das Vorläuferprogramm CoArb ab. Auch in diesem Bereich hatten sich in den Optionskommunen andere programmtechnische Lösungen durchgesetzt, die aber einen vergleichbaren Funktionsumfang lieferten.

schäftszeiten über die Bediensteten hereinbrachen, schafften sogar den Sprung zu einer überregionalen Meldung in den Medien (vgl. etwa: Westdeutsche Allgemeine Zeitung vom 8.9.2006: „Alle Rechner standen still"). Auch wenn dieses Programm seit Beginn der Arbeitsmarktreform ständigen Aktualisierungen und Veränderungen unterworfen ist, das wesentliche Manko war und ist, dass es nach wie vor und auf unabsehbare Zeit ein eigenständiges Programm ist, das keine direkten Verknüpfungen mit dem Abrechnungs- und Leistungs-Programm A2LL zulässt und dessen Datenbestand von der Grundsicherungsarbeit daher eigenständig gepflegt werden muss. Selbst Grunddaten, wie die geänderte Adresse der Arbeitsuchenden nach Umzügen, müssen so zweimal eingegeben werden.

Neben diesen beiden, die fachliche Seite der Sachbearbeitung abdeckenden Programmen arbeiten die SachbearbeiterInnen in den Jobcentern noch mit einem sogenannten ‚Personal Information Manager', einem Programm vor allem für die Terminkoordination und die Verwaltung der elektronischen Post. Die Bundesagentur für Arbeit nutzt dazu das Programm-Paket Office von Microsoft mit dem integrierten Programm Outlook, das für die ARGEn verbindlich ist.

Alle fachlichen Aktivitäten zwischen den Jobcentern und den Arbeitsuchenden werden also in zwei verschiedenen Medien dokumentiert: in der Akte und in der EDV. Und die EDV wiederum teilt sich vor allem in die beiden fachlichen Programmlösungen A2LL und VerBIS auf. Kommen nun Arbeitsuchende ins Jobcenter, beginnt für die Bediensteten die Arbeit üblicherweise in der Abarbeitung der konkreten Anliegen der Arbeitsuchenden. An dieser Stelle der Grundsicherungsarbeit spielen zunächst weder die Akte noch die EDV eine Rolle. Zwar wird die Akte – sofern greifbar – meist hinzu genommen und der Fall am Computer aufgerufen, doch die Funktion im konkreten Arbeitsprozess ist eher der einer Gedankenstütze, um sich den Stand der Bearbeitung in Erinnerung zu rufen, bzw. um sich auf das Gespräch vorzubereiten. Lediglich einfache Vorgänge, die auch nicht viel Zeit in Anspruch nehmen, werden sofort am Computer abgewickelt und eventuell auch parallel in der Akte vermerkt. Alle schwierigeren Arbeitsabläufe werden erst einmal jedoch nur im direkten Publikumskontakt verhandelt. Es ist nicht nur eine Frage der Höflichkeit den Arbeitsuchenden gegenüber, dass sich die Bediensteten nicht hinter dem Computer ‚verschanzen', sondern bei komplexen Sachverhalten von der Aufnahmekapazität her kaum anders zu handhaben.

Ist mit dem Publikum ein Arbeitsergebnis erzielt und haben die Arbeitsuchenden den Raum verlassen, beginnt der zweite Teil der Arbeit. Jede entscheidungsrelevante Information muss nun in der Akte akribisch notiert werden. Das ist nicht nur für Krankheits- oder Urlaubsvertretungen erforderlich, sondern im härtesten Fall auch bei gerichtlichen Entscheidungen, bei denen die Akte dem Gericht vorgelegt werden muss. Aber auch für interne Prüfungen ist es erforderlich, dass die Akte korrekt bearbeitet und geführt wird. Eine ordentliche und ordnungsgemäße Aktenführung ist also für die Grundsicherungsarbeit die entscheidende arbeitsmäßige Visitenkarte nach drinnen und draußen. Ihre Bearbeitung wird daher immer gründlich und in Ruhe vollzogen. Dieser Teil der Arbeit spielt sich deshalb überwiegend außerhalb der Zeiten mit Publikumsverkehr ab, bzw. sofern es die Situation zulässt, auch zwischendurch.

Üblicherweise erst im dritten und letzten Schritt wird dann versucht, die erzielten Resultate und deren Formulierung in der Akte auch EDV-mäßig abzubilden[106]. Doch das ist häufig leichter gesagt als getan. Gerade mit den neuen Programmen gibt es vielschichtige Probleme beim ‚handling'. Dabei machen die Programme nicht nur Schwierigkeiten dadurch, dass man ihre Logik (noch) nicht vollständig durchschaut und das Programm partout nicht das erwartete Resultat erbringt, sondern teilweise auch dadurch, dass sie für die Arbeitsprozesse unlogisch aufgebaut sind. Also werden – teilweise sogar mit hochoffizieller Erlaubnis – Umgehungslösungen gesucht und gefunden, die sich dann im Arbeitsalltag etablieren. KollegInnen und Vorgesetzte sind dabei behilflich, ein akzeptables Arbeitsresultat zu erzielen. In der momentanen Phase, in der die Grundsicherungsarbeit erst dabei ist, gewisse Routinen zu entwickeln und für neu in die Grundsicherungsarbeit wechselnde Bedienstete, ist kollegiale Hilfe unverzichtbar.

In dieser Phase des Entstehungsprozesses der Grundsicherungsarbeit kann von so etwas wie ‚Gestaltung' durch die Bediensteten gesprochen werden. Während die ‚ersten' SachbearbeiterInnen der ‚Stunde Null' in der Grundsicherungsarbeit sich die möglichen Lösungen der anfallenden Probleme noch ausschließlich durch intensiven Austausch untereinander erarbeiteten, werden die nun nachfolgenden Generationen von SachbearbeiterInnen zusätzlich durch Schulungen, Hospitationen und weiteren Einarbeitungshilfen an die für sie neue Materie herangeführt. Immer aber ist es ein kommunikationsintensiver Prozess. Gelernt werden muss nicht nur der offizielle Weg, wie das Zusammenspiel von Publikumskontakt, Akte und EDV auszusehen hat, sondern auch die informellen Wege, wie ein beanstandungsfreies Arbeitsresultat erzielt werden kann.

Der Einarbeitungsphase in die neue Grundsicherungsarbeit kommt also eine zentrale Schlüsselrolle zu, wenn es darum geht, die vorgefundenen Arbeitsprozesse so zu verändern und zu gestalten, dass die fachlichen Anforderungen der Grundsicherungsarbeit mit den Erwartungen der Bediensteten an durchschaubare und weitgehend widerspruchsfreie Arbeitsprozesse, in Einklang zu bringen sind. Hier entsteht ein Gestaltungsdruck auf die Arbeitsprozesse und -bedingungen. Aber jede neue Programm-Version der EDV, jede neue Gesetzesänderung und

---

[106] Insofern lässt sich auch feststellen, dass die EDV den eigentlichen Arbeitsprozessen „recht äußerlich geblieben" (Bahnmüller, Faust 1992: 202) ist.

6 Die neue Sachbearbeitung: Grundsicherungsarbeit

jede zusätzliche Anforderung ‚von oben' stellt das dann jeweils erreichte Gefüge in Frage und fordert geradezu dazu heraus, erneut gestaltend auf die Arbeitsprozesse und -bedingungen einzuwirken[107].

Im Resultat der ganzen Bemühungen der Bediensteten steht eine dreigeteilte Grundsicherungsarbeit: Die Kunden, die Akte und die EDV verlangen je eigene Arbeitsprozesse mit je eigenen Darstellungsformen, die die Bediensteten erst herstellen müssen. In der Grundsicherungsarbeit laufen die Fäden zusammen, die aus Beratung, Leistung und Vermittlung bestehen und jeweils mit den Arbeitsuchenden verhandelt und in der Akte und in der EDV dokumentiert werden müssen. Und jeder Teilbereich muss möglichst stimmig mit den anderen Teilbereichen in Übereinstimmung gebracht werden. Das ist die ‚hohe Kunst' der Grundsicherungsarbeit.

Die Grundsicherungsarbeit muss sich in allen drei Arbeitsfeldern tummeln; die einzelnen Bediensteten machen dies jedoch in unterschiedlicher Ausprägung, je nach individuellen Stärken und Schwächen und organisatorischem Zuschnitt der Jobcenter. Ist die Arbeitsvermittlung und -beratung besonders stark ausdifferenziert, als eigenständige Arbeitsform etabliert und einzelnen Bediensteten als spezielle Aufgabe zugeordnet, ist die Arbeit mit dem Programm VerBIS ausgeprägter und umgekehrt die Arbeit mit dem Programm A2LL schwächer im Arbeitsalltag sichtbar. Ebenso bei der Frage, wem die Aktenführung zugeordnet ist – auch hier gibt es unterschiedliche Organisationsformen, wobei die Aktenführung meist dort angesiedelt ist, wo die Leistungsentscheidung letztendlich getroffen wird. Auch beim Publikumskontakt entscheidet die jeweilige örtliche Organisationsform darüber, wer an welcher Stelle mehr oder weniger intensiv den Kundenkontakt hält. Und die wiederum wird vor allem von den Leitungsgremien und den politischen Akteuren vor Ort festgelegt.

Mit der Verabschiedung des ‚Vierten Gesetzes für moderne Dienstleistungen am Arbeitsmarkt' am 19. Dezember 2003 im Deutschen Bundesrat war allen Akteuren in den Kommunen und in der damaligen Bundesanstalt für Arbeit klar: Das Jahr 2004 wird ein hartes und arbeitsreiches Jahr. Denn nur noch ein Jahr lang blieb Zeit, eine gewaltige Aufgabe zu stemmen: die Zusammenlegung der beiden Behörden Arbeits- und Sozialamt zu den neuen Jobcentern (vgl. die Beiträge in: Jann, Schmid 2004). Ab 1. Januar 2005 sollte die Grundsicherung für Arbeitsuchende ehemaligen ArbeitslosenhilfeempfängerInnen und Sozialhilfe-

---

[107] Eine Überlegung, die diejenigen, die die Technik implementieren wollten, ihrerseits in Anspruch nehmen – allerdings mit umgekehrten Vorzeichen: „Eine erfolgreiche Aneignung von VerBIS setzt ... voraus ..., dass die Vermittler und Vermittlerinnen auch motiviert sind, ihre Arbeitsweise gemäß den neuen Möglichkeiten des Informationssystems zu verändern" (Bieber u.a. 2005: 201). Mit diesen Worten wird eingestanden, dass die Technik nicht zu den Arbeitsprozessen passt; nur, dass das angebliche Arbeitsmittel EDV nun auf einmal die Arbeit strukturieren soll, ist nicht einsichtig.

empfängerInnen die Integration in den ersten Arbeitsmarkt erleichtern und ihnen bis dahin ein minimales Lebensniveau ermöglichen. Doch mit diesem Gesetz war die Bundesrepublik nicht etwa Vorreiter einer internationalen Entwicklung, sondern sie folgte vor allem nordwesteuropäischen und nordamerikanischen Vorbildern eines Workfare-Ansatzes (vgl. Dahme, Wohlfahrt 2002 und die Beiträge in Dahme u.a. 2003). Auch in dieser Hinsicht gab es also Vorbilder, an denen man sich orientieren konnte. Der Gesetzgeber hatte zu diesem Zeitpunkt jedenfalls seine Aufgabe im wesentlichen erledigt – nun waren erfahrene ebenso wie professionelle VerwaltungsmitarbeiterInnen gefragt, die in der Lage waren, aus einer Gesetzesvorgabe bundesweit Jobcenter entstehen zu lassen, die auch funktionierten.

Zwar gab es, wie schon erwähnt, in Modellprojekten erste Schritte einer gemeinsamen Zusammenarbeit von Bundesanstalt und Kommune, aber das waren, auf die Fläche der Bundesrepublik bezogen, Ausnahmen und sie bezogen sich ausschließlich auf die Teilaufgabe der Verbesserung der Vermittlungsbemühungen in Arbeit. Fast überall gab es erstmalig Anfang 2004 direkte Kontakte zwischen den beiden Behörden auf kommunaler Ebene, aus denen heraus ein gemeinsames Projekt verwirklicht werden sollte. Und die jeweiligen Spitzen der beiden Organisationen vor Ort mussten sich dabei zunächst auf ihre Spezialisten in gehobenen Positionen verlassen, denen sie allerdings in weiteren Arbeitsprozessen den Weg frei räumen mussten für viele Detailfragen. Die kommunale Politik musste ebenso beteiligt werden wie die Personalvertretungen der beiden Behörden. Gab es in dem jeweiligen Gebiet Kreisverwaltungen, mussten auch dort die politischen Gremien und die Personalvertretung einbezogen werden. Und immer wieder war man bei diesen Kontakten auf den guten Willen aller Beteiligten angewiesen, um aus einer bundespolitischen Idee eine kommunal funktionsfähige Institution entstehen zu lassen.

Die ersten Gesprächsrunden, in denen die absehbaren Schwierigkeiten erörtert wurden, hatten schon den Charakter von ‚Himmelfahrts-Kommandos': Allen Beteiligten war klar, dass ein wie auch immer geartetes Ergebnis nur mit allergrößter Kraftanstrengung zu bewältigen war und dennoch am Ende lediglich ein Resultat stehen würde, das äußerst kritischen Blicken ausgesetzt sein würde. Selbst die scheinbar simple Frage, ob es denn am 1 Januar 2005 überhaupt funktionieren würde, ob vor allem wirklich mehrere Millionen Menschen auf einmal Leistungen nach dem SGB II erhalten und ihre Vermittlungsaussichten sich verbessern würden, konnte damals niemand ernsthaft beantworten. Aber es blieb nichts anderes übrig, man musste ans Werk gehen und operationalisierbare Ziele entwerfen. Und je konkreter die Feinziele abgesteckt wurden, um so massiver türmten sich die zu bewältigenden Schwierigkeiten auf.

6 Die neue Sachbearbeitung: Grundsicherungsarbeit

Wie sollte man Bedienstete aus zwei getrennt arbeitenden Behörden mit unterschiedlichem arbeitsrechtlichen Status in eine neue, stabil funktionierende Institution überführen, ohne dass sich von nahezu allen Seiten angreifbare Arbeitsverhältnisse ergeben würden? Wie sollte man ein Gesetz umsetzen, das bisherige BezieherInnen von Arbeitslosenhilfe und Sozialhilfe einheitlich behandelt, wo doch noch niemand ein technisches Verfahren parat hatte, dies auch zu realisieren? Der Gesetzgeber hatte eine Vorgabe gemacht, ohne sich scheinbar große Gedanken über kommunal umzusetzende praktikable Lösungen zu machen. Und selbstverständlich musste der bisherige Betrieb mit Arbeitslosenhilfe in den Agenturen für Arbeit und Sozialhilfe in den kommunalen Sozialämtern bis Ende des Jahres 2004 ‚normal' weitergehen. Ohne ‚good will' von allen Beteiligten lief überhaupt nichts! Gerade auch deshalb war ‚Freiwilligkeit' das Stichwort der Stunde; nur wer sich freiwillig solch einer Aufgabe stellte, bot den Mindeststandard an Glaubwürdigkeit, engagiert und gradlinig das angestrebte und vorgegebene Ziel zu verfolgen.

Ähnlich wie bei Naturwissenschaftlern, die Probleme definieren und daraus Lösungen entwickeln, waren nun die ‚Ingenieure der Verwaltung' gefragt, handhabbare Verfahren für ein ‚verwaltungstechnisches Problem' zu finden. Ohne auch nur annähernde Vergleichslösungen zu haben, musste etwas geschaffen werden, das es so noch nicht gab. Noch nie zuvor hatten Bundes- und kommunale Behörden ein vergleichbares Projekt in diesen Dimensionen gestemmt. Die ‚Tabellen-Spezialisten', die mit ‚Meta-Plan' und anderen Hilfsmitteln einen möglichst präzisen Fahrplan der weiteren Umsetzungsschritte entwarfen, hatten Hochkonjunktur.

Neben der massiven und allgemeinen Verunsicherung, kamen in dieser Zeit allerdings auch die Gefühle von ‚Pionier-Geist' auf. Denn die Erschaffung von etwas, was noch nie dagewesen war, hatte auch den Charme von Gestaltung. Gestaltung, in der erst- und einmalig etwas entworfen und realisiert wurde, was doch so viele Probleme lösen sollte, von denen alle Beteiligten jedoch wussten, dass die hochgesteckten Ziele nicht, einige Detailziele aber vielleicht dennoch zu Verbesserungen führen würden. Und bei alledem: Wer sich in diesem Prozess engagierte, hatte einmalig die Chance, seinem alten Trott zu entfliehen, an etwas Neuem mitzuwirken und konnte obendrein die vage Hoffnung hegen, am Ende vielleicht doch nicht mehr dort wieder zu landen, wo man herkam, sondern vielleicht auch ein Treppchen höher in der Verwaltungshierarchie. Zumindest halten viele Beschäftigte mit dem ihnen garantierten Rückkehrrecht zum ehemaligen Arbeitgeber bis heute ein Faustpfand in der Hand, um hier individuelle Teilhabechancen einfordern zu können.

Was hier als Gestaltung charakterisiert wurde, war jedoch zweierlei: Zum einen war es der beschriebene Freiraum, der Aufbruch zu neuen Ufern, um Lösungen zu suchen und praktikable Vorschläge und Verfahren zu unterbreiten und zu realisieren. Zum anderen steckten jedoch alle in einem engen Korsett aus längst gegebenen Rahmenbedingungen. Falls es zu keinen gemeinsamen Lösungen zwischen Kommune und Agentur kommen sollte, hatte der Gesetzgeber den ‚Plan B' vorgesehen: die getrennte Aufgabenerfüllung von Arbeits- und Sozialamt. Entweder würde etwas konstruktives entwickelt, das einvernehmlich unter allen Beteiligten abgestimmt war, oder alles bliebe (nahezu) wie bisher. Lediglich in 19 der 439 Kreise und kreisfreien Städte in der Bundesrepublik kam es aus unterschiedlichsten Gründen zu keiner Einigung zwischen dem kommunalen Träger der Sozialhilfe und der jeweiligen Agentur für Arbeit[108].

In den anderen Kreisen und kreisfreien Städten bestand zunächst die Qual der Wahl zwischen der Optionslösung und der Bildung einer Arbeitsgemeinschaft (vgl. Greifenstein, Kißler, Wiechmann 2005). Bei der Optionslösung, die von den gesetzlich begrenzten 69 sogenannten zugelassenen kommunalen Trägern im Bundesgebiet letztlich gewählt wurde, übernahmen die Kommunen nun die arbeitsmarktpolitische Verantwortung für die Betreuung und Vermittlung der Langzeitarbeitslosen und die Bundesagentur war lediglich noch für die finanzielle Unterstützung beim Arbeitslosengeld II zuständig. Auch die Umsetzung dieser Variante erforderte viel Kreativität in der Entwicklung neuer Strukturen, die zumindest in diesem Ausmaß noch nirgendwo existierten. Aber hier konnte man sich im Prinzip mehr Zeit lassen und ansetzend an den vorhandenen Strukturen neue aufbauen.

In den 351 Kreisen und kreisfreien Städten aber, die sich nach intensiven Diskussionen für die Bildung einer Arbeitsgemeinschaft entschieden, wurde vor allem organisationspolitisch Neuland betreten. Zwar gab es die oben schon untersuchten Handreichungen für die zu führenden Verhandlungen und Muster-Verträge, doch letztlich musste eine kommunal und in der Agentur gleichermaßen durchsetzbare Form gefunden werden. Bei den Überlegungen, in welcher zeitlichen Reihenfolge vorgegangen werden sollte, spielte zunächst die Frage, wie die ARGE-Gründung auf eine vertragliche Grundlage gestellt werden konnte, die ausschlaggebende Rolle. Dazu war ein Vertrag zwischen Kommune und Agentur auszuhandeln, der kommunalpolitisch und innerhalb der Agentur für Arbeit von den zuständigen Gremien abzusegnen war. Parallel hierzu wurden Projektgruppen mit entsprechenden Lenkungsgruppen gebildet, die die Umsetzung konkreter voran bringen sollten.

Es musste geklärt werden, wie die Aufbau- und Ablauforganisation definiert, das Personal rekrutiert und der infrastrukturelle Rahmen geschaffen werden sollte. Zudem musste die Anfang 2004 noch völlig offene Frage der EDV-

---

[108] Von diesen 19 sind alleine 11 Stadt- und Landkreise aus Baden-Württemberg, die sich die weitere Entwicklung offen gehalten haben.

6 Die neue Sachbearbeitung: Grundsicherungsarbeit 141

technischen Lösungen insoweit präzisiert werden, dass spätestens Ende 2004 mit der Datenerfassung der Arbeitsuchenden begonnen und damit die Zahlungen zum 1. Januar 2005 sichergestellt werden konnten. Auch die finanztechnischen Voraussetzungen, bis hin zur Erstellung eines Wirtschaftsplans mit den Überlegungen zu den Integrationszielen, waren zu klären. Für die Einarbeitung und Schulung der neuen MitarbeiterInnen mussten Qualifizierungspläne entworfen und insgesamt ein Controlling-Konzept entwickelt werden. Letztlich musste auch eine neue Organisationsstruktur für die übrig gebliebenen Abteilungen in der Agentur und im Sozialamt entwickelt werden. Da alle Überlegungen personalvertretungsrechtliche Belange tangierten, war eine vertrauensvolle Zusammenarbeit und Kooperation mit der Personalvertretung von vorne herein unabdingbar. Und um als Personalvertretung in diesen kaum überschaubaren Entwicklungen nicht unterzugehen, waren hier auch die Gewerkschaften intensiv gefordert, um überregionale Kontakte und Diskussionen herzustellen und zu begleiten.

Und auch die Selbsthilfe-Organisationen der Sozialhilfe-Bedürftigen und der Arbeitslosen rüsteten sich für die Schlacht um die sozial- und gesellschaftspolitische Frage, ob und inwieweit diese Entwicklungen zu Nachteilen für die Betroffenen führen würden und ob und wenn ja, welche positiven arbeitsmarktpolitischen Veränderungen zu erwarten seien. Mit den im Spätsommer des Jahres 2004 beginnenden Montags-Demonstrationen der Arbeitsuchenden verschärfte sich die gesellschaftliche Kluft zwischen den Befürwortern und Gegnern der Reform (vgl. Gillen 2004). Gerade weil es zu diesem Zeitpunkt kein ‚zurück' mehr gab, hatten die Gegner der Reform leichtes Spiel, in der gesellschaftspolitischen Debatte ihre Akzente zu setzen.

Diese ganzen hier skizzierten Entwicklungen waren im wahrsten Sinne des Wortes gestaltungsoffen. Denn niemand hatte eine nachvollziehbare und klare Vorstellung von dem, was passieren und wie das Endergebnis aussehen würde. Und doch gab es längst einen Korridor, innerhalb dessen sich das Ringen um die richtige Lösung abspielte. Geradezu auffallend und bemerkenswert in dieser Phase war, dass die Vorstellungen und Ideen aller Akteure häufig auf offene Ohren stießen. Weil niemand den sogenannten ‚Stein der Weisen' besaß, waren alle Meinungen und Überlegungen zunächst willkommen. Um so mehr muss heute erstaunen, dass die tatsächlich realisierten, bzw. sich durchgesetzt habenden Formen und Konzeptionen der einzelnen ARGEn sich doch so sehr ähneln.

Das hat mit der oben bereits entwickelten Kraft der Sachbearbeitung und ihrer fachlichen Durchsetzungsstärke zu tun, die sozusagen die Leitplanken der Entwicklung darstellen. Sie hat eine gesellschaftlich definierte Aufgabe zu erfüllen und daraus leitet sich nahezu zwangsläufig eine bestimmte Form der Aufgabenerledigung ab. Diese Aufgabenerledigung gibt so letztlich den Ton an, wenn es darum geht, Grundsicherungsarbeit in organisatorische Formen zu gießen. Allerdings war dieser Prozess, trotz der einmaligen Größe und des historischen Umfangs des Projekts, wieder einmal mehr oder minder naturwüchsig abgelaufen. Die aktiv gestaltende und nachhaltige Einflussnahme, die sich in besonderen organisatorischen Formen niedergeschlagen hätte, sei es von Seiten der Bediensteten oder ihrer Personal- und Interessenvertretungen, war – rückblickend betrachtet – eher marginal. Offensichtlich waren es wieder einmal gestaltete und nicht gestaltbare Sachzwänge, die die Entwicklung der öffentlichen Verwaltung bestimmen. Das sollte nicht als Kritik oder als Untätigkeit des Personals und ihrer Interessenvertretungen missverstanden werden, sondern darauf hinweisen, unter welch schwierigen ‚Sachzwängen' hier Entwicklungen zu begleiten waren. Daran, die in den Kenntnissen und Erfahrungen der Bediensteten schlummernden Ressourcen zu heben und die Arbeitsprozesse neu zu überdenken, war in der äußerst hektischen Gründungsphase nicht zu denken. Und nachdem die Jobcenter einmal gegründet waren, versandete auch das Interesse an einer durchgreifenden und nachhaltigen Gestaltung.

Nicht, dass alles zur Zufriedenheit aller gelaufen wäre – nur, später war man mehr denn je gefangen in den bereits realisierten Strukturen. Die zu Anfang des Jahres 2006 unter den Bediensteten der ARGEn ängstlich diskutierte Frage, was denn aus den bis Ende des Jahres 2007 befristet angestellten Bediensteten der ARGEn werden würde, wurde relativ geräuschlos durch neue Befristungen und teilweise auch durch Entfristungen beiseite geräumt. Für die Betroffenen war es nur teilweise eine ideale Lösung, aber es war auch gleichzeitig eine Perspektive, die für die weiteren Konfliktpunkte hoffen ließ: Der Apparat Jobcenter hatte offensichtlich bereits eine Stabilität erreicht, die niemand mehr ernsthaft in Frage stellte.

Was danach in den Diskussionen der Bediensteten in den ARGEn gefragt war, waren praktikable Veränderungen im Detail. Gegenüber den alten Zeiten im Sozial- und Arbeitsamt wurde die Arbeit in den Jobcentern durchweg stärker als teamorientierte Arbeit getätigt und auch erlebt. Die Zeit des mit Ärmelschonern bekleideten Beamten, der in seiner Amtsstube einsame Entscheidungen traf, ist mehr denn je endgültig vorbei. Auch wenn „vom versprochenen Ende der ‚Erlass-Kultur'" (Schmid 2006: 507) der Arbeitsagentur, mit der von Nürnberg aus ‚durchregiert' wurde, in der Tat wenig zu sehen ist – in den Jobcentern fällt diese Kultur immer weniger auf einen fruchtbaren Boden. Entsprechend den hohen Qualifikationen der Bediensteten, die in der Grundsicherungsarbeit gefordert und verlangt werden, organisiert man die Arbeitsprozesse. Kreative Mitsprache und Mitgestaltung werden mehr denn je eingefordert und vorausgesetzt und doch nur allzu unsystematisch genutzt.

6 Die neue Sachbearbeitung: Grundsicherungsarbeit

Während die Grundsicherungsarbeit tagtäglich ihr schwieriges Arbeitsfeld beackert, werden gleichzeitig vielfältige Fortbildungsveranstaltungen angeboten, mit denen die Bediensteten ihr Fachwissen vertiefen können. Aber nicht alle benötigten dabei unabdingbar ein breites und gleichzeitig spezialisiertes Fachwissen, sondern man muss nur wissen, wer in erreichbarer Nähe über dieses Wissen verfügt, um es bei Bedarf anzapfen zu können. So entstehen mit der Zeit verschiedenste ‚Inseln', auf denen Detailwissen lagert. Alleine der Zwang, durch die sich laufend verändernde Gesetzeslage und entsprechender Urteile der (Sozial-) Gerichte das Fachwissen ständig zu erweitern und zu aktualisieren, bewirkt einen kaum noch überschaubaren Wildwuchs, der geordnet und bei dem immer wieder gefragt werden muss, wieviel davon wie vertieft für alle Bediensteten erforderlich ist und wo es ausreicht, dass lediglich einzelne über ein Spezialwissen verfügen. Dieser Abstimmungsprozess ist mehr denn je verbesserungsbedürftig und -fähig.

Doch die Möglichkeiten zu diesen Austausch- und Abstimmungsprozessen der Bediensteten untereinander sind mehr als begrenzt und werden leider häufig auch nicht als Chance gesehen. Die Belastungen des Arbeitsalltags erdrücken die Möglichkeiten, kreativ den Arbeitsprozess zu gestalten. Gerade weil es jedoch ein Zeichen routinisierter Sachbearbeitung ist, solche ‚kreativen Pausen' zu haben, sollte der weitere Prozess der Herausbildung einer routinisierten Grundsicherungsarbeit mit solchen Einheiten des kreativen Selbstlernens verbunden werden.

Bis dahin bleibt den Bediensteten in den Jobcentern nichts anderes übrig, als ihren Job zu tun. Die einen mit mehr Hingabe und Kreativität, wenigstens einzelnen Arbeitsuchenden zu kleinen Lichtblicken und – wenn es gut läuft – auch mal zu einer sozialversicherungspflichtigen Beschäftigung zu verhelfen. Die anderen mit weniger Leidenschaft und Verständnis für die menschlichen Schicksale und dafür einem um so größeren Misstrauen und Neidfaktor, dass die Arbeitsuchenden ein Auskommen ohne Arbeit haben. Außer sich selbst das Arbeitsleben schwer zu machen, können sie damit zwar auch nichts ausrichten, aber sie tun es mit der Überzeugung, ihren Arbeitsauftrag solange pflichtgemäß zu erledigen, wie es keine mehrheitsfähigen Alternativen gibt.

Dabei sind die aktuellen Organisationsformen der Jobcenter und ihre Arbeitsweisen, das hat der Zweite Senat des Bundesverfassungsgerichts in seinem Urteil vom 20.12.2007 festgestellt, verfassungswidrig und müssen bis Ende 2010 verändert werden. Die ‚Halbwertzeit' heutiger gesetzlicher Ausführungen ist derart verkürzt, dass nahezu täglich neue Gesetzesvorlagen und Ausführungsbestimmungen die Arbeitsprozesse erneut umkrempeln. Aber auch neue Erfahrungen in der Praxis der Grundsicherungsarbeit erfordern eine ständige Anpassung der einmal entwickelten Arbeitsroutinen. Hinzu kommen die sich rasant fortentwickelnden technischen Lösungen, die massiv die Strukturen der Arbeitsprozesse verändern. Die unteren Sozialgerichte sind ebenfalls dabei haltbare Strukturen bei der Umsetzung des neuen Gesetzes zu entwickeln und bombardieren die Grundsicherungsarbeit mit täglich neuen Urteilen, deren Konsequenzen bei der weiteren alltäglichen Arbeit berücksichtigt werden müssen. Und nicht zuletzt schlägt sich der politische Druck, die Arbeitslosigkeit wirksamer zu bekämpfen, im Wunsch nach ständig neuen Experimenten und in immer neu angeforderten Berichten und Statistiken nieder, die von der Grundsicherungsarbeit verlangt werden. Obendrein wäre die heutige Gestalt der Jobcenter sowieso gesetzlich erst einmal bis Ende 2010 begrenzt gewesen. Dann sollte entschieden werden, ob die Organisationsform der ARGEn oder der Optionskommunen zielführender ist. Möglicherweise – und auch das ist denkbar – kommt es aber zur alten getrennten Aufgabenwahrnehmung zwischen Kommunen und Agentur. Perspektivisch betrachtet bleibt also die Gestalt der Jobcenter und der Grundsicherungsarbeit letztlich unfertig.

Währenddessen werden in der Sachbearbeitung nach wie vor die alten Fragestellungen diskutiert, ob und inwieweit aus Gesichtspunkten der Kundenfreundlichkeit die ‚Akte und nicht der Kunde laufen' oder wie stark die Trennung von Leistungssachbearbeitung und Arbeitsberatung und -vermittlung sein soll. Diese alles andere als unwichtigen Fragen, von denen man aber ursprünglich annahm, dass sie sozusagen ‚Kinderkrankheiten' der Jobcenter wären, werden die Arbeit auf noch unabsehbare Zeit begleiten und insofern immer die Herausbildung einer routinisierten und in ruhigen Bahnen ablaufenden Sachbearbeitung stören und bremsen. Doch wie kann dieser aktiv eingreifende Prozess so organisiert werden, ohne als ständige ‚Nabelschau' verstanden zu werden, der die Arbeit letztlich behindert? Hier sind in erster Linie die Mitarbeiterinnen und Mitarbeiter gefragt, denn sie erleben und gestalten die alltägliche Arbeit. In etlichen ARGEn sind längst Vorschläge von den Bediensteten gemacht worden, diese Entwicklungen systematisch zu erheben und zu begleiten. Der Mut jedoch, diese Vorschläge auch aufzugreifen und umzusetzen, scheint noch recht begrenzt zu sein.

Auch in der Wissenschaft ist das Interesse an der Grundsicherungsarbeit begrenzt. Die umfängliche Evaluationsforschung, die mit Hartz IV in Gang gesetzt wurde, ist zu vorläufigen Abschlüssen gekommen. Noch steht die auch wissenschaftlich zu beantwortende Frage im Raum, ob die Optionskommunen mit ihrer Organisation oder die ARGEn die effektivere und effizientere Arbeit leisten. Doch wenn nur nach den Wirkungen der Arbeit gefragt wird, bleibt die Grundsicherungsarbeit als ‚black box' (vgl. Baethge-Kinsky, Bartelheimer, Henke 2007) den aufmerksamen Blicken entzogen.

6 Die neue Sachbearbeitung: Grundsicherungsarbeit

Und die Personalvertretungen der Beschäftigten, die neben den grundsätzlichen Entscheidungen, die sie in diesen Prozessen mit zu überlegen haben, auch den vielen kleinen Alltagssorgen, die ständig von den Bediensteten an sie herangetragen werden, nachgehen müssen, haben den ‚funktionalen Dilettantismus' (Trube 2006) der weiteren Entwicklung kritisch zu begleiten und – selbstverständlich – zu minimieren. Das Kopfschütteln über nicht nachvollziehbare Entscheidungen und Entwicklungen gehört zum alltäglichen Geschäft. Gleichzeitig stehen sie selbst unter einem Druck, den sie gar nicht verursacht haben: Die mindestens doppelte und häufig dreifache Personalvertretung für die Bediensteten der Jobcenter aus Kommunen, Agentur und Kreisverwaltung kann perspektivisch kein dauerhafter Zustand sein. Der Vorschlag, die ARGEn zu einer eigenständigen Anstalt öffentlichen Rechts mit eigener Personalvertretung zu erklären, liegt längst auf dem Tisch und wurde in den Optionskommunen teilweise schon realisiert.

Doch im Hintergrund lauern weitere, nahezu unauflösbare Probleme: Obwohl in den Jobcentern Bedienstete exakt identische Aufgaben erledigen, werden sie dennoch aufgrund ihrer Herkunft aus Kommune oder Agentur oder als Beamte oder Angestellte unterschiedlich bezahlt und haben unterschiedlich lange Arbeitszeiten. Eine Aufhebung dieser für Außenstehende nur als Kuriositäten, für Betroffene gleichwohl als ätzende Ungerechtigkeit wahrgenommenen ‚Geburtsfehler' der ARGEn scheint unvorstellbar, denn eine Angleichung auf das bessere und höhere Niveau wird wohl finanzpolitisch niemand mitmachen wollen und eine Abstufung und damit Abstrafung ist auch ausgeschlossen. Selbst bei höchstem Engagement der Personalvertretungen werden sich die einzelnen Bediensteten so des Eindrucks nicht erwehren können, keinen richtigen Ansprechpartner zu haben. Eine schnelle, aber nicht dauerhafte Lösung kann hier nur in einer intensivierten Kooperation der Personalvertretungen liegen, mit festen Ansprechpartnern und besonderem Engagement. Es geht schließlich um die Sorgen und Nöte einer erheblichen Anzahl von Bediensteten.

Im Endeffekt bemühen sich die Bediensteten der Jobcentern nach Kräften, die Arbeitsuchenden auf Trapp zu halten. Nach dem Motto: Stillstand ist Rückschritt, muss Bewegung her – und sei es nur symbolischer Art. Da arbeitet dann auch die Statistik mit: Zu- und Abgänge in millionenfacher Höhe werden akribisch dokumentiert. Doch irgendwie ist allen irgendwo bewusst, dass das Umfeld nicht stimmt. Es gibt immer noch nur einen Bruchteil der Arbeitsplätze, die eigentlich erforderlich wären. Und mit der Metapher vom Arbeits-‚Markt', der buntes Treiben und geschäftigen Handel suggeriert, wird zu mehr Bewegung angespornt, obwohl bei der Entstehung wirklich neuer Arbeitsplätze, die auch für die vorhandenen Arbeitsuchenden erreichbar wären, weitgehend Stillstand herrscht. So kann man sich allenfalls mittels großer Kraftanstrengungen damit trösten, hin und wieder eine einzelne ‚Seele' gerettet zu haben. Wer will denn ernsthaft den teils verzweifelt nach Arbeit Suchenden unter diesen Bedingungen den Sinn eines zivilrechtlichen Urteils des Oberlandesgerichts Brandenburg vermitteln, dass 20 bis 30 Bewerbungen monatlich ‚zumutbar' seien (AZ 10 UF 133/05)? Mit einer solchen abstrusen Gerichtsentscheidung und seiner sicherlich zukünftig teilweise adaptierten Umsetzung in den Jobcentern[109] wird mangels selbst auferlegter eingeengter Perspektiven zumindest die eine Seite – die Arbeitsuchenden – aufgemischt. Und das Ziel, auf das dadurch hingearbeitet wird, heißt Regulierung der Armut. Kaum jemand wird wirklich Freude daran haben, Menschen auf einem minimalsten Lebensniveau gefangen zu halten – doch angesichts der gesehenen Alternativlosigkeit wird es vielfach praktiziert. Und der Rechtfertigung und der Beruhigung des eigenen Gewissens dient die erst hergestellte und dann wahrgenommene Bewegung, die doch eigentlich Stillstand ist.

Nicht nur im kleinen, sondern auch im größeren Maßstab muss nach überzeugenden Auswegen oder Alternativen zu diesem schier übermächtigen Alltag gesucht werden. Die letztlich bescheidenen Möglichkeiten, einem erweiterten Personenkreis von arbeitsuchenden Menschen arbeitsmarktpolitische Förderinstrumente – und da gibt es sinnvolle und weniger sinnvolle – zukommen zu lassen, werden immer noch viel zu wenig genutzt. Aber auch darüber hinaus muss nach erweiterten Perspektiven gesucht werden, wie abschließend im folgenden Kapitel angeregt werden soll.

---

[109] In der Fachliteratur wurde bislang die schon hoch gegriffene Zahl von mehr als zehn Bewerbungen im Monat als ‚unverhältnismäßig' angesehen (vgl. Knoblauch, Hübner 2005).

7 Armuts- und Arbeitsmarktpolitik nach Hartz IV

Nach mehr als drei Jahren praktischer Arbeit in den Jobcentern scheinen die eingerichteten Strukturen und die teilweise schon eingefleischten Routinen eine derartige Festigkeit erlangt zu haben, dass eine gänzlich andere Umgehensweise mit Arbeitslosigkeit und den Arbeitsuchenden kaum mehr realistisch erscheint. Auch wenn die Jobcenter viele Arbeitsuchende in Maßnahmen und manchmal auch in Arbeit vermitteln können – auf die ausschlaggebenden Bedingungen des Arbeitsmarkts haben sie keinen wirklichen Einfluss. Wenn dann, wie im Laufe des Jahres 2007, die Arbeitslosigkeit insgesamt ein wenig zurückgeht, ist das zwar ein Anlass zur Freude – sie wird aber stark dadurch getrübt, dass die Langzeitarbeitslosigkeit und damit die alltäglichen Probleme in den Jobcentern, nicht geringer werden.

Auch die Grundsicherungsarbeit, so lässt sich hier nun feststellen, folgt nicht der der sozialen Sicherung nachgesagten Intention, gegen soziale Notlagen vorzugehen. Ja, sie muss sie sogar systematisch zulassen und – teilweise zumindest – selbst herstellen. Mit der am Anfang dieses Buches von Wolf Wagner aufgegriffenen Metapher vom ‚umgestülpten Netz' der sozialen Sicherung lässt sich auch die Grundsicherungsarbeit einordnen und erklären. Doch das sollte nicht zu einer lethargischen Hinnahme nicht hinnehmbarer Zustände verführen. Das umgestülpte soziale Netz gibt nämlich auch gedankliche Richtungen vor, wie Alternativen aussehen und bewertet werden könnten: Alles, was die Steilwände des umgestülpten Netzes flacher macht, wäre schon ein Fortschritt.

Und dazu gibt es, zumindest ansatzweise, praktisch erprobte Entwicklungen, die alternative Pfade aufzeigen. Das betrifft in erster Linie die Grundsicherungsarbeit selbst. Hier haben in den letzten Jahren stärker wissenschaftlich fundierte Ansätze aus der sozialen Arbeit Einzug gehalten und mit ihr Überlegungen, die Grundsätze des Forderns und Förderns entlang anderer Entwicklungspfade zu präferieren. Daraus kann ein anderer Umgang mit den Arbeitsuchenden und ihren nicht nur auf Arbeit zu zentrierenden Problemen entwickelt werden: Gibt es wirklich keine anderen Möglichkeiten, als Arbeitslose in Warteschleifen von Qualifizierungsmaßnahmen und Arbeitsgelegenheiten auf den Tag X vorzubereiten, an denen der Arbeitsmarkt auch bereit sein könnte, sie aufzunehmen? Die Diskussion über ein garantiertes Grundeinkommen in den verschiedensten Schattierungen und den daraus entwickelten praktischen Vorschlägen für eine neue Arbeitsmarktpolitik zeigen andersartige Möglichkeiten auf, mit der Problematik Arbeitslosigkeit umzugehen als bisher[110].

Grundsicherungsarbeit optimieren

Eine bei Trägern von arbeitsmarktpolitischen Maßnahmen bekannte und beliebte Lebensweisheit lautet, dass angesichts des deutlichen Unterangebots an Stellen und der gleichzeitigen enormen Nachfrage nach Arbeit durch die Arbeitsuchenden, alle Versuche, Arbeitsuchende zu qualifizieren und zu beraten, auf ein ‚Creaming', auf eine Bestenauslese hinauslaufen würde. Diejenigen, die in diesen Maßnahmen sich qualifizieren und tatsächlich eine Arbeit erhaschen, schnappen nur denjenigen die wenigen vorhandenen Arbeitsplätze weg, die sie sich mindestens genau so sehnlich wünschen. Lediglich die fitesten Arbeitsuchenden erhalten eine Chance am Arbeitsmarkt – und entweder sind sie schon fit genug oder sie werden durch die Maßnahmen fit gemacht. Neue Arbeitsplätze entstehen durch die arbeitsmarktpolitischen Maßnahmen jedenfalls nicht. Und die von der Bundesregierung beauftragten Evaluationen zur neuen Arbeitsmarktpolitik des SGB III und zum Umbau der Bundesagentur können diese Einschätzungen stützen: „Die Arbeitsmarktpolitik der Bundesagentur für Arbeit .... kann aber nur begrenzt Arbeitsplätze schaffen und keine umfassende Beschäftigungspolitik ersetzen" (BMAS 2006: III). Doch diese Antwort ist in ihrer Absolutheit und als Antwort auf die Frage nach der Sinnhaftigkeit von Bildungsmaßnahmen zu kurz gegriffen.

Zunächst einmal entstehen Arbeitsplätze bei den Trägern von arbeitsmarktpolitischen Maßnahmen – das ist bei der obigen Argumentation zwar nicht gemeint, soll hier aber noch einmal unterstrichen werden. Hartz IV hat wie kaum ein anderer gesetzlicher Einschnitt die Bildungslandschaft umgekrempelt. Das fing bei seinem Start an: Kein Bildungsträger erhielt über die Startphase von Hartz IV hinaus Zusagen durch die Arbeitsagenturen für zukünftig geplante Maßnahmen. Die Konsequenz war, dass zur Jahreswende 2004/2005 die Bildungsträger massiv zum Instrument der Entlassungen greifen mussten und damit selber noch zum Anstieg der Arbeitslosigkeit beitrugen. Entlassungen vornehmen zu können wiederum war vor allem jenen Bildungsträgern möglich, die sich bereits frühzeitig auf diese Veränderungen vorbereiteten und ihr Personal schon vorher befristet oder projektgebunden einstellten. Seriösere Bildungsträger mussten in dieser Situation noch mehr um ihr Überleben kämpfen. Die grundsätzliche

---

[110] Die hier angestellten Überlegungen beziehen sich daher nicht so sehr auf die Fragen nach der Zukunft der Arbeit (vgl. etwa Beck 2000), sondern eher auf die Fragen nach der Zukunft der Arbeitslosen.

Problematik lässt sich an den offiziellen Zahlen ablesen: Waren es im Jahr 2000 noch 523.000 Arbeitsuchende, die eine geförderte berufliche Weiterbildung angeboten bekamen, so waren es im Jahr 2005 lediglich noch 132.000 (ebd.: XII).

Erst langsam während des Jahres 2005, nachdem die Jobcenter die laufenden Zahlungen an die Arbeitsuchenden einigermaßen gewährleisten konnten, beruhigte sich der Bildungsmarkt und die Angebote wurden wieder hochgefahren. Qualifiziertes Personal war wieder gefragt. Jetzt war jedoch der Bildungsmarkt ‚bereinigt' – einige Bildungsträger hatten Insolvenz anmelden müssen, die meisten mussten radikal ihre Stammbelegschaften reduzieren und zum Mittel der Entlassungen greifen oder gerieten, wie beispielsweise der ursprünglich holländische Bildungsträger ‚Maatwerk', wegen unseriöser Geschäftspraktiken in Schwierigkeiten. Gleichzeitig richtete die Bundesagentur ihre Bildungsmaßnahmen an neuen Zielen aus. Jetzt sollten nur noch Maßnahmen gefördert werden, bei denen sichergestellt war, dass 70% derjenigen, die die Maßnahme absolvierten, sechs Monate danach auch ihre Arbeitslosigkeit beendet hatten. Damit schraubte die Bundesagentur die Anforderungen an die erwarteten Resultate der Maßnahmen in unrealistische Höhen, in denen sowieso die Erfolge nur noch auf dem Papier bestehen konnten.

Zudem wurden durch die neu eingerichteten Regionalen Einkaufszentren der Bundesagentur, die nun für die (europaweiten) Ausschreibungen und Abwicklungen der Bildungsmaßnahmen zuständig waren, vielfach Maßnahmen an dubiose Träger vergeben, die von den örtlichen Verhältnissen keine Ahnung hatten und Bildung von zweifelhaftem Wert anboten. Wem das zu hart klingt, sollte zumindest festhalten, dass bis heute die in den Ausschreibungen festgelegten Qualitätsmaßstäbe kein wirksames Steuerungsinstrument sind, um auf die örtlichen Arbeitsmarktverhältnisse abgestimmte sinnvolle Bildungsmaßnahmen einkaufen zu können. Neben der drastischen Reduzierung der Bildungsangebote kam es auch zu einer inhaltlichen Verlagerung der Schwerpunkte: „Deutlich an Bedeutung verloren haben dagegen die Ausrichtung der Maßnahmengewährung an besonders förderungsbedürftigen Personengruppen und die Orientierung am Bedarf von Arbeitnehmerkundinnen und -kunden" (ebd.: XII).

Im Resultat konnten nur wenige Jobcenter die geplanten Bildungsziele und mit ihnen den vorgesehenen Umfang von Bildungsmaßnahmen erreichen und gaben Ende 2005 enorme Millionenbeträge für Eingliederungsmittel zurück an die Bundesagentur. Das ganze Ausmaß dieser nicht genutzten Ressourcen wurde in der Evaluation des Internationalen Instituts für Staats- und Europawissenschaften im Auftrag des Deutschen Landkreistages deutlich. Bei dieser bundesweiten Befragung von Jobcentern kam heraus, dass lediglich 12% der Optionskommunen die Mittel ihres Eingliederungstitels Ende des Jahres 2005 zu 90%

und mehr ausschöpfen konnten – keine ARGE erreichte diesen Wert. Auf der anderen Seite der Skala mussten jeweils 8% der ARGEn und Optionskommunen zugeben, dass sie lediglich weniger als 30% der vorgesehenen Mittel ausgegeben hatten (DLT 2006, Folie 91). Im Mittelfeld mit einem Ausschöpfungsgrad zwischen 30 und 70% lagen 78% der ARGEn und 48% der Optionskommunen.

Wenn auch nicht alle Instrumente gleichermaßen dazu taugen, Arbeitsuchenden zu einem Job zu verhelfen, Weiterbildungsmaßnahmen führen nachweislich zu verbesserten Vermittlungschancen (vgl. BMAS, 2006: XIII). Durch die Arbeitsmarktreform nicht verändert, aber dennoch als zumindest für Teilgruppen des Arbeitsmarktes wirksames Instrument gelten die Eingliederungszuschüsse (vgl. ebd.: XIV). Auch die Zuschüsse für Existenzgründungen sind nachweisbar ein Instrument zur verbesserten Eingliederung (ebd.: XV). Diesen Ergebnissen wird immer wieder entgegen gehalten, dass das erwünschte Resultat der Eingliederung in Erwerbstätigkeit auch ohne die staatliche Förderung zustande gekommen wäre. Auch wird kritisiert, dass lediglich diejenigen an diesen Maßnahmen partizipieren, die sowieso schon über die besten Möglichkeiten verfügen. Doch trotz dieser teilweise berechtigten Kritik an den Mitnahme- und Creaming-Effekten zeigen einige Instrumente bei der Untersuchung mit Vergleichsgruppen, dass sie zu verbesserten Erwerbschancen von Arbeitsuchenden führen (vgl. ebd.: XIII).

Beide Überlegungen, die nicht ausgereizten Möglichkeiten, Arbeitsuchenden mittels Eingliederungsinstrumenten Erwerbschancen zu erhöhen und wissenschaftlich fundierte Kenntnisse darüber, welcher Zielgruppe welche Maßnahmen am dienlichsten sind, stellen eine Herausforderung dar, die Grundsicherungsarbeit sinnvoll zu optimieren. Dabei besonders benachteiligten Gruppen des Arbeitsmarktes, wie beispielsweise gering Qualifizierten, ein besonderes Augenmerk zukommen zu lassen, ist leider immer noch nicht selbstverständlich (vgl. Schmid 2006). Die Möglichkeiten, die der Grundsicherungsarbeit zur Verfügung stehen, sind jedenfalls noch lange nicht ausgeschöpft. Sicherlich ließe sich auch die Liste der Vorschläge verlängern, mit denen die Grundsicherungsarbeit weiter optimiert werden kann.

Auch wenn, wie oben gezeigt werden konnte, der Grundsicherungsarbeit insgesamt und durchweg ein repressiver Charakter zu Grunde liegt, bedeutet dies nicht, dass dies auch durchgängig umgesetzt werden muss und auch realisiert wird. Gerade der aus der sozialen Arbeit entwickelte Ansatz, Arbeitsuchende mit ihren Problemen ernst zu nehmen und sich ihrer Lebenssituation ganzheitlich zu nähern und Hilfestellungen anzubieten, wird, auch das konnte gezeigt werden, in der praktischen Grundsicherungsarbeit vor Ort noch stiefmütterlich behandelt. Dabei stecken auch in einem solchen Vorgehen noch Potenziale, die in der alltäglichen Grundsicherungsarbeit bis heute nicht hinreichend ausprobiert werden.

Auch die stärkere Orientierung der sozialen Arbeit hin zur Grundsicherungsarbeit kann sicherlich noch fruchtbare Entwicklungen anstoßen. Um diese Möglichkeiten jedoch ausschöpfen zu können ist eines unentbehrlich: Die Bediensteten in den Jobcentern benötigen qualitativ und quantitativ eine veränderte Ausbildung. Die Hochschule der Bundesagentur für Arbeit bietet zwar 300 Studierenden seit 2006 die beiden Bachelor-Studiengänge ‚Arbeitsmarktmanagement' und ‚Beschäftigungsorientierte Beratung und Fallmanagement' an, doch das entspricht keineswegs dem vor Ort benötigten Bedarf in den Jobcentern. Zudem sind die Studiengänge noch zu sehr an den alten rechtlichen und verwaltungsmäßigen Anforderungen der Bundesagentur ausgerichtet und entsprechen nicht einer zukunftsweisenden und nachhaltigen Armuts- und Arbeitsmarktpolitik. Doch auch die Fachhochschulen für soziale Arbeit haben das Potenzial der Grundsicherungsarbeit als Beschäftigungsort für AbsolventInnen noch nicht in ihrer Bedeutung realisiert.

Auch die Fortbildungen für die Bediensteten der Jobcenter lässt noch zu wünschen übrig: Von den insgesamt 24.668 Personen, die im ersten Halbjahr 2005 an einer von der Bundesagentur zentral angebotenen Qualifizierungsmaßnahme teilnahmen, bezogen sich 85% auf die beiden Bereiche ‚Schulungen IT-Verfahren Leistungsgewährung' und ‚Fachliche Schulungen SGB II'; lediglich 9% wählten das Thema ‚Schulungen Vermittlung' und abgeschlagen auf dem letzten Platz mit 5% landete das Thema ‚Schulungen Fallmanagement' (BA 2005: 10). Daran wird nicht nur die schwache Bedeutung des Fallmanagements in der Praxis schlaglichtartig deutlich, sondern die absolute Dominanz rechtlicher und technischer Fragen. Zwar wird stolz vermeldet, dass die Schulungen zum Aufgabenbereich Vermittlung und Fallmanagement zunehmen würden, jedoch muss dabei berücksichtigt werden, dass der Gesamtumfang der Fortbildungen – verständlicherweise – massiv von über 70.000 im Jahr 2004 auf die genannten etwa 25.000 im ersten Halbjahr 2005 eingebrochen war und damit das Vorjahresniveau nicht mehr erreichen konnte (vgl. ebd.: 9f.).

Menschenrecht auf existenzsicherndes Grundeinkommen

Daneben und darüber hinaus gibt es noch weiterführende politische Konzepte und Wege, einen anderen Umgang mit Arbeitsuchenden und Arbeitslosigkeit einzufordern. Wenn auf absehbare Zeit eindeutig ist, dass der Arbeitsmarkt nicht alle Arbeitsuchenden aufnehmen kann und wird, steht die Debatte darüber an, was mit den Arbeitsuchenden geschehen soll und wie mit ihnen sozialstaatlich umgegangen werden soll. Zwei Diskussionsstränge sollen hier angesprochen werden, die über die bisher thematisierten Einflussmöglichkeiten im Zusammenhang mit Hartz IV hinausweisen:

1. Die Diskussionen über ein garantiertes Grundeinkommen und
2. die Überlegungen zur Etablierung eines ‚Dritten Arbeitsmarktes'.

Hintergrund der Überlegungen für ein garantiertes Grundeinkommen sind zunächst einmal die grundsätzlichen Fragestellungen, ob ein Sozialstaat wie der bundesrepublikanische es sich erlauben kann und darf, Menschen aus der gesellschaftlichen Gemeinschaft auszuschließen. Mit der Analyse zur organisierten Verwahrlosung konnte gezeigt werden, dass der bundesrepublikanische Sozialstaat über Instrumentarien verfügt und diese auch anwendet, Menschen aus der gesellschaftlichen Gemeinschaft auszuschließen. Politisch verweist der Sozialstaat in diesen Fällen zwar darauf, dass sich die einzelnen Individuen selber ausgeschlossen hätten, weil sie den gesellschaftlich akzeptierten Wert ‚Arbeit', der als Lohnarbeit dekliniert wird, nicht ausreichend respektieren würden; doch offensichtlich ist nicht nur der Sozialstaat, sondern der Staat in einer Marktwirtschaft prinzipiell nicht dauerhaft in der Lage, Menschen ein angemessenes Angebot an Arbeit zu unterbreiten. Folglich gibt es weder ein ‚Recht auf Arbeit' noch auf ein garantiertes menschenwürdiges Leben (vgl. Kapitel 4).

Hartz IV begegnete dieser sozialpolitischen Problematik mit einem zu verstärkenden Fördern und Fordern der Arbeitsuchenden, also mit einem erweiterten Katalog arbeitsmarktpolitischer Maßnahmen. Die gesetzlich dazu vorgesehenen Instrumente jedoch, so konnte gezeigt werden, sind an den entscheidenden Punkten weitgehend stumpf und wirkungslos. „Der Unterbeschäftigung beträchtlicher Bevölkerungskreise mit ‚Fordern und Fördern' begegnen zu wollen, heißt, sozialpolitischen Handlungsbedarf als Vermittlungsproblem zu definieren, eine bereits unter normativen Gesichtspunkten problematische Einschätzung. Entweder übt man letztlich wirkungslosen Druck auf nicht mehr Vermittelbare aus oder man akzeptiert sie stillschweigend als solche und stellt die Betreuung weitgehend ein. Letzteres praktiziert gegenwärtig die Bundesagentur für Arbeit (BA), um die Gelder der Versicherten zu schonen" (DLT 2006: 3).

Haben Menschen jedoch faktisch keine andere Wahl, als durch Lohnarbeit ihr Auskommen sicherzustellen und sind Arbeitsmöglichkeiten gleichwohl nicht vorhanden, kann der Staat, insbesondere dann, wenn er sich als Sozialstaat versteht, diese Menschen nicht sich selbst überlassen oder ihnen für die gesellschaftliche Teilhabe Hürden aufbauen, die sie nicht überwinden können. Teilhabe an der gesellschaftlichen Gemeinschaft kann in diesen Fällen nur so aussehen, dass diesen Menschen ein Minimum gewährt werden muss, um ein Überleben und damit eine realistische Grundlage für eine menschenwürdige Teilhabe an der Gemeinschaft zu ermöglichen: ein garantiertes Grundeinkommen. Unabhängig von der spezifischen Ausformung und der Höhe der zu gewährenden Leistungen dieser Alternative, geht es also zunächst darum, deutlich zu machen, dass dann, wenn existenzsichernde Erwerbsarbeit für einen relevanten Teil der Bevölkerung keine realistische Perspektive darstellt, ein repressionsfreies, bedingungsloses und existenzsicherndes Grundeinkommen so etwas wie ein grundlegendes Recht in einer menschlichen Gemeinschaft darstellt. An der Grundsicherung nach SGB II wird, wie es auch hier entwickelt wurde, berechtigter Weise kritisiert, dass sie weder bedingungslos noch repressionsfrei und erst recht nicht existenzsichernd gewährt wird. Sie wird sowieso nur denjenigen gewährt, die sich aktiv auf die für alle gesehen aussichtslose Suche nach Arbeit begeben. Den daraus individuell und gesellschaftlich erwachsenden Pathologien ließe sich nur entgehen, wenn es ein bedingungsloses Grundeinkommen gäbe. Des weiteren wird insbesondere von Selbsthilfeorganisationen drastisch geschildert, dass mit den heute gewährten 347,-€ und den Wohnkosten tatsächlich kein existenzsicherndes Leben möglich ist[111]. Letztlich treibt der Sozialstaat durch die zu geringe finanzielle Absicherung seine Arbeitsuchenden ins Abseits oder in die Schattenwirtschaft, um sie dafür sogleich zu bestrafen. An beiden Punkten müsste zugleich angesetzt werden: Ein bedingungsloses Grundeinkommen muss auch von der Höhe her einen minimalen, aber auskömmlichen Lebensstandard sicherstellen.

In der Bundesrepublik erlangte die Diskussion über ein Grundeinkommen in den 80er Jahren des letzten Jahrhunderts durch die damals neu in den Bundestag eingezogene Fraktion der Grünen eine beachtliche Bekanntheit (vgl. Opielka, Zander 1988). Mit der heute mehr als damals irritierenden Begrifflichkeit einer ‚bedarfsorientierten Grundsicherung' wurde sogar ein Gesetzesvorschlag in die Bundestagsdebatten eingebracht. Grundlegende Konzeption der Vorschläge waren Überlegungen, die sozialen Sicherungssysteme ‚armutsfest' auszugestalten und die Abhängigkeit sozialer Leistungen von vorheriger Arbeitsleistung aufzubrechen. Einen Anspruch auf ein minimales Sicherungsniveau sollte jede Person, allerdings abgestimmt auf ihren jeweiligen Bedarf haben.

Schon damals waren diese Überlegungen nicht neu. Bereits im sechzehnten Jahrhundert begegnen uns erste Vorschläge mit der grundsätzlichen Überlegung, jedem Menschen ein Überleben durch ein garantiertes Einkommen zu ermöglichen. So veröffentlichte Thomas Morus 1516 ein Werk, in dem er eine Einkommensgarantie vorschlug (vgl. Vanderborght, Van Parijs 2005: 15 ff.). Doch interessanter noch als diese historischen (Diskussions-) Vorbilder in der Literatur,

---

[111] Vgl.: Martens (2006), abrufbar unter: http://www.berliner-arbeitslosenzentrum.de/download/martens_referat_regelsatz_2006.pdf (Stand 4.1.2008).

waren sicherlich die in einigen Ländern bereits im letzten Jahrhundert praktizierten Lösungen von Grundsicherungen, zumindest in einzelnen Bereichen der sozialen Sicherung. Die Niederlande und Schweden beispielsweise praktizieren bis heute in der Rentenpolitik ein solches Modell, nach dem jeder Person im Rentenfall ein staatlich garantierter Mindestbetrag zusteht, der als Grundrente bezeichnet wird. Der Clou dieser Modelle: Vollkommen unabhängig von erbrachten Vorleistungen, eigenen Möglichkeiten oder eventuellen Unterhaltsmöglichkeiten durch Angehörige wird eine oberhalb der Armutsgrenze liegende sozialstaatliche Sicherung erbracht – Armut im Alter ist damit definitiv ausgeschlossen. Für alle darüber hinaus gewünschten Leistungen ist die Person dann selbst verantwortlich.

Auch die zu der damaligen Zeit schon realisierte Pflegeversicherung in den Niederlanden stellt die heute in der Bundesrepublik vorherrschenden Mechanismen der Verteilung sozialer Leistungen auf den Kopf: Die Pflegeversicherung ist dort ausschließlich für Pflegesachleistungen zuständig, die aber entsprechend des Bedarfs gewährt werden und allen (heute: im wesentlichen) kostenlos zustehen (vgl. Kantel 2000). Im Kern wird hier das Bedarfsdeckungsprinzip realisiert, das auch der Idee der Grundsicherung innewohnt. Ein weiteres – zugegebenermaßen: exotisches – Beispiel für ein Grundeinkommen, das eine grundsätzliche Absicherung aller Personen eines Staates in jedem Lebensalter umfasst, ist Alaska. Der nationale, aus der Erdölförderung erwachsende Reichtum des Landes sollte allen Menschen zugute kommen. Also wurden dessen Erlöse in einen Fonds eingegeben, aus dem dann ein Grundeinkommen finanziert und verteilt wird. Seit „1982 beziehen alle Bürger, die sich seit mindestens sechs Monaten legal in Alaska aufhalten (....), unabhängig von ihrem Alter bzw. ihrer Residenzzeit in dem Staat jährlich eine Dividende in gleicher Höhe" (ebd.: 36). Auch wenn dieses Grundeinkommen selbst zu seinen besten Zeiten im Jahr 2000 lediglich etwas mehr 2.000 Dollar jährlich betrug und deshalb kaum von einer existenzsichernden Grundsicherung gesprochen werden kann, zeigt es doch andere Entwicklungspfade in der sozialen Sicherung auf.

In der bundesrepublikanischen Debatte differieren die vorgetragenen Konzepte erheblich in ihren jeweiligen konkreten Ausformungen (vgl. ebd.: 37 ff.). Auch wenn die größte Unterstützerschar im politisch linken Spektrum zu verorten ist, gibt es beispielsweise mit dem thüringischen Ministerpräsidenten Dieter Althaus prominente Befürworter im konservativen Lager (vgl. Althaus 2006)[112] und auch der Unternehmer und Inhaber der Drogeriemarktkette dm Götz Werner bereichert das bunte Spektrum der Anhänger eines Grundeinkommens (vgl. Werner 2006). Mit die größten Kritiker der Idee eines Grundeinkommens finden

---

[112] Auf der homepage von Dieter Althaus lässt sich auch gleich ein Gutachten nachlesen, das die Finanzierbarkeit seiner Überlegungen untermauert: http://www.d-althaus.de/ (Stand: 4.1.2008).

sich dagegen innerhalb der Gewerkschaften. Bei ihnen sind diese Überlegungen zu einem gegenleistungsfreien Einkommen heftigst umstritten. Michael Schlecht, Leiter des Bereichs Wirtschaftspolitik beim Bundesvorstand der Gewerkschaft Ver.di, bringt die Bedenken folgendermaßen auf den Punkt: „Wenn man individuell denkt, scheint das eine reizvolle Alternative .... Aber wenn es funktionieren würde, funktioniert es nicht mehr" (zitiert nach Langenberg 2007: 16). Unsere Gesellschaft, so der gewerkschaftliche Kritikansatz, ist auf Erwerbsarbeit gegründet und nur solange genügend Menschen auf dieser Grundlage auch ein wirtschaftliches Ergebnis und Wachstum erzeugen, kann ein gewisser Teil dieses Reichtums verteilt werden. Die Befürchtung der Gewerkschaften ist schlicht die bekannte Formel: Was wäre, wenn das alle machen würden ... Und gerade ein Auskommen ohne Gegenleistung, ein auskömmliches Einkommen ohne Erwerbsarbeit scheint unvorstellbar. Vor allem wird der Befürchtung Ausdruck verliehen, dass diese paradiesischen Zustände alle dazu verführen würden, nicht mehr zu arbeiten!

Diese auch aus der Arbeitsmarktpolitik bekannte Argumentation, dass allein schon die sozialen Sicherungsleistungen dazu verführen würden, dass Arbeitsuchende die Hände in den Schoß legen, weil sie unterstützt werden, lässt sich jedoch auch empirisch nicht halten. Wenn auch für die Bundesrepublik keine einschlägigen Studien vorliegen, „für die USA und Großbritannien wird geschätzt, dass zwischen 80 und 100 Prozent aller Stellenangebote angenommen werden" (Ludwig-Mayerhofer 2005: 220). Mit anderen Worten: Wenn es (angemessene) Erwerbsarbeit gäbe, wollten Arbeitslose lieber arbeiten gehen, als faul zu Hause (vor der Glotze) zu sitzen[113]. Darüber hinaus ist zwar naheliegend, dass die Interessenorganisationen der lohnabhängigen Erwerbstätigen den monetären Nutzen der Erwerbsarbeit entsprechend hoch einschätzen müssen – aber problematisch wird es dann, wenn dies auf die Sozialleistungen übertragen wird. Denn neben den gesundheitlichen Belastungen von Arbeitslosigkeit und deren volkswirtschaftlicher Schaden müssten ebenso die sozialen Erträge von Erwerbsarbeit für die Einzelnen berücksichtigt und ebenfalls gewichtet werden: Soziale Anerkennung, das Selbstwertgefühl des Einzelnen und nicht zuletzt die sozialen Beziehungen stellen ebenfalls gewichtige Anreize dar, arbeiten zu gehen – was sich aber nicht empirisch beweisen lässt.

Diese Überlegungen werden implizit von WissenschaftlerInnen aufgegriffen, die die Realisierbarkeit der Grundeinkommens-Modelle bezweifeln. Wenn damit argumentiert wird, dass ein existenzsicherndes Grundeinkommen einen dreistelligen Milliarden-€-Betrag erforderte, würde sich tatsächlich die Frage stellen, wer soll das bezahlen? Nachvollziehbar wäre dann, dass „im Rahmen der

---

[113] So sollte auch der plumpe Gegensatz von erwerbsarbeiten oder faulenzen differenzierter gesehen werden: Schließlich gibt es noch ehrenamtliche Arbeit, Hausarbeit und vieles andere mehr.

massiven Veränderung der Verteilungsverhältnisse die Vermögensbesitzer nicht bereit sein werden, auf ihre Macht- und Bereicherungsstrukturen zu verzichten" (Bischoff 2007: 73). Mit diesem Hinweis auf die bestehenden Machtverhältnisse wird eingefordert, dass zunächst die Gewerkschaften ihre Forderungen nach Verkürzung der Arbeitszeit und besserer Lohn- und Gehaltsabschlüsse realisieren, sich also die gesellschaftlichen Kräfteverhältnisse zunächst massiv verändern müssten, bevor eine solche Umverteilung realisiert werden könnte. Einmal abgesehen von der schwierigen empirischen Beweislage dieser Argumentation: Massiv unterschätzt werden die mit dem Grundeinkommen verbundenen Strukturveränderungen staatlicher sozialer Sicherung. Auf alle Sozialleistungen auszahlenden staatlichen Behörden könnte nämlich zugunsten einer veränderten Steuerpolitik verzichtet werden. Eine gewisse Unsicherheit würde selbstverständlich bleiben: „Über den Umfang der damit eingesparten Finanzmittel gibt es allerdings keine verlässlichen Aussagen" (ebd.: 74) – sie sind dann aber auch kein schlagendes Argument gegen ein Grundeinkommen mehr.

Auf weitere Feinheiten in der Diskussion um ein bedingungsloses Grundeinkommen soll hier mit dem Hinweis auf die Internetseite des ‚Netzwerkes Grundeinkommen', dem deutschen Ableger des ‚Basic Income Earth Network' (BIEN), verzichtet werden[114]. Aber zum Schluss soll hier noch einmal eine aus den vorgetragenen Diskussionen um die Grundsicherung für Arbeitsuchende entwickelte veränderte Arbeitsmarktpolitik zu Wort kommen. Oben wurde schon erörtert, dass es – gesetzlich so vorgesehen – neben den Arbeitsgelegenheiten mit der Mehraufwands-Entschädigung (1-€-Jobs) noch Arbeitsgelegenheiten nach der sogenannten Entgelt-Variante gibt. Dabei wird Arbeitslosen für gemeinnützige und zusätzliche Arbeiten, beispielsweise im sozialen Bereich oder bei Umweltprojekten ein Entgelt gezahlt, das zwar unterhalb der tariflichen Eingruppierung, aber deutlich oberhalb der Hartz-IV-Bezüge angeboten wird. Bezahlte Arbeit, die damit auch für die Arbeitslosen den Charakter von Erwerbsarbeit erhält und das diskriminierende Image einer Arbeitserprobung ablegen kann. Die zentrale Problematik dabei bislang: Diese Arbeitsgelegenheiten durften keine neuen Ansprüche an die Arbeitslosenversicherung auslösen, waren also nicht arbeitslosenversicherungspflichtig, um neue Verschiebebahnhöfe auszuschließen und vor allem waren sie zeitlich befristet. In der Kleinstadt Bad Schmiedeberg in Sachsen-Anhalt wurde im Jahre 2006 ein anderer, neuer Weg beschritten ...

---

[114] Vgl.: http://www.grundeinkommen.info/ (Stand: 4.1.2008).

7 Armuts- und Arbeitsmarktpolitik nach Hartz IV

Neue Politikansätze – eine Antwort auf Armut und Arbeitslosigkeit?

Eigentlich ist Bad Schmiedeberg in Sachsen-Anhalt mit seinen 4.300 EinwohnerInnen nur eine relativ unbedeutende Kleinstadt im Osten Deutschlands. Doch nachdem das ‚Wunder von Bad Schmiedeberg' passierte und die Arbeitslosenquote von 15,6% im September 2006 auf sensationelle 4,5% im Juli 2007 sank, war das anders[115]. Und das Zauberwort zu diesem Wunder hieß ‚Bürgerarbeit'.

Bürgerarbeit, so ließ sich in einer kleinen Broschüre nachlesen, die gemeinsam vom Land Sachsen-Anhalt und der Regionaldirektion Sachsen-Anhalt-Thüringen der Bundesagentur für Arbeit herausgegeben wurde, verfolgt ein eigentlich banales Anliegen: „Arbeitslose Menschen, die selbst bei guter Konjunkturlage keine Chancen am ersten Arbeitsmarkt haben, sollen im gemeinnützigen Bereich sozialversicherungspflichtig beschäftigt werden"[116]. Unbefristete, sozialversicherungspflichtige Arbeit, geschaffen durch die Zusammenführung von Unterstützungsleistungen für Arbeitsuchende, also Hartz IV, sowie die Fördermittel für Arbeitsgelegenheiten und andere Weiterbildungsmaßnahmen, sowie momentan noch mit kofinanzierten Mitteln des Landes aus dem Europäischen Sozialfonds. So erhalten die BürgerarbeiterInnen im Schnitt 800,-€ Brutto und müssen dafür 30 Wochenstunden gemeinnützig arbeiten.

Doch nicht jeder Arbeitsuchende kommt sofort in den Genuss der Bürgerarbeit. In einer ersten Stufe wurden Mitte 2006 in Bad Schmiedeberg alle 331 Arbeitsuchenden zu einem Beratungsgespräch vorgeladen, um ihre Perspektiven für den ersten Arbeitsmarkt auszuloten und ihnen das Projekt Bürgerarbeit vorzustellen, für das sie alle vorgesehen waren. Bereits am Ende dieser ersten Phase meldeten sich „rund 60 Arbeitslose ab"[117]. In einer zweiten Phase wurden 52 Arbeitslose darauf aufbauend in Qualifizierungsmaßnahmen vermittelt. 16 Arbeitsuchende waren zu alt oder zu krank – auch sie konnten aus der Statistik gestrichen werden und kamen für die Bürgerarbeit nicht in Frage. „5 Arbeitslose sahen keine Veranlassung zu arbeiten. Übrig blieben 70 Kurzzeitarbeitslose, die Chancen haben, wieder einen Job zu finden, und 130 Langzeitarbeitslose"[118], die potenziell zur Bürgerarbeit ausgesucht waren.

Im Juli 2007 konnte die Arbeitsagentur vermelden, dass insgesamt 106 Personen aus Bad Schmiedeberg in Bürgerarbeit vermittelt waren, vier Personen

---

[115] Vgl. die Angaben unter: http://www.arbeitsagentur.de/nn_29406/Dienststellen/RD-SAT/RD-SAT/A04-Vermittlung/Allgemein/Konzept-Buergerarbeit.html (Stand: 4.1.2008).
[116] Sachsen-Anhalt und Bundesagentur für Arbeit Regionaldirektion Sachsen-Anhalt-Thüringen (Hg)(2007): Bürgerarbeit. Wir finanzieren Arbeit – statt Arbeitslosigkeit. Modellprojekt. o.O.,März 2007, S. 3; der Text ist auch dokumentiert unter der Internetadresse: http://doku.iab.de/chronik/2007/2007_03_30_31_buergerarbeit.pdf (Stand: 4.1.2008).
[117] Diese und die folgenden Angaben stammen aus: Der Spiegel, H. 10-2007: 60.
[118] Ebd.

konnten sogar aus der Bürgerarbeit in den ersten Arbeitsmarkt vermittelt werden[119]. Alleine das ist schon eine Quote, die längst nicht jedes arbeitsmarktpolitische Instrument erreicht. Mittlerweile ist das Projekt auf einige weitere Kommunen ausgedehnt worden und auch dort konnten die Arbeitslosenzahlen massiv reduziert werden[120]. So gesehen scheint es sich beim ‚Wunder von Bad Schmiedeberg' um ein Erfolgsmodell zu handeln.

Die betroffenen BürgerarbeiterInnen schienen diesem Modell weitgehend aufgeschlossen gegenüber gestanden zu haben. Britta Brennwitz, eine ehemalige Melkerin, war eine dieser neuen BürgerarbeiterInnen in Bad Schmiedeberg. Sie verrichtete ihre Bürgerarbeit im dortigen Pflegeheim und unterstützte dort das Team bei Tätigkeiten, die von keiner Pflegekasse bezahlt und die in keinem Leistungskatalog verzeichnet waren, die aber dennoch den Menschen im Heim das Leben lebenswerter machten. Sie wurde mit den Worten zitiert: „.... wir werden gebraucht, es macht Spaß. Das ist die Hauptsache"[121]. Doch ganz so einfach sollte es sich eine – wenn auch vorläufige – Bilanz nicht machen. Die Bürgerarbeit wird sich noch einige Fragezeichen gefallen lassen und einige offene Fragen beantworten müssen.

Die Kritik von Gewerkschaften, aber auch vom Handwerk an gemeinnützigen und zusätzlichen Arbeiten und jetzt an der Bürgerarbeit zielt darauf ab, dass es eben nicht sichergestellt sei, dass es sich tatsächlich um zusätzliche und gemeinnützige Arbeiten handelt. Nimmt die Bürgerarbeit etwa ‚normalen' ArbeitnehmerInnen sozialversicherungspflichtige Arbeit weg? Oder vernichtet die Bürgerarbeit gar Arbeitsplätze im Dienstleistungsbereich dadurch, dass sie beispielsweise in Pflegeheimen etwas kostenlos anbieten kann, was auch bei einer entsprechenden Kostenbeteiligung nachgefragt würde? Hier liegt eine wichtige Aufgabe von Gewerkschaften und Personalvertretungen, darauf zu achten, dass es wirklich zusätzliche und tatsächlich gemeinnützige Arbeiten sind. Vom Gesetz her ist das genau so vorgesehen – man müsste es ‚lediglich' konsequent umsetzen! Nicht endgültig beantwortet sind bislang die Fragen, was mit denjenigen geschah, die sich nicht im geforderten Ausmaß an der Bürgerarbeit beteiligten. In dem hinzu gekommenen Modell-Standort Gerbstedt waren das immerhin 29 Personen, in Kelbra 20 und in Hecklingen 14[122]. Wurden hier Menschen in die ‚Dunkelziffer der Armut' getrieben, wechselten diese Menschen tatsächlich

---

[119] Vgl.: http://www.arbeitsagentur.de/nn_29406/Dienststellen/RD-SAT/RD-SAT/A04-Vermittlung/Allgemein/Konzept-Buergerarbeit.html (Stand: 4.1.2008).
[120] Vgl.: http://www.arbeitsagentur.de/nn_29406/Dienststellen/RD-SAT/RD-SAT/A01-Allgemein-Info/Presse/2007/31-Buergerarbeit-Gerbstedt.html (Stand: 4.1.2008).
[121] Die Tageszeitung, vom 16./17.12.2006, S. 3.
[122] Vgl.: http://www.arbeitsagentur.de/nn_29406/Dienststellen/RD-SAT/RD-SAT/A01-Allgemein-Info/Presse/2007/31-Buergerarbeit-Gerbstedt.html (Stand: 4.1.2008).

7 Armuts- und Arbeitsmarktpolitik nach Hartz IV

deshalb in den ersten Arbeitsmarkt, weil der Druck erhöht wurde oder war es ganz simpel nur eine ‚Bereinigung' der Statistik? Das ‚Wunder von Bad Schmiedeberg' wurde jedenfalls wissenschaftlich begleitet und auf die endgültige Auswertung darf man gespannt sein[123]. Sollte dieses Modell nachvollziehbar die angesprochenen Wirkungen haben und ließe sich dieses Modell auch auf größere Kommunen übertragen, so könnte damit ein dritter Arbeitsmarkt dauerhaft etabliert werden und Menschen trotz mangelnder zahlungskräftiger Nachfrage nach ihrer Arbeitskraft Jobs mit echter Perspektive geboten werden. In der sozialen Arbeit wird schon lange diskutiert, dass es vor allem im sozialen und ökologischen Bereich viel zu viel zu tun gibt, ohne dass diese Nachfrage sich in bezahlbaren Arbeitsplätzen niederschlagen würde. Arbeit statt Arbeitslosigkeit zu finanzieren ist nicht nur aus den verschiedensten, hier erörterten Gründen die bessere Alternative, sondern auch ein Gebot der Menschlichkeit gegenüber den Arbeitsuchenden – einmal abgesehen von der volkswirtschaftlich und für die Betroffenen begrüßenswerten Arbeitsentlastung in der Grundsicherungsarbeit.

---

[123] Vgl.: Wagner (2007), im Internet abrufbar unter: http://www.monapoli.de/cps/rde/xbcr/SID-3D0AB75D-54EA436A/monapoli/Buergerarbeit_Sachsen-Anhalt.pdf (Stand: 4.1.2008).

8 Literaturverzeichnis

Abraham, Martin; Hinz, Thomas (Hg)(2005): Arbeitsmarktsoziologie. Wiesbaden
Altena, Heinz; Kantel, H.-Dieter (1993): Sozialbericht über die Stadt Duisburg – Zwischenbericht. Bd 2 des Instituts für Sozial- und Kulturforschung. Duisburg
Althaus, Dieter (2006): 800 Euro für jeden. In: Vorgänge, H. 4, S. 69-74
Aust, Judith u.a. (2006): Missbrauch und Kostenexplosion bei Hartz IV? WSI-Thesen zur aktuellen Reformdiskussion. Düsseldorf, Juni 2006
BA, Bundesagentur für Arbeit (2005): SGB II, Sozialgesetzbuch Zweites Buch, Halbjahresbericht 2005. Nürnberg, http://www.arbeitsagentur.de/zentraler-Content/Veroeffentlichungen/SGB-II/SGBII-Halbjahresbericht-2005 (Stand: 4.1.2008)
BA, Bundesagentur für Arbeit (2006): Arbeitsmarkt in Zahlen – Aktuelle Daten, Jahreszahlen 2005. Nürnberg
BA, Bundesagentur für Arbeit (2007): Arbeitsmarkt in Zahlen – Stand Dezember 2006, Jahreszahlen. Nürnberg
BA, Bundesagentur für Arbeit, Geschäftsbericht (2006): Beschäftigungsperspektiven sichern. Geschäftsbericht. Juni 2007. Nürnberg, http://www.arbeitsagentur.de/zentraler-Content/A20-Intern/A201-Organisation/Publikation/pdf/BA-33-GB-2006.pdf (Stand: 4.1.2008)
BA Kreisdaten, Bundesagentur für Arbeit (2006): Arbeitsmarkt in Zahlen, Report für Kreise und kreisfreie Städte Recklinghausen, Berichtsmonat Juli 2006. Nürnberg
BA Kreisdaten, Bundesagentur für Arbeit (2007): Arbeitsmarkt in Zahlen, Report für Kreise und kreisfreie Städte Recklinghausen, Berichtsmonat Juli 2007. Nürnberg
Bäcker, Gerhard; Bispinck, Reinhard; Hofemann, Klaus; Naegele, Gerhard (2000): Sozialpolitik in Deutschland. Band 1, 3. Aufl., Wiesbaden
Baethge-Kinsky, Volker u.a. (2006): Neue soziale Dienstleistungen nach SGB II (Konzeptstudie), IAB-Projekt 823. Göttingen
Baethge-Kinsky, Volker; Barteilheimer, Peter; Henke, Jutta (2007): Fallbearbeitung nach SGB II – Beobachtungen aus dem Inneren der ‚black-box'. In: WSI-Mitteilungen, H. 2, S. 70-77
Bahnmüller, Reinhard; Faust, Michael (1992): Das automatisierte Arbeitsamt. Frankfurt/M, New York
Bareis, Ellen; Mertens, Mechthild; Reis, Claus (2007): Frauen und Hartz IV. Die organisatorische Umsetzung des SGB II. Frankfurt/M
Baron, Rüdeger (1979): Weder Zuckerbrot noch Peitsche. In: Gesellschaft. Beiträge zur Marxschen Theorie 12. Frankfurt/M, S. 13-55
Beck, Ulrich (Hg)(2000): Die Zukunft von Arbeit und Demokratie. Frankfurt/M

Becker, Irene (2006): Armut in Deutschland: Bevölkerungsgruppen unterhalb der Alg II-Grenze. Arbeitspapier 3 des Projekts ‚Soziale Gerechtigkeit', Frankfurt/M

Becker, Martin (1995): Arbeitsvertrag und Arbeitsverhältnis in Deutschland. Frankfurt/M

Bellermann, Martin (2001): Sozialpolitik. Eine Einführung für soziale Berufe. 4. Aufl. Freiburg i.B.

Bericht der Statistik der BA, Bundesagentur für Arbeit (Hg)(2006): Grundsicherung für Arbeitsuchende: Wohnsituation und Wohnkosten. Nürnberg, http://www.pub.arbeits amt.de/hst/services/statistik/000100/html/sonder/Bericht_GruSi_Wohnsituation.pdf (Stand: 4.1.2008)

Bericht der Statistik der BA, Bundesagentur für Arbeit (Hg)(2007): Grundsicherung für Arbeitsuchende: Sanktionen gegenüber erwerbsfähigen Hilfebedürftigen. Nürnberg, http://www.pub.arbeitsamt.de/hst/services/statistik/000100/html/sonder/Sanktionenb ericht.pdf (Stand: 4.1.2008)

Bieber, Daniel u.a. (2005): Organisatorischer Umbau der Bundesagentur für Arbeit. Erster Zwischenbericht 2005 im Auftrag des Bundesministeriums für Wirtschaft und Arbeit. Berlin

Bischoff, Joachim (2007): Allgemeines Grundeinkommen. Hamburg

BMAS, Bundesministerium für Arbeit und Soziales (2006): Material zur Information: Die Wirksamkeit moderner Dienstleistungen am Arbeitsmarkt. Bericht 2006, Kurzfassung der Ergebnisse. Berlin

BMJFG, Bundesministerium für Jugend, Familie und Gesundheit (Hg)(1985a): Regelsatz und Warenkorb in der Sozialhilfe. Stuttgart u.a.

BMJFG, Bundesministerium für Jugend, Familie und Gesundheit (Hg)(1985b): Bürgernähe der Sozialhilfeverwaltung. Stuttgart u.a.

Bode, Ingo (2005): Die Dynamik organisierter Beschäftigungsförderung. Wiesbaden

Boeßenecker, Karl-Heinz; Trube, Achim; Wohlfahrt, Norbert (Hg)(2001): Verwaltungsreform von unten? Lokaler Sozialstaat im Umbruch aus verschiedenen Perspektiven. Münster

Breunig, Wolfgang (2001): Die Modernisierung der Arbeitsverwaltung: von der ‚Stempelbehörde' zum ‚Arbeitsamt 2000'. In: Boeßenecker, Trube, Wohlfahrt, S. 93-107

Bruhn-Tripp, Jonny; Tripp, Gisela (2007): Sanktionen für Leistungsbezieher des ALG II, § 31 SGB II. Herausgegeben vom Evangelischen Bildungswerk Dortmund. Dortmund

Buestrich, Michael (2006): Aktivierung, Arbeitsmarktchancen und (Arbeits-) Moral. In: Neue Praxis, H. 4, S. 435-449

Buestrich, Michael; Wohlfahrt, Norbert (2005): Case Management in der Beschäftigungsförderung? In: Neue Praxis, H. 4, S. 307-323

Buhr, Petra (1995): Dynamik von Armut. Dauer und biographische Bedeutung von Sozialhilfebezug. Opladen

Bundesregierung (Hg)(2005): Lebenslagen in Deutschland. Der 2. Armuts- und Reichtumsbericht der Bundesregierung. Berlin, http://www.bundestag.de/aktuell/hib/2005 /2005_091/10.html (Stand: 4.1.2008)

Burgess, Pete (2003): Mindeststandards für Arbeitseinkommen – ein europäischer Überblick zu Allgemeinverbindlichkeit und gesetzlichem Mindestlohn. In: WSI-Mitteilungen, H. 7, S. 436-444

8 Literaturverzeichnis

Burghardt, Heinz (2005): Arbeitsfürsorge, Hilfe zur Arbeit und ‚moderne Dienstleistungen am Arbeitsmarkt'. In: Burghardt, Enggruber, S. 15-45
Burghardt, Heinz; Enggruber, Ruth (2005): Soziale Dienstleistungen am Arbeitsmarkt. Soziale Arbeit zwischen Arbeitsmarkt- und Sozialpolitik. Weinheim
Czommer, Lars; Knuth, Matthias; Schweer, Oliver (2005 a): ARGE ‚Moderne Dienstleistungen am Arbeitsmarkt'. Arbeitspapier 104 der Hans-Böckler-Stiftung, Düsseldorf
Czommer, Lars; Knuth, Matthias; Schweer, Oliver (2005 b): Job-Center in Deutschland und Großbritannien. In: Burghardt, Enggruber, S. 155-174
Dahme, Heinz-Jürgen u.a. (Hg) (2003): Soziale Arbeit für den aktivierenden Staat. Opladen
Dahme, Heinz-Jürgen; Wohlfahrt, Norbert (2002): Aktivierender Staat. In: Neue Praxis, H.1, S. 10-32
Dingeldey, Irene (2006): Aktivierender Wohlfahrtsstaat und sozialpolitische Steuerung. In: Aus Politik und Zeitgeschichte, H. 8-9, S. 3-9
DLT, Deutscher Landkreistag (Hg)(2006): Evaluation der Aufgabenträgerschaft nach dem SGB II. Berlin, http://www.kreise.de/landkreistag/dlt-aktuell/veroeffentlichungen/evaluation_der_aufgabentraegerschaft_nach_dem_sgb_ii.pdf (Stand: 4.1.2008).
Ehlert, Wiking (1986): Staatstechnologie. Münster
Ehlert, Wiking; Kantel, H.-Dieter (1990): Das technisierte Sozialamt. Opladen
Faust, Anselm (1986): Arbeitsmarktpolitik im deutschen Kaiserreich. Wiesbaden, Stuttgart
Fertig, Michael u.a. (2004): Die Hartz-Gesetze zur Arbeitsmarktpolitik. Berlin
Führer, Karl Christian (1990): Arbeitslosigkeit und Entstehung der Arbeitslosenversicherung in Deutschland 1902-1927. Berlin
Fuhrke, Monika; Heimann, Siegfried (1975): Das System der sozialen Sicherung in der BRD. In: Prokla, H. 19-21, S. 145-170
Fukuzawa, Naoki (1995): Staatliche Arbeitslosenunterstützung in der Weimarer Republik und die Entstehung der Arbeitslosenunterstützung. Frankfurt/M
Gillen, Gabriele (2004): Hartz IV – eine Abrechnung. Reinbek
Greifenstein, Ralph; Kißler, Leo; Wiechmann, Elke (2005): Kooperations- und Optionsmodell bei Hartz IV: Bestandsaufnahme der Folgen für die Beschäftigten und der neuen personalvertretungspolitischen Herausforderungen. Zwei kommunale Fallstudien im Auftrag der Hans-Böckler-Stiftung. Düsseldorf
Grosch, Birgit; Wiglow, Christian (2005): Fallmanagement als persönliche Hilfe sowie Mitwirkung an der Angebotssteuerung. In: Burghardt, Enggruber, S. 85-104
Hansbauer, Peter (1996): ‚Mikrorationalitäten' im Verwaltungsalltag. In: Soziale Welt, H.1, S. 68-91
Harrach, Eva-Marie von; Loer, Thomas; Schmidtke, Oliver (2000): Verwaltung des Sozialen. Formen der subjektiven Bewältigung eines Strukturkonflikts. Konstanz
Hartmann, Helmut (1981): Sozialhilfebedürftigkeit und ‚Dunkelziffer der Armut'. Stuttgart u.a.
Hentschel, Volker (1983): Geschichte der deutschen Sozialpolitik 1880-1980. Frankfurt/M
Hess, Doris; Schröder, Helmut; Smid, Menno (2003): Workshop der MoZArT-Modellvorhaben – Präsentation ausgewählter Ergebnisse. Hg. vom Institut für angewandte Sozialwissenschaft. Bonn

Infas, Institut für angewandte Sozialwissenschaften (Hg)(2005): Evaluation der Maßnahmen zur Umsetzung der Vorschläge der Hartz-Kommission, Arbeitspaket 3: Akzeptanz der Bundesagentur für Arbeit, Bericht 2005. Bonn

Infas, Institut für angewandte Sozialwissenschaften (Hg)(2006): Evaluation der Maßnahmen zur Umsetzung der Vorschläge der Hartz-Kommission, Arbeitspaket 3: Akzeptanz der Bundesagentur für Arbeit, Endbericht 2006. Bonn

Jacobs, Herbert; Ringbeck, Anna (1994): Hilfen zur Überwindung von Sozialhilfebedürftigkeit. Stuttgart u.a.

Jann, Werner; Schmid, Günther (Hg) (2004): Eins zu eins? Eine Zwischenbilanz der Hartz-Reformen am Arbeitsmarkt. Berlin

Jahoda, Marie, Lazarsfeld, Paul F., Zeisel, Hans (1975): Die Arbeitslosen von Marienthal. Frankfurt/M

Kantel, H.-Dieter (1990): Computer im Sozialamt. Die elektronische Verwaltung der Armut. Essen

Kantel, H.-Dieter (1998): Sozialfossil aus vergangenen Tagen? In: Sozialextra, H. 12, S. 13-14

Kantel, H.-Dieter (2000): Das Gesetz der Pflegeversicherung: Je pflegebedürftiger, desto weniger Hilfe. In: Zeitschrift für Sozialreform, H. 12, S. 1075-1088

Kantel, H.-Dieter (2002): Die repressive Pädagogik des aktivierenden Sozialstaats – das Beispiel Arbeitslosigkeit. In: Theorie und Praxis der sozialen Arbeit, H. 1, S. 4-11

Kantel, H.-Dieter (2003): Zur Kritik der organisierten Verwahrlosung. Münster, https://www.fh-muenster.de/fb10/downloads/down_kantel/antritt.pdf (Stand: 4.1.2008)

Kantel, H.-Dieter (2006): Nach der Elefanten-Hochzeit ... Abschlussbericht des Projekts ‚Armutsregulierung nach Hartz'. Düsseldorf, http://www.boeckler.de/cps/rde/xchg/SID-3D0AB75D-8C5DA5B5/hbs/hs.xsl/show_project_fofoe.html?projectfile=S-2006-814-5.xml (Stand: 4.1.2008)

Karasch, Jürgen R. (2005): Die Entwicklung des Sperzeitrechts in der deutschen Arbeitslosenversicherung – eine rechtshistorische Betrachtung. In: Arbeit und Beruf, Teil 1-3, S. 3-5, S. 35-38, S. 67-70

Kaufmann, Franz-Xaver (Hg)(1979): Bürgernahe Sozialpolitik. Frankfurt/M, New York

Klinger, Nadja; König, Jens (2006): Einfach abgehängt. Ein wahrer Bericht über die neue Armut in Deutschland. Berlin

Knoblauch, Dieter; Hübner, Torsten (2005): Die Eingliederungsvereinbarung als Handlungsform im SGB II und SGB III. In: Nachrichtendienst des Deutschen Vereins für öffentliche und private Fürsorge, H. 8, S. 277-282

Knopp, Reinhold; Münch, Thomas (Hg)(2007): Zurück zur Armutspolizey? Soziale Arbeit zwischen Hilfe und Kontrolle. Berlin

Knuth, Matthias (2005): Reflexionen zum deutschen Reformpfad vor dem Hintergrund der Erfahrungen westeuropäischer Nachbarn. In: Burghardt, Enggruber, S. 175-192

Knuth, Matthias (2007): Zwischen Arbeitsmarktpolitik und Armenfürsorge. Spannungsverhältnisse und mögliche Entwicklungen der ‚Grundsicherung für Arbeitsuchende'. In: Rudolph, Niekant, S. 66-91

Knuth, Matthias; Koch, Frank; Schweer, Oliver (2007): Kommunalisierte Grundsicherung für Arbeitsuchende. Abschlussbericht. Gelsenkirchen, Duisburg

8 Literaturverzeichnis

Kolbe, Christian; Reis, Claus (2005): Vom Case Management zum ‚Fallmanagement'. Frankfurt/M

Kuczynski, Jürgen (1982): Geschichte des Alltags des deutschen Volkes. Studien 3: 1810-1870. Köln

Lampert, Heinz (1991): Lehrbuch der Sozialpolitik. 2. Auflage. Berlin u.a.

Langenberg, Heike (2007): Der große Wurf? In: Ver.di Publik, H. Juni-Juli, S. 16

Legnaro, Aldo (2006): ‚Moderne Dienstleistungen am Arbeitsmarkt' – Zur politischen Ratio der Hartz-Gesetze. In: Leviathan, S. 514.532

Lewek, Peter (1992): Arbeitslosigkeit und Arbeitslosenversicherung in der Weimarer Republik 1918-1927. Stuttgart

Ludwig-Mayerhofer, Wolfgang (2005): Arbeitslosigkeit. In: Abraham, Hinz, S. 199-239

Luhmann, Niklas (1966): Theorie der Verwaltungswissenschaften. Köln, Berlin

Magnin, Chantal (2005): Beratung und Kontrolle. Widersprüche in der staatlichen Bearbeitung von Arbeitslosigkeit. Zürich

Martens, Rudolf (2006): Die Mangelhaftigkeit der Bedarfsbemessung des Existenzminimums im SGB II und SGB XII. Berlin, http://www.berliner-arbeitslosenzentrum.de/download/martens_referat_regelsatz_2006.pdf (Stand: 4.1.2008).

Marx, Karl (1972): Das Kapital. Marx-Engels-Werke Bd 23, Berlin

MAGS NW, Ministerium für Arbeit, Gesundheit und Soziales des Landes Nordrhein-Westfalen (Hg)(2007): Sozialbericht NRW 2007, Armuts- und Reichtumsbericht. Düsseldorf, http://www.mags.nrw.de/sozber/sozialberichterstattung_nrw/aktueller_sozialbericht/SB2007_neu.pdf (Stand: 4.1.2008)

MASQT, Ministerium für Arbeit und Soziales, Qualifikation und Technologie des Landes Nordrhein-Westfalen (Hg) (2002): Sozialagenturen – Hilfen aus einer Hand. Düsseldorf

Müller, Kai-Uwe; Oschmiansky, Frank (2006): Die Sanktionspolitik der Arbeitsagenturen nach den ‚Hartz-Reformen'. Wissenschaftszentrum Berlin – discussion paper. Berlin

Münder, Johannes u.a. (2005): Sozialgesetzbuch XII. Lehr- und Praxiskommentar. 7. Aufl., Baden-Baden

MWA, Ministerium für Wirtschaft und Arbeit des Landes Nordrhein-Westfalen (Hg) (2003): Case Management. Theorie und Praxis. Düsseldorf

Neumann, Udo; Hertz, Markus (1998): Verdeckte Armut in Deutschland; hg vom Institut für Sozialberichterstattung und Lebenslagenforschung im Auftrag der Friedrich-Ebert-Stiftung. Frankfurt/M

Niess, Frank (1979): Geschichte der Arbeitslosigkeit. Köln

Ochs, Peter (2005): Die Arbeitsverwaltung im Wandel – Agenturmodelle beim Übergang in die neue BA-Welt. In: Schütz, Mosley, S. 179-219

Offe, Claus (1972): Strukturprobleme des kapitalistischen Staates. Frankfurt/M

Opielka, Michael; Zander, Margherita (Hg)(1988): Freiheit von Armut. Essen

Piven, Francis F.; Cloward, Richard A. (1977): Regulierung der Armut. Die Politik der öffentlichen Wohlfahrt. Frankfurt/M

Pollmann-Schult, Matthias (2005): Führen verschärfte Zumutbarkeitsregeln der Arbeitsvermittlung zu schnellerer Wiederbeschäftigung? In: Zeitschrift für Sozialreform, H. 3, S. 315-336

Promberger, Markus (2005): Eine kurze Geschichte der Arbeitslosigkeit. In: Arbeit und Beruf, Teil 1-3, S. 1-2, 33-34, 65-67

RD NW, Regionaldirektion Nordrhein-Westfalen der Bundesagentur für Arbeit (Hg) (2006): SGB II Arbeitsgemeinschaften NRW. Controlling/Statistik, Berichtsmonat Mai/Juni 2006. Düsseldorf

Reis, Claus (2007): Fallmanagement – ein Mythos? Erfahrungen mit Case Management in unterschiedlichen Feldern kommunaler Sozialpolitik. In: Rudolph, Niekant, S. 178-192

Reis, Claus; Kolbe, Christian; Reinmüller, Ron (2007): Fallmanagement im SGB II – Steuerungs- und Strukturprobleme am Beispiel von drei ARGEn und einer Optionskommune. Endbericht des Projekts ‚Fallmanagement unter Hartz IV' für die Hans-Böckler-Stiftung. Frankfurt/M

Riekenbrauk, Klaus (2007): Betteln als Gefahr für die öffentliche Sicherheit und Ordnung. In: Knopp, Münch, S. 171-191

Roth, Rainer (2004): Sozialhilfemissbrauch. Wer missbraucht eigentlich wen? Frankfurt/M

Roth, Rainer, Thomé, Harald (2006): Leitfaden Alg II/Sozialhilfe von A – Z. 24. Aufl., Frankfurt/M

Rudolph, Clarissa; Niekant, Renate (Hg)(2007): Hartz IV – Zwischenbilanz und Perspektiven. Münster

Sachsse, Christoph; Tennstedt, Florian (1980): Geschichte der Armenfürsorge in Deutschland: vom Spätmittelalter bis zum Ersten Weltkrieg. Stuttgart u.a.

Sachsse, Christoph; Tennstedt, Florian (1988): Geschichte der Armenfürsorge in Deutschland: Fürsorge und Wohlfahrtspflege 1871-1929. Stuttgart u.a.

Sachsse, Christoph; Tennstedt, Florian (1998): Geschichte der Armenfürsorge in Deutschland: vom Spätmittelalter bis zum Ersten Weltkrieg. 2. Aufl., Stuttgart u.a.

Sachsse, Christoph; Tennstedt, Florian (Hg) (1983): Bettler, Gauner und Proleten. Reinbek

Schellhorn, Walter (2004): Einordnung des Sozialhilferechts in das Sozialgesetzbuch – das neue SGB XII. In: Nachrichtendienst des Deutschen Vereins für öffentliche und private Fürsorge. H. 5, S. 167-176

Scherer, Wolfgang (1988): Wie Sozialämter Hilfebedürftige abschrecken. 3. Aufl. Frankfurt/M

Schildt, Gerhard (1986): Tagelöhner, Gesellen, Arbeiter. Stuttgart

Schmid, Günther (2006): Gewährleistungsstaat und Arbeitsmarkt: Zur Wirksamkeit neuer Steuerungsformen in der Arbeitsmarktpolitik. In: Leviathan, S. 487-513

Schmidt, Manfred G. (2005 a): Sozialpolitik in Deutschland. 3. Aufl., Wiesbaden

Schmidt, Volker (2005 b): Was heißt hier Kunde? Zwischen Arbeitsagentur und Hartz – ein Arbeitsloser berichtet. Gelnhausen

Schmuhl, Hans-Walter (2003): Arbeitsmarktpolitik und Arbeitsverwaltung in Deutschland 1871-2002. Beiträge zur Arbeitsmarkt- und Berufsforschung Bd 270, Nürnberg

Schütz, Holger; Mosley, Hugh (Hg) (2005): Arbeitsagenturen auf dem Prüfstand. Leistungsvergleich und Reformpraxis der Arbeitsvermittlung. Berlin

Schulte, Jan (2004): Arbeitslosengeld II und Arbeitslosenhilfe: Gewinner und Verlierer – eine Schätzung der Nettoeinkommenseffekte von Hartz IV. Diskussionsbeiträge des Fachbereichs Wirtschaftswissenschaft der Freien Universität Berlin, Nr. 29

Spindler, Helga (2003): Überfordern und überwachen. In: Sozialextra, H. 8/9, S. 11-14

8 Literaturverzeichnis

Stadt Duisburg (Hg)(2007): Sozialbericht 2007 Stadt Duisburg. Duisburg
Statistisches Bundesamt (Hg)(2006): Datenreport 2006. Bonn
Steck, Brigitte; Kossens, Michael (Hg)(2005): Neuordnung von Arbeitslosen- und Sozialhilfe durch Hartz IV. München
Stumpfögger, Nikolaus; Wiethoff, Ulrich (1989): Armutsverwaltung. Kritik und Perspektive der Sozialhilfe. Berlin
Tauchnitz, Thomas (1999): Krankenkassenorganisation und gesellschaftliche Differenzierung in Deutschland im ‚langen' 19. Jahrhundert. In: Soziale Welt, H. 2, S. 133-148
Tennstedt, Florian (1981): Sozialgeschichte der Sozialpolitik in Deutschland. Göttingen
Tennstedt, Florian (1983): Vom Proleten zum Industriearbeiter. Köln
Tennstedt, Florian (1997): Peitsche und Zuckerbrot oder ein Reich mit Zuckerbrot? Der Deutsche Weg zum Wohlfahrtsstaat 1871-1881. In: Zeitschrift für Sozialreform, H. 2, S. 88-101
Trube, Achim (2006): Moderne Dienstleistungen am Arbeitsmarkt oder funktionaler Dilettantismus? In: Neue Praxis, H.1, S. 68-79
Uske, Hans (1986): Die Sprache der Wende. Bonn
Vanderborght, Yannick; Van Parijs, Philippe (2005): Ein Grundeinkommen für alle? Frankfurt/M
Vestische Arbeit, Kreis Recklinghausen (Hg) (2006): Berichtswesen 2005. Recklinghausen
Wacker, Ali (Hg)(1976): Arbeitslosigkeit. Soziale und psychische Voraussetzungen und Folgen. Frankfurt/M, Köln
Wagner, Wolf (1982): Die nützliche Armut. Eine Einführung in Sozialpolitik. Berlin
Wagner, Wolf (1991): Angst vor der Armut. Berlin
Wagner, Alexandra (2007): Modellprojekt ‚Bürgerarbeit' in Sachsen-Anhalt. O.O. Mai 2007, http://www.monapoli.de/cps/rde/xbcr/SID-3D0AB75D-54EA436A/monapoli/ Buergerarbeit_Sachsen-Anhalt.pdf (Stand: 4.1.2008)
Wahl, Stefanie; Schulte, Martin (2005): Arbeitslosigkeit abbauen – von Besseren lernen! München
Weber, Max (1990): Wirtschaft und Gesellschaft. 5. Aufl., Tübingen
Wende, Lutz; Reis, Claus (2005): Aus Erfahrung lernen – Plädoyer für eine empirisch fundierte Auseinandersetzung mit der Einführung komplexer Hilfeformen durch das SGB II. In: Burghardt, Enggruber, S. 105-131
Werner, Götz (2006): Hartz IV löst nur Leid aus. In: Tageszeitung v. 27.11., S. 4-5, http:// www.taz.de/index.php?id=archivseite&dig=2006/11/27/a0146 (Stand: 4.1.2008)
Wolff, Stephan (1983): Die Produktion von Fürsorglichkeit. Bielefeld
WZB, Infas; Wissenschaftszentrum Berlin und Institut für angewandte Sozialwissenschaft (2006): Evaluation der Maßnahmen zur Umsetzung der Vorschläge der Hartz-Kommission. Modul 1a: Neuausrichtung der Vermittlungsprozesse. Berlin, Bonn
ZASP, Zentrum für Angewandte Sozialforschung und Praxisberatung (2006): Sozialraumanalyse Recklinghausen. Kleinräumige Analyse des Stadtgebiets als Grundlage der Jugendhilfeplanung. Bielefeld

Neu im Programm Politikwissenschaft

Gerhard Bäcker / Gerhard Naegele / Reinhard Bispinck / Klaus Hofemann / Jennifer Neubauer

Sozialpolitik und soziale Lage in Deutschland

Band 1: Grundlagen, Arbeit, Einkommen und Finanzierung
4., grundlegend überarb. u. erw. Aufl.
2008. 622 S. Geb. EUR 34,90
ISBN 978-3-531-33333-5

Band 2: Gesundheit, Familie, Alter und Soziale Dienste
4., grundlegend überarb. u. erw. Aufl.
2008. 616 S. Geb. EUR 34,90
ISBN 978-3-531-33334-2

Das völlig überarbeitete und erweiterte Hand- und Lehrbuch bietet in zwei Bänden einen breiten empirischen Überblick über die Arbeits- und Lebensverhältnisse in Deutschland und die zentralen sozialen Problemlagen. Im Mittelpunkt der Darstellung stehen Arbeitsmarkt, Arbeitslosigkeit und Arbeitsbedingungen, Einkommensverteilung und Armut, Krankheit und Pflegebedürftigkeit sowie die Lebenslagen von Familien und von älteren Menschen. Das Buch gibt nicht nur den aktuellen Stand der Gesetzeslage wieder, sondern greift auch in die gegenwärtige theoretische und politische Diskussion um die Zukunft des Sozialstaates in Deutschland ein.

Manfred G. Schmidt / Tobias Ostheim / Nico A. Siegel / Reimut Zohlnhöfer (Hrsg.)

Der Wohlfahrtsstaat
Eine Einführung in den historischen und internationalen Vergleich
2007. 430 S. Br. EUR 24,90
ISBN 978-3-531-15198-4

Dieses Studienbuch führt umfassend in die Sozialpolitik ein. Neben einem grundlegenden Kapitel zu den Theorien und Methoden der Sozialpolitikforschung enthält es Teile zur Geschichte der Sozialpolitik in Deutschland, zur vergleichenden Perspektive auf andere Länder, zu verwandten Politikfeldern wie Wirtschafts-, Steuer-, Arbeitsmarkt-, Beschäftigungs- und Bildungspolitik. Der Band schließt mit einer Bewertung der positiven und negativen Wirkungen von Sozialpolitik.

Klaus Schubert / Simon Hegelich / Ursula Bazant (Hrsg.)

Europäische Wohlfahrtssysteme
Ein Handbuch
2008. 704 S. Br. EUR 49,90
ISBN 978-3-531-15784-9

In diesem Handbuch wird die Sozial- und Wohlfahrtspolitik der EU-25-Staaten und die wohlfahrtspolitische Entwicklung der EU dargestellt und analysiert. Weiterhin wird die sozial- und politikwissenschaftliche Debatte über die Entwicklung der Wohlfahrtssysteme in Europa rekapituliert und fortgesetzt.

Erhältlich im Buchhandel oder beim Verlag.
Änderungen vorbehalten. Stand: Januar 2008.

www.vs-verlag.de

VS VERLAG FÜR SOZIALWISSENSCHAFTEN

Abraham-Lincoln-Straße 46
65189 Wiesbaden
Tel. 0611.7878-722
Fax 0611.7878-400